跨学科主题学习设计与实施丛书

跨学科主题学习是什么？怎么做？

郭华 等／著

教育科学出版社

·北京·

丛书序

变革育人方式，培育时代新人

义务教育新课程改革自2001年全面启动以来，已经施行了二十多年的时间，它对于全面推动和引领基础教育改革、提升教育教学质量发挥了重要作用，具有历史性意义。随着教育改革的不断深化，重点越来越聚焦在课程、教材、教学、考试评价等一系列关系教育教学质量的关键环节上，聚焦在人才培养模式、育人方式的创新上。

党的二十大报告强调"全面提高人才自主培养质量"，明确提出要落实立德树人根本任务，培养德智体美劳全面发展的社会主义建设者和接班人。在当前和今后一段时期，全面贯彻党的二十大会议精神，以义务教育新课程高质量实施为主要抓手，为党育人、为国育才，是义务教育战线的重要任务。在此，我想给老师们几点建议。

第一，要提高站位看课程。我们要站在全局的角度来看课程，树立正确的课程观。2022年版课程方案和课程标准是党的最新理论成果在教育领域的具体体现，是广大教师实践经验的理论概括，也是借鉴国际先进教育理念的成果，凝聚了广大教育工作者的集体智慧，体现了党和国家对教育的基本要求，也体现了人类文化知识的积累和创新，是一份兼具理论与实践意义的纲领性文件。它在充分继承以往课程改革经验的基础上，明晰了义务教育阶段的育人要求，指出了深化改革的重点，对培养全面发展的人提出了更高要求。课程方案和课程标准是对育人要求的顶层设计和整体规划，不仅包括教育内容，还包括教育理念、教育目标和对教育过程与评价的要求，是一个完整的链条。在日常教育教学活动中，老师们的视野要宽、眼光要远，不仅要研究教材，更要首先研究课程方案和课程标准，整体把握育人的方向与要求。

第二，要正确理解和思悟新课程理念及实施的新要求。面向未来社会发展，基于义务教育培养目标，各课程标准将党的教育方针具体化细化为课程应着力培养的核心素养，强化了课程育人导向；基于核心素养发展要求，遴选重要观念、主题内容和基础知识，精选、设计课程内容，优化了课程内容结构。其中很重要的一个变化是，多门课程设立了跨学科主题学习活动，加强学科间的相互关联，并规定各门课程要拿出不少于10%的课时开展跨学科主题学习。在新课标颁布后教育部开展的多渠道宣传解读和国家级示范培训过程中，我们了解到很多教师对这点很关心、感兴趣，也有不少的困惑。

对此，我们要理解，这是培养面向未来的学习者的必然要求。因为学生的真实生活情境往往是复杂的、多变的、劣构的，更是充满了人工智能技术挑战的，未来社会所需要的是综合型、复合型、创新型人才。由此要求我们的课程必须注重综合性和实践性，所以2022年版课程方案提出要"加强课程综合，注重关联"，"加强课程内容与学生经验、社会生活的联系，强化学科内知识整合，统筹设计综合课程和跨学科主题学习"。

这是应对时代新要求对课程标准所做的与时俱进的修订和完善，反映了育人目标定位的重要变化。教师要注重按学生学习和发展逻辑重新架构课程内容，用大观念、大主题、大任务等整合课程内容，要从教知识走向通过知识去育人，强化素养导向和育人为本的理念，特别是引导学生从"会做题"到"会做事"，通过学习理解学科的本质。跨学科主题学习的提出和实施，有助于打破学科藩篱，实现课程整合，落实学生核心素养培育，促进教师教学方式优化和学校课程协同育人。

第三，要守正创新，融会贯通。老师们要认识到，本次义务教育课程修订不是推倒重来、否定过去，而是充分继承了我国以往课程改革的成功经验。有些课程改革的基本经验，如加强课程综合性、实践性等，不仅要继承，更要发扬。跨学科主题学习概念的提出，就是在传承以往课程改革部分学科优秀经验的基础上，借鉴国际先进理念的融合产物，为以学科育人方式变革来落实核心素养培养、培育时代新人提供了中国路径。所以，老师们要了解课程方案和课程标准的总体精神、核心理念和基本要求，理解其背后的意义、内涵和要求，把握课程的本质。要全面系统地学，深入思考地学，努力做到融会贯通。

第四，要积极实践，总结优秀做法，建构实践模型。这么多年以来，多种新理念不断得到推广，很多新的理念已经根植于教师的心里。但为什么一到课堂上，很多时候还是"涛声依旧"呢？我觉得教师缺的不完全是理念，很重要的是缺少实践，缺少将理念转化落地的操作模式。所以，我们必须重视能够体现以学为主的多样化教学模式的提炼总结，把课堂教学转变过程中所需要的一些规则、方式、方法，包括工具、手段，总结提炼出来，形成各具特色的新型课堂的操作模式，从而让我们倡导的这些新理念真正落地。这也是教育部推进实施的"基础教育课程教学改革深化行动"的重要内容。教育部办公厅在2023年5月印发的《基础教育课程教学改革深化行动方案》将"扩大精品课遴选规模"作为教学方式变革行动的重要组成部分，指出要"总结发现一批教学方式改革成果显著、有效落实育人要求的教育教学案例"，"有组织地持续推进基础教育课程教学深化改革"，"切实加强国家课程方案向地方、学校课程实施规划的转化工作"。

从这个层面上来说，教育科学出版社策划出版的"跨学科主题学习设计与实施丛书"正当其时，直击新课程教学改革重难点，是新课标背景下该主题的先行者。它关注到了教育实践中广大中小学教师的困惑与需求，并从教师的定位出发，做了很好的丛书架构和分册的结构设计，以关键问题的形式解读老师们最关心的问题，并辅以完整的优秀典型案例，为老师们答疑解惑，提供借鉴。

愿跨学科主题学习成为老师们实现新课标新教学、成功到达核心素养培育彼岸的一个渡口。变革育人方式，培育时代新人，让我们一起努力！

教育部教材局局长

序 言

让跨学科主题学习成为
推动教学改革的星星之火

党的二十大报告明确指出:"教育、科技、人才是全面建设社会主义现代化国家的基础性、战略性支撑。"科教兴国,人才兴邦。教育、科技和人才,相互影响又相互促进,形成有机整体,协同支撑强国建设。在三者中,科技是关键,人才是根本,教育则是基础。如何利用教育,特别是教育教学改革推动人才的培养,并进一步促进科技进步和迭代创新,是每一个教育工作者在新时代建设教育强国时必须要回答的重要命题。

当前,百年未有之大变局加速演进,新一轮科技革命和产业变革深入发展,世界的范式正从牛顿体系逐渐向量子体系转变。新的量子体系范式强调,事物不能从整体体系中分离出来,因为它们只存在于体系的相互关系中。因此,教育的使命也需要从牛顿体系重点关注学生对于组成整体的部分的理解和熟记,转变为培养学生的好奇心、想象力、观察力以及直觉敏感性等,这为跨学科主题学习的产生提供了充足的土壤。

2022年版义务教育绝大多数学科类课程的课程标准在课程内容板块新增了"跨学科主题学习",并规定要占用不少于本课程10%的课时,这为课程协同育人创造了条件。课程方案和课程标准中有关跨学科主题学习的提出,既具鲜明的时代性,又相当稳妥。

时代性体现在跨学科主题学习的提出是对新时代学生素养要求的

反思和回应。一个不容否认的事实是，当前社会面临的问题和挑战更加复杂且多变，往往涉及多个领域，以往单纯靠某一学科或者领域的突破带动技术整体发展的可能性正在逐渐消失。我们培养的学生在未来需要面对的真实情境和复杂问题远远超出了学校教育内容的边界，因此在学科内设置跨学科主题学习，其目的就是帮助学生形成综合运用知识来创造性地解决问题的意识和能力。

稳妥性体现在跨学科主题学习的提出和实施对于学科课程的充分尊重和利用上。学校分科课程的产生一方面来自教育内部的专业化和精细化，另一方面来自外部知识的爆炸性和系统性。可以说，在很长一段时间内，分科课程必然仍是将人类知识结晶快速、系统、完整传递的最有效手段。因此，本次改革中，跨学科主题学习的提出首先肯定了学科课程的意义，并将跨学科主题学习作为学科课程内容的一部分，提出以学科为本的跨学科学习；同时，10%的课时量既不会对学科课程产生太大影响，又能积极地促动学科教师思考综合育人的可能性并付诸实践。概言之，我想将本轮课程改革中跨学科主题学习的提出称为当前分科课程背景下探索综合化教学最稳妥、最可行的一种改革路径。

从实践层面来看，当前跨学科主题学习的教学存在许多问题，包括体系建构、主题确定、实践路径选择等，但最大也最急迫的问题是如何让一线老师真正理解什么是跨学科主题学习以及如何在自己的教育教学实践中尝试、摸索、践行跨学科主题教学。郭华教授及其团队所写的这本《跨学科主题学习：是什么？怎么做？》可以说是及时雨、雪中炭。当大家还在迷茫、还在犹豫时，郭华教授及其团队用严谨的学术思考和丰富的实践案例为所有人徐徐打开了一幅跨学科主题学习的精美画卷，值得钦佩和学习。

更难能可贵的是，本书兼顾了理论研究和操作指导。例如，在本书前两讲，作者用简洁又通俗的语言分析了为什么要设立跨学科主题学习，跨学科主题学习与我们理解的项目化学习、STEAM等之间的关系是什么，跨学科主题学习有哪些基本类型等问题，从理论层面为读者进行了系统梳理和概念辨析；而在第三讲至第七讲，将跨学科主题学习的各要素进行分解，用系统的论述和丰富的案例手把手地教读者如何开展跨学科主题学习；第八讲和第九讲则对学校管理者提出了新挑战，特别是对于跨学科主题学习背景下教研活动的开展和学校管理的重构提出了很多新的、可操作的实践视角。

真诚地期待更多的一线教育工作者能知道此书、找到此书、阅读此书，我相信你会对跨学科主题学习是什么以及怎么做有一个清晰的认识。我还相信，在你细读完所有实践案例和方法后，你会产生跃跃欲试的冲动，会成为主动探索跨学科主题教学的一分子。跨学科主题学习必将成为推动教学改革的星星之火，而此书将成为你践行跨学科主题学习教学的星星之火！

教育部基础教育教学指导委员会跨学科教学指导专委会主任

浙江省教育厅教研室原主任

目 录

第一讲　为什么要在学科类课程中增设跨学科主题学习 …… 1
　一、跨学科主题学习的含义 …………………………… 3
　二、设置跨学科主题学习的意义 ……………………… 6
　三、跨学科主题学习的功能 …………………………… 12
　四、跨学科主题学习的学科立场 ……………………… 16

第二讲　跨学科主题学习的基本类型与实施要点 ………… 21
　一、跨学科主题学习的基本类型 ……………………… 23
　二、跨学科主题学习的实施要点 ……………………… 29

第三讲　跨学科主题学习的进阶安排 ……………………… 39
　一、进阶安排的含义及进阶方式 ……………………… 41
　二、进阶安排的主要依据 ……………………………… 46
　三、进阶安排的基本思路 ……………………………… 53
　四、进阶安排的支持工具 ……………………………… 57

第四讲　跨学科主题学习的主题确定 ……………………… 69
　一、确定主题的主要依据 ……………………………… 71
　二、主题应具备的重要特征 …………………………… 79
　三、主题的表述要点 …………………………………… 93

第五讲　跨学科主题学习的目标确定 ……………………… 97
　一、确定目标的基本依据 ……………………………… 99
　二、目标的基本要点 …………………………………… 103
　三、目标的表述方式 …………………………………… 110

第六讲 跨学科主题学习的任务设计 …………………………… 121
一、任务设计的依据 ………………………………………… 123
二、任务设计的流程 ………………………………………… 129
三、任务设计自评 …………………………………………… 148

第七讲 跨学科主题学习的评价设计 …………………………… 155
一、评价设计的基本依据 …………………………………… 157
二、评价设计要点 …………………………………………… 169
三、引导学生参与评价 ……………………………………… 176

第八讲 跨学科主题学习的教研活动 …………………………… 181
一、价值与难点 ……………………………………………… 183
二、基本类型 ………………………………………………… 184
三、基本流程和关键要素 …………………………………… 187

第九讲 跨学科主题学习的学校管理 …………………………… 203
一、成立跨学科主题学习管理委员会 ……………………… 205
二、建立跨学科合作教学制度 ……………………………… 209
三、搭建跨学科主题学习智能网络平台 …………………… 214

结语 让学生成为能动地改造和创造世界的主人 ……………… 219
一、培育学生融会贯通、化知成智的信心与能力 ………… 221
二、养成学生直面困难的勇气与品格 ……………………… 224
三、让学生拥有改造和创造世界的能力与热情 …………… 226

附录 …………………………………………………………………… 228

后记 …………………………………………………………………… 236

第一讲 为什么要在学科类课程中增设跨学科主题学习

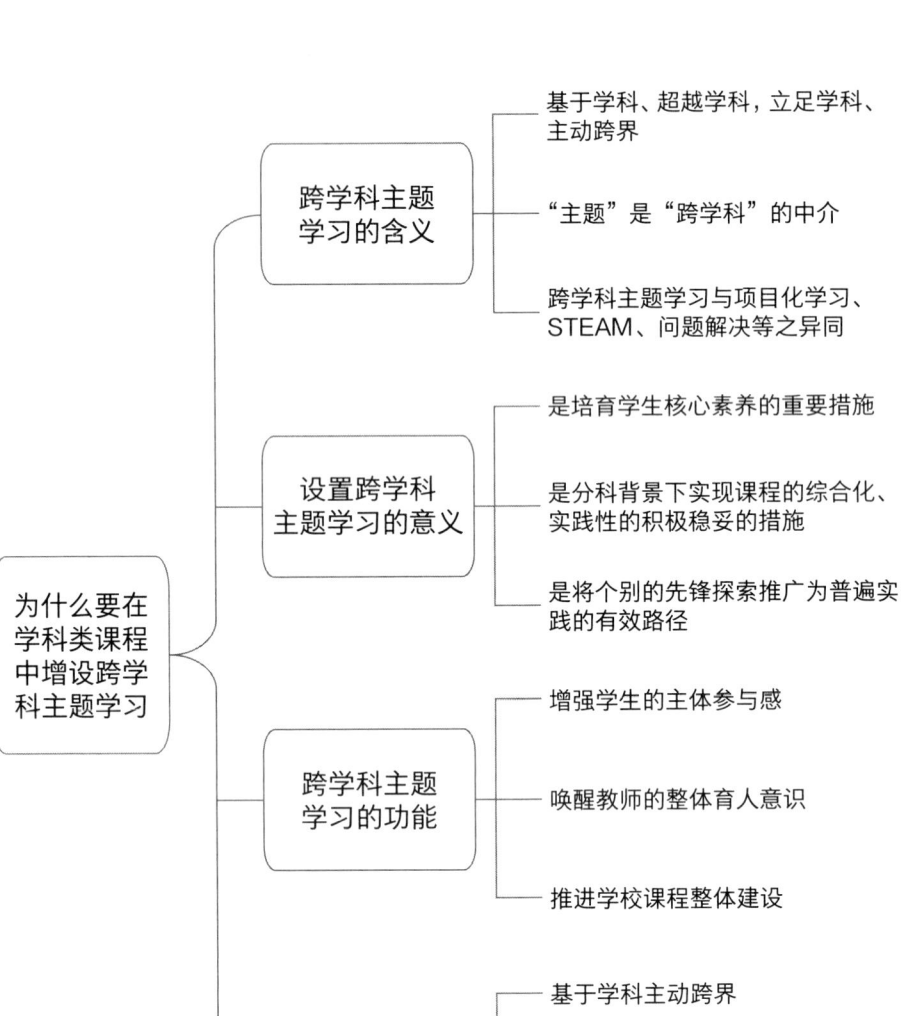

2022年版义务教育课程方案提出要"统筹设计综合课程和跨学科主题学习"。2022年版义务教育学科类课程的课程标准大多在课程内容板块新增了"跨学科主题学习",并规定要用不少于本课程10%的课时来实施它。跨学科主题学习遂成为学校和教师的关注热点。那么,跨学科主题学习是什么?为什么要设置跨学科主题学习?跨学科主题学习与项目化学习是什么关系?与本课程其他内容是什么关系?跨学科主题学习如何有序安排?跨学科主题学习的主题从哪里来?……老师们提出了一系列问题。可以预见,跨学科主题学习将成为落实新课标精神的一个重点,也会是一个相对难点。

一、跨学科主题学习的含义

什么是跨学科主题学习?怎么就算跨学科了呢?语文课堂上的配乐诗朗诵算不算跨音乐的主题学习?物理课上利用数学公式计算是不是跨学科主题学习?跨学科主题学习究竟该如何理解?

若就课标而言,跨学科主题学习就是各学科类课程的课程标准中用10%的课时来体现课程综合化和实践性的那部分内容,而且在不同学科的课标里名称不尽相同。例如,数学课程沿用了2001年版和2011年版课标中的"综合与实践",但强调数学知识与其他学科知识综合融通,主张以主题式学习和项目式学习的方式来展开,化学课程的跨学科主题学习名为"化学与社会·跨学科实践",生物学课程的名为"生物学与社会·跨学科实践",物理课程的名为"跨学科实践",语文课程的名为"跨学科学习",历史和地理课程的则名为"跨学科主题学习"。

当然,对跨学科主题学习的理解绝不能这么表面。2022年版义务教育地理课标指出:"地理课程跨学科主题学习是基于学生的基础、体验和兴趣,围绕某一研究主题,以地理课程内容为主干,运用并整合其他课程的相关知识和方法，开展综合学习的一种方式。"从这段话可以看出，跨学科主题学习强调的是本学科与其他学科的知识与方法的整合，以及围绕某一主题所展开的综合学习，突出了跨学科主题学习的三个关键词——"跨学科""主题""学习"。

"跨学科"所要表达的，是基于学科、超越学科，立足学科、主动跨界，是自觉主动关联其他课程以实现分科课程实施综合化的努力。这种主动的"跨学科"与学科教学中一直都有的"学科相关"有微妙的差别。"学科相关"是学科间内在关联的自在展现，也是学科内容本身的特点。例如，物理相关数学；历史相关地理；语文要想讲出文天祥《过零丁洋》的磅礴气势，就必须讲文天祥、讲南宋的那段历史。在这个意义上，所有的课程都不是纯粹单一的学科课程，都与其他学科"相关"。而2022年版课标所主张的"跨学科"，相比"学科相关"而言，更强调自觉主动的跨学科意识和努力，不仅要主动加强学科间的内容关联，更要从学生学习和发展的角度，主动建立学科思想和方法的关联，并将其转化，变为有真实情境的、学生能够主动介入的学习主题。例如，如果"配乐诗朗诵"仅仅是在语文课上由老师展现，音乐只是一个便于理解诗歌的背景音，不需要学生去分析音乐与诗在音律、内容等方面的匹配度，不需要学生自己去选择诗或配乐，不需要学生去解决一个主题任务——如根据诗歌去配乐并说明其恰切度——这就不是跨学科主题学习，而只是这节语文课的上课方式。

"主题"是实现"跨学科"的中介，可以说，正因为有"主题"才需要"跨学科"。"主题"通常是一个相对复杂的、有真实情境的综合问题，需要学生运用多学科的知识、技能、思想方法去应对解决。如此，"跨学科"的"学习"便由主题催生。2022年版义务教育地理课标提供了一个跨学科主题学习示例——"我的家在这里"。这个主题示例说明跨学科主题是帮助学生整合相关学科知识的重要媒介："本学习活动围绕'家乡'这一主题，将地理课程及其他课程中涉及的乡土知识，以及学生身边的各类学习资源进行整合，设计为一个跨学科主题学习活动……"①在这里，"主题学习"必定是"跨学科"的。当然，课程设计的逻辑是倒过来的：结合学生发展需求及本学科的内容特点，有意识地设计能够激发学生将本学科知识、方法与其他学科综合起来去创造性解决问题的"主题"。例如，地理课程跨学科主题学习要求"贴近学生生活实际，符合学生年龄特点，聚焦真实问题的发现和解决，体现鲜活的实践特征"②；历史学科的跨学科主题学习也是如此："从特定的问题意识出发，将分散在不同地方的内容整合在一起，有助于学生形成既在时段上纵通又在领域上横通的通史意识；同时借助不同课程所学的知识和方法，培养学生多角度分析问题和解决问题的能力"③。

2022年版课标中的跨学科主题学习，是各门学科自觉从综合育人的角度出发，通过强化学科间的联合，为学生提供综合运用多学科知识去解决真实问题的机会，以便他们形成对事物、对世界的整全认识，形成综合解决问题的意识和能力，进而加深对本学科意义和价值的认识。

跨学科主题学习与项目化学习、STEAM、问题解决等有类似之处，又有不同。要弄清它们之间的关系，首先要关注它们之间高度的相似性。它们都强调综合运用多学科的知识与方法去解决复杂问题，甚至跨学科主题学习就可以用项目化学习、问题解决等形式展开。不同之处在于，跨学科主题学习不是超然于学科课程之外的专设课程或活动，而是设在学科课程里的，是课程内容整体的重要组成部分，是本课程实现课程目标不可或缺的内容与方法。在这个意义上，它有更系统而严谨的课程设计，在内容范围、难度水平、活动方式等方面，与本课程的其他内容密切协调、共成一体；它还是本课程主动打开的一个联系社会生活的气口，是本课程与其他课程沟通的桥梁。在这个意义上，跨学科主题学习能够带动本学科教学思路的整体变革，让学科教师更主动地关注社

---

① 中华人民共和国教育部. 义务教育地理课程标准：2022年版［M］. 北京：北京师范大学出版社，2022：27.
② 同①：21—22.
③ 中华人民共和国教育部. 义务教育历史课程标准：2022年版［M］. 北京：北京师范大学出版社，2022：39—40.

会生活、学生发展；将本课程有机融入学校整体育人课程体系中，与其他课程共同承担育人功能，进一步推动学校课程体系的整体建设。因此，相较此前各学校开展的STEAM学习及学科内的项目化学习，在学科课程内设置的跨学科主题学习，有学科依托，有系统进阶，既横向关联相关学科，又实现学科内容的纵向贯通，有通盘考量、系统规划，能够确保学生在活动中获得真实的发展。

从实践的角度来看，一线学校开展的项目化学习、STEAM、问题解决等，大多主要依靠的是个别优秀教师的自觉，既无制度要求，也无充分的条件支持，效果如何更不能强求。但在课程标准中设置跨学科主题学习，就把原来个别教师、个别学校的自觉行为，固定为制度要求，变成每个学校、每个教师必须要做的常规活动。可以说，跨学科主题学习的设置，是在保留分科设置课程的前提下，用制度来保障学科间的沟通、联系与融合，以实现分科课程的综合化和实践性的一种重要举措。

二、设置跨学科主题学习的意义

在学科课程内设置跨学科主题学习，反响不一，积极的回应自不必说，消极的意见也不少。有的认为没必要、麻烦，有的则认为这又是一个噱头，是瞎折腾。这些人认为，义务教育课程的综合性完全可以由综合课程来实现，如"科学""艺术""道德与法治"等。而且，"综合实践活动"不仅是综合的，还是实践的。言下之意，完全没有必要在学科内设置跨学科主题学习。对于这些意见，不能听而不闻，消极回避。只有从根上阐明在学科内设置跨学科主题学习的意义，才能让老师们真心诚意地开展并做好跨学科主题学习。

要了解学科内设立跨学科主题学习的意义，可从下面三个方面来考虑。

（一）是培育学生核心素养的重要措施

在2022年版义务教育课程标准中，各门课程的课程目标明确指出要培育学生的核心素养。也就是说，教育的目的不是把学生培养成知识的存储器、知识技能的组合板，而是培育"人"。正是在这个意义上，从培育学生素养的角度重新看待课程及其育人价值就非常必要。

　　现代学校的课程主要是分科设置的，如语文、数学、外语、物理、化学、生物学等。分科课程能够让学生获得系统的知识，把握学科的基本思想与方法。不能想象没有分科课程的学校如何运行，也不能想象不经历分科课程的学习，学生的成长会怎样。分科课程的重要性自不必言。但生活是不分科的，思想也是不分科的，科学发现、艺术创作都是不分科的。达·芬奇说："欣赏我的作品的人，没有一个不是数学家。"他自己就是跨学科的巨匠，精通物理学、天文学、数学、人体解剖学，还是工程师、建筑师。从他的作品中，内行能看出图像下所隐含的数学和科学的内功。他的作品是数学、科学和艺术的结晶，用教学的话语来说，就是多学科知识、思想和方法的综合运用，是跨学科的结晶。其他艺术巨匠的画作也同样如此。当然，跨学科的前提是对学科有深刻的理解。例如，物理学家通过研究发现，梵高的《星月夜》（见图1-1）中的旋涡与超音速湍流具有相同的尺度行为。[①]物理学家对物理现象当然有深刻的洞察与理解，但若没有跨界的眼光便无法发现《星月夜》的奇妙。只有当他们有艺术的眼光，去跨界关注艺术作品时，才能挖掘出艺术作品中的物理学要素。又如，葛饰北斋《神奈川冲浪里》（见图1-2）中的"流氓波"也被研究人员在实验室里得以重现。2009年就有研究指出，《神奈川冲浪里》的巨浪不太可能是海啸带来的，更有可能是"'反常波'（freak wave）或'流氓波'（rogue wave）的物理现象。……2019年，……一个国际研究小组居然

图1-1　[荷兰] 梵高《星月夜》

[①] 小庄. 放大：科学、艺术与文化的现实交汇 [M]. 长沙：湖南科学技术出版社，2022：51.

图1-2 [日] 葛饰北斋 《神奈川冲浪里》

图1-3 [荷兰] 埃舍尔《天与水》和《瀑布》

在实验室中成功做出了《神奈川冲浪里》中的海浪……这一发现将使科学家对反常波的理解'从单纯的民间传说转变为可信的现实世界现象'……人们将进一步了解这种现象的潜在机制"[①]。在这个例子中,可以从两个层面看到跨学科活动:科学家们对《神奈川冲浪里》的关注与研究是跨学科的,葛饰北斋的绘画过程也一定是跨学科的。荷兰版画大师埃舍尔的作品(见图1-3)极为魔幻、迷惑,极不可能却又极合理而真实,这源自画家对分形、对称、双曲几何、多面体、拓扑等数学概念的艺术表达。从这些著名画家的作品里,我们能够体悟到:有灵魂的、生动的画作绝不只是绘画技法的表达,它们还是画家对光影透视、人体结构、数学比例甚至是颜料的创新与独特使用的成就,也是画家的历史、文学、哲学修养以及对世界和人生的基本观念的表达,是跨学科的综合表达,是跨学科的创造,也可以说,一切创造都必定是跨学科的。

能够从事创造性工作的人,一定是融通开放而非片面封闭的,没有融通,就不可能有创造性。杨振宁是闻名世界的大物理学家,却不是刻板意义上的物理学家,而是文理兼通的大师。他不仅善于琢磨体会中文的幽深和诗意,还擅长用优美浪漫的中文向外行介绍物理学成就。他对狄拉克的介绍,能让人瞬间领会狄拉克的伟大。他说,狄拉克的文章读起来便很通顺,"就像'秋水文章不染尘',没有任何渣滓,直达深处,直达宇宙的奥秘。狄拉克最了不得的工

[①] 小庄. 放大:科学、艺术与文化的现实交汇[M]. 长沙:湖南科学技术出版社,2022:64-65.

作是……写下了狄拉克方程。这个简单的方程式是惊天动地的成就，是划时代的里程碑"[1]。他用了"秋水文章不染尘"来形容狄拉克的文章，又用高适在《答侯少府》中的诗句"性灵出万象，风骨超常伦"来描述狄拉克、狄拉克方程和反粒子理论，让普通人去感受物理学的美，感受科学家的风骨。从杨振宁对狄拉克的介绍中我们能够体会到，一个完整的人的生活是不分科的，一个有趣的灵魂一定是有广博的见识。文人未必不豪放，兽医也能写出好文章。英国人吉米·哈利是一名执业50多年的乡间兽医，又是一位举世闻名的畅销书作家。哈利笔下的人与动物温馨幽默，有着最温暖动人的情义。在哈利的记述中，没有丝毫因职业而来的狭隘、偏执和刻板。同样，一个拥有良好的文学修养、极高的艺术趣味的科学家，更易于做出科学发现。2008年《科学和技术心理学期刊》发表的一篇论文指出："美国国家科学院成员、英国皇家学会成员、诺贝尔奖得主具有艺术或手工爱好的可能性分别是普通科学家的1.7倍、1.9倍和2.85倍。"[2] 以哲学家身份闻名于世的罗素，获得过诺贝尔文学奖，也是著名的数学家、逻辑学家、历史学家。有成就的大家，都不可能囿于单一学科，而是有广阔的知识背景、丰富的心灵。这启示我们，要想培养具有创新精神、实践能力的学生，不仅要有分别设置的学科课程，让学生形成对某一领域系统而深刻的认识，还必须打破学科壁垒，加强学科间的联系，主动为学生提供融会贯通、综合运用知识来创造性地解决问题的机会，为学生提供在解决复杂问题的过程中学习新知识的机会，让学生在学校学习阶段就能够从事创造性的活动，养成有趣的灵魂、高贵的品位，对周遭世界永葆好奇的探索精神，形成整体看世界的视野、观念与方法。

可以说，在学科内设置跨学科主题学习，能够帮助学生克服狭隘和片面性，培育学生思想和境界的深刻性与全面性。它既能保证分科课程的系统、深刻，又能自觉融合多学科知识技能和思想方法，是培养学生核心素养、实现整体育人的重要途径。

---

[1] 杨振宁. 美与物理学 [J]. 科学新闻, 2003（2）: 7.
[2] 小庄. 放大: 科学、艺术与文化的现实交汇 [M]. 长沙: 湖南科学技术出版社, 2022: 91.

（二）是分科背景下实现课程的综合化、实践性的积极稳妥的措施

综合化、实践化是基础教育课程改革的国际趋势，也是我国2022年版义务教育课程标准修订的一个重要议题。

现代学校的班级授课制以及现代科学的高速发展，决定了学校课程不得不分科设置、不得不以学科课程为主。我们不能想象，在没有专门的数学、科学、语言等学习的情况下，学生能够获得强有力的、普遍适用的基本观念和系统的原理性知识，能生发出多么深刻的理解，能有什么举一反三的创造性迁移能力。当然，优势与劣势一体双生，优势的获得、保持与发扬，也带来难以克服的劣势。为了适应现代学校班级授课制的运行，不仅要分科，而且要分得越来越细，从学年到学期到单元再到课，以便一课接着一课进行教学。这样的细分，使学科课程越来越封闭、孤立，远离学生、远离完整的现实生活，也使课程之间相互远离。就一门课程来看，是自我封闭而孤立；就学校课程体系来看，是丧失了协同育人、整体育人的功能。

虽然分科课程有其存在的重要价值，但是不能理所当然地无视甚至合理化它的缺陷。分科设置课程，并不意味着科目之间要"壁垒森严、高墙阻隔"，也不意味着教师可以各自为政、互不理会，更不意味着把学生塑造成不同学科知识的拼合体。分科课程背景下的教学必须寻找一条道路，使之既能连接学生的生活，又能把学生的认识提高到科学的高度，能够缩短学生与千百年来发展起来的科学知识的距离。跨学科主题学习的提出，就是在分科设置课程的背景下，加强课程间的关联，实现课程综合化、实践性的积极稳妥的举措。所谓积极，是指它能正视分科课程的弊端，积极作为，实现科目间的主动关联。所谓稳妥，是指它承认分科设置课程的合理性和必要性，并不以消灭分科课程为目的，而是充分利用分科课程的基础性、系统性来实现学生主动的、个性化的实践学习。

可以说，正如现代科学高速分化发展导致交叉科学的出现一样，现代学校的分科课程也需要跨学科主题学习来解弊。

(三)是将个别的先锋探索推广为普遍实践的有效路径

在分科设置课程的背景下,课程的综合化、实践化探索与尝试一直都有。例如,倡导学科相关、学科融合等。日本国语教师桥本武的国语课就是分科课程综合化、实践化的一个典范。初中三年的国语课,他只带学生精读一本小说《银汤匙》。[1]他的很多学生日后成为各行各业的精英,如著名作家远藤周作、东京大学第29任校长滨田纯一等。之所以能有如此成就,很大程度上在于他的国语课不只是教国语,还是以国语为核心的综合学习。他的国语课的重要特点是"跑题"和"绕远":课上不仅有国语,还有历史、地理、音乐、舞蹈、手工劳动等。只要小说中有零星的线索,桥本武就会沿着这个线索深入下去,把学生带入完全不同于《银汤匙》的另一个世界——这是典型的跨学科学习,是与学生的生活相契合的完整的教育。

就国内来看,20世纪80年代的"第二课堂""第二渠道"就是有益的探索。2001年开始的基础教育课程改革,将综合实践活动纳入课程方案,不仅丰富了学校课程的类型,而且为学生综合运用各学科知识解决真实问题提供了课程保障。2001年版和2011年版义务教育数学课程标准中就设置了"综合与实践应用"板块,人教版现行数学教材中,每一册都设计有两个主题活动。2015年发布的《北京市实施教育部〈义务教育课程设置实验方案〉的课程计划(修订)》也曾提出各门学科课程用10%的课时开展学科实践活动。[2]有不少学校已经形成了一套成熟的课程发展及教学模式。例如,以"走向真实世界的项目群育人体系的构建与实施"获得2022年基础教育国家级教学成果奖一等奖的北京市朝阳区呼家楼中心小学,既注重学科属性下的外延泛化式拓展课程的设计与实施,也注重跨学科整合式拓展课程的设计与实施,以实际生活和社会为场景,通过项目驱动的方式,让学生学会运用知识对接真实的生活和社会,成为问题解决者。这样的学校在全国还有不少。如2018年基础教育国家级教学成果奖特

---

[1] 黑岩祐治. 全世界都想上的课[M]. 王军,译. 北京:教育科学出版社,2016.
[2] 参见《北京市人民政府公报》2015年第26期第32页。

等奖获得者巴蜀小学的"基于学科育人功能的课程综合化实施与评价",一等奖获得者江苏省如皋师范附属小学的"跨界学习,奠基大成"等。伴随着综合实践活动的开展,多学科综合开展的STEAM学习,在学科内开展的以真实情境、问题解决、学生自主为特征的项目化学习蔚然成风,形成、积累了大量优秀经验,包括如何创设真实情境,如何将学科核心知识转化为激发学生主动活动的驱动性问题,如何为学生的问题解决提供支持,等等。在这样的背景下,在各个学科内设置跨学科主题学习就水到渠成了。在学科课程内设置跨学科主题学习,正是对这些探索的制度化确认,使得少数地区和学校的先锋探索,成为每一个地区、每一所学校、每一门学科、每一位教师的必做活动。

三、跨学科主题学习的功能

就学校课程而言,本没有纯粹的学科(分科)课程,分科设置课程只是相对而言。实际上,几乎所有的学科都是综合的。例如,物理是分科课程,却也可以说是电学、力学、声学、光学等的综合;生物学是分科课程,却也可以说是植物学和动物学的综合,动物学又可以说是鸟类学、兽类学等的综合。在这个意义上,学科课程本身就应该是综合的、实践的。跨学科主题学习只是把隐含在学科课程中的实践的和综合的特性,以鲜明的方式表达出来,并希望以这样的方式带动学科教学自觉实现综合化、实践化。跨学科主题学习对学生成长、教师发展以及学校课程育人体系的形成,均有积极意义。

(一)在跨学科主题学习中,学生的主体参与感更强

与分科课程的学习相比,学生在跨学科主题学习中,在以下几方面表现更为突出:

- 形成普遍联系的意识与能力,将所学与所历之事建立起意义关联;
- 激活所学及所历,有综合运用知识和经验去解决真实问题的意愿、能力,能够提出创造性的构想;

• 感受作为主体介入真实问题解决真切的参与感，快速而直接地体会个人的努力方向及努力程度的直接结果，感受和确证自身的主体力量；

• 能够以社会成员的身份和心态主动参与社会生活，形成正确的价值观、责任感。

总之，在跨学科主题学习中，学生的主体参与感更为真实、真切。当然，要让学生有真切的感受，跨学科主题学习的设计就要突出其与社会生活和科学研究的相似性，突出它的不确定性和更多的可能性。所谓不确定，是指起点、过程以及结果都不确定。这种不确定要求学生审慎地思考、决策、行动，在意识里模拟行动过程与结果，审慎地踏出第一步，在过程中能根据"棋局"走向及时调整方向，努力去追求自己想要的结果。因为不确定，便让学生拥有了努力探索的必要性，让学生体会努力的意义、胜利的喜悦、错误的懊悔、克服困难的力量感，理解并能承担责任，能够接受、承受自己行为的结果；因为不确定，就营造了一个学生能够进入的广阔空间：一个偶然的想法或机遇就可能引发一个更好的创意，让学生体会在不确定性中去努力追求确定性的情意态度。即便学生的主动创造可能是失败的、错误的，它也是可贵的。错误和失败本身是学习的重要内容。需要明确的是，跨学科主题学习与社会生活和科研只是相似而非其本身，这要求跨学科主题学习必须是自觉的教育活动而不是自发自在的生活。它不是把学生直接抛入繁杂无序的社会生活，而是让学生自觉从学科走向跨学科、从课内走向课外、从学校走向社会，为进入真正的社会生活做好知识、能力、品格、情感、价值观等各方面的准备。可以说，跨学科主题学习在学校和社会之间搭建了一条安全通道，既有社会生活的真实情境，又有学校教育的自觉特征，让学生在学科课程的系统学习中，与教师和同学一起，深刻了解沸腾的社会生活而不至于迷失、迷乱。

跨学科主题学习为学生构建了一种自觉的教育生活。它强调"合作"——既有教师与学生的合作，又有学生间的合作，还有与校外其他人的合作。这是因为，跨学科主题学习的任务通常是复杂的、困难的，单靠学生个人的力量在短时间内难以完成，因而必须采取小组合作的形式。这样的合作，使得跨学科主题学习超越知识学习的范畴，具有了社会生活的意义。杜威说："人们参与一种有共同利益的事，每个人必须使自己的行动参照别人的行动，必须考虑别人的行动，使自己的行动有意义和有方向……"[1]跨学科主题学习就是学生共同参与的一件有共同利益的事情。为了完成某个任务，小组里的每个人都不能自作主张、自说自话，必须使自己的行动参照别人的行动、考虑别人的行动，从而使自己的行动有意义、有方向，在确证个人力量的同时，也深切体会着与他人共在的意义。

在这个意义上，跨学科主题学习把社会实践提前到了学生的学习阶段，自觉将学生、学科与沸腾的社会生活建立起紧密而生动的意义联系，将学生将来可能的创新实践活动提前，让学生在学校教育阶段就有机会自觉地模拟从事创新活动，解决真实情境中的问题，过一种自觉的教育生活。

（二）跨学科主题学习是唤醒教师整体育人意识的一个契机

跨学科主题学习有利于教师发展出自觉的整体育人意识，从各自为政走向自愿自主的联合，结成共同育人的学校教师共同体。对教师而言，跨学科主题学习的开展至少有以下几个积极影响。

第一，每一位学科教师都不得不关注其他学科，努力去利用、吸收其他学科的内容和方法。也就是说，对教师而言，他虽然还是学科教师，却不能仅以学科知识的教学来定位自己的职责，而必须立足学生发展的立场，重新理解本学科与其他学科的关联，做到以本学科为基地，主动跨界、自觉育人。

第二，"逼迫"教师从学科本位中走出来，从整体育人的角度去思考本学科在整个课程体系中的地位、价值以及相应的教学目标、内容与方式。通过设计、实施跨学科主题学习，使教师更深刻地理解本学科的意义与价值，并找到最能体现其价值的方式与方法。

第三，跨学科主题学习让同一学校的教师真正结成一个育人共同体。跨学

---

[1] 杜威. 民主主义与教育［M］. 王承绪, 译. 北京：人民教育出版社, 2001：97.

科主题学习的实施，不可能在学科教师"各自为政""相互隔绝""井水不犯河水"的状态下进行，而是要求各科教师必须相互了解、互相合作。在这个意义上，跨学科主题学习为教师合作提供了制度化的机会。不同学科教师的合作有可能经历这样的过程：从一开始为了设计跨学科主题学习的功利性合作，走向相互理解、相互欣赏基础上的自觉合作；教学改革从学科内部改革走向全学科的整体变革，使各学科教师从完成学科的知识教学任务自觉走向育人为本，形成一个有机的育人共同体。

（三）跨学科主题学习是推进学校课程整体建设的一个好抓手

在学科课程里设置跨学科主题学习，对学校课程建设能力提出了更高的要求。因为跨学科，校内各门课程必然发生关联。如何让关联发生，正是学校应该关注的重要问题。是各门课程各自为政，孤立、自发地设计跨学科主题学习，还是由学校整体统筹，对各学科跨学科主题学习的开发与实施进行积极干预？显然，如果没有主动的积极干预，任由各学科各自开发，学生所做的各学科的跨学科主题学习就可能互相重复，既浪费学生的时间，又损害学生最宝贵的探究热情和发展机会，同时也丧失了跨学科主题学习本应有的实践性、综合性、创造性。若是积极主动地去干预，学校就能够借由跨学科主题学习的设置，打通不同课程之间的横向沟通与关联，建立起不同学科教师相互联系、合作研究的教研机制和跨学科主题学习开发的学校课程管理机制，并充分利用现代信息技术的优势，收集信息、汇聚资源，形成学校自己的课程资源库。

借助跨学科主题学习的设置，学校要主动引导各学科组在进行课程内部知识的关联与结构化的基础上，主动跨界关联其他学科。在学校层面，也要从学科课程的发布、组织与实施平台变成一个主动的课程建设组织和育人组织。

当然，跨学科主题学习必然要求教研活动发生改变，因而学校还必须建立制度、提供条件，帮助各学科开展跨学科教研，自觉促进教师共同体的结成。

四、跨学科主题学习的学科立场

跨学科主题学习一定不能"为跨而跨"。坚持学科立场，才有跨学科主题学习存在的价值。朴素地看，有学科才能跨学科，立足学科才有跨学科。坚持学科立场的跨学科，才能避免庸俗化和浅表化。换言之，跨学科的实现，必须立足学科本体，依托各自学科的坚实基础。2004年杨振宁先生在清华大学演讲时，有人问及物理和数学是否会合并到一起，变成一个学科。他说："数学和物理这些年来有很多交叉的地方，可是，每一个领域交叉的地方只占（我觉得也许）——百分之五。百分之五的今天的数学是跟物理发生密切的关系，百分之五今天的物理是跟数学发生密切的关系。这个百分之五重复的地方，数学和物理交叉的地方，现在每年越来越大了。可是，不交叉的地方也越来越大了，这个百分之五的比例一时不会有很大的变化。在这样的前提下就没法讲数学跟物理要并到一起去了。"[1]英属哥伦比亚大学Nashon教授在提及STEM教育时，与杨振宁的观点极为相似。他认为不能忽视STEM教育中每一门学科的独立价值，而要重视跨学科或交叉学科中各门学科的独特性。Nashon教授说："理想的STEM教育是关注不同学科知识间的相互影响，一门学科知识的发明如何影响到另外的学科，一门学科的发展如何建立在其他学科的原理和进步之上。比如，数学建模（mathematical modeling）旨在简化我们对自然体系的认识和控制，这促进了我们对技术的理解和运用。这是数学和技术的联系。如果技术为我们带来了发明和创造，那它背后一定有相应的科学原理和依据，这就是技术与科学的联系，如此等等。"[2]STEM教育所揭示的学科间的内在联系，正是建立在尊重各门学科独特性的基础上的。也就是说，"既立足于每一门学科的特殊性，又看到彼此间的渗透性、干预性，这对学科的研究和发展是至关重要

---

[1] 杨振宁. 无题漫谈：2004年5月12日在清华大学中文系的讲演（节选）[EB/OL].（2021-09-27）[2022-12-15]. https://www.163.com/dy/article/GKUENQS00541L3QU.html.
[2] 李雁冰. "科学、技术、工程与数学"教育运动的本质反思与实践问题：对话加拿大英属哥伦比亚大学Nashon教授[J]. 全球教育展望，2014（11）：4.

的，亦是 STEM 教育的价值所在"①。

强调学科立场，还因为现代学科的科学概念只能在学科内部、在学科结构里、在学科的发展脉络中去理解。离开学科，想要凭借日常经验来理解科学概念，是难以做到的。以物理学为例："在牛顿那里，……与新的运动概念联系在一起的一系列概念构成了一个新系统，其中的概念互相定义，标识着物理学开始摆脱自然概念的束缚。"② "在 $F=ma$ 这个公式里，力、质量、加速度这几个概念是互相定义的，它们具有严格的数理推导关系。这些概念互相定义，最后形成在很大程度上不受自然语言约束的一套亚语言，理论语言。"③ 只有理解了学科的概念系统，才能知晓每一个概念的意义。"我们经常听到人们谈论对物理世界的数学描述具有简明的优点，但这里的简明不是快人快语那类简明……只有当我们获得了简明性的新概念时，加速度定律才是简明的。"④ 没有系统而坚实的学科学习，想要获得有关这门学科的明晰的科学概念，几乎是不可能的；没有对有关学科的科学概念的准确理解，也难以进行高水平的跨学科主题学习。同样，教师的学科素养越强，越能与其他学科内容融会贯通，建立起关联。如果不具备本学科的基本专业素养，一瓶不满，半瓶晃荡，就难以设计出高质量的跨学科主题学习。在学科中开展跨学科主题学习，得能体现这门学科的本质，体现它的基本思想和方法，体现这门学科对学生素养培育不可替代的独特价值。

跨学科主题学习与系统的学科知识学习是相互依赖、互相促进的。一方面，跨学科主题学习作为学科课程学习的一个环节、一个活动，要依赖、应用学科的系统学习；另一方面，跨学科主题学习的复杂任务与问题，能够推动学生更进一步去了解、认识、深化学科知识的学习。跨学科主题学习要利用学科知识观察现实生活并进行问题解决。例如，数学课程提到要培养学生具备"三

---

① 李雁冰. "科学、技术、工程与数学"教育运动的本质反思与实践问题：对话加拿大英属哥伦比亚大学 Nashon 教授［J］. 全球教育展望，2014（11）：4.
② 陈嘉映. 哲学·科学·常识［M］. 北京：中信出版集团，2018：199-200.
③ 同②：205.
④ 同③.

会"，即：会用数学的眼光观察现实世界，会用数学的思维思考现实世界，会用数学的语言表达现实世界。现实世界纷繁复杂，但拥有数学知识，就能从中抽象出数学问题并运用数学方法来解决。不经过严肃认真的数学学习，是不可能拥有数学的眼光、思维和语言的。达·芬奇说欣赏他的作品的人，没有一个不是数学家，就是这个意思。他的《最后的晚餐》《蒙娜丽莎的微笑》，不同的人会读出不同的意味，数学家就能从中看出数学元素。同样，那些拥有物理学的敏锐眼光的人，才能看出梵高《星月夜》中的湍流。

更进一步来看，跨学科主题学习的目的，也并非为跨而跨，从课程设计的角度来看，它的存在，是为了以10%的体量和实践去促进本学科课程另90%的综合化、实践化。在这个意义上，跨学科主题学习的存在是为了使本学科自觉体现综合性、实践性，帮助学生实现知识的融会贯通和创造性迁移，与其他学科、与现实生活建立起关联。

好的学科教学是重视学生的主动活动（观察、思考、想象、表达、制作等）的，这样的活动虽然不是必须联系现实世界，却必须联系学生已有的经验，必须真心诚意地相信学生是学习的主体。例如，小学数学特级教师俞正强讲"厘米的认识"，[1]便借用小学生日常生活中比身高的经验，建立知识与生活经验的关联，让学生体会到个人发现知识的自信和兴奋感。若是只把书本上的"文字"告诉学生，忽视学生自己的联想、分析、思考，就不能期待学生可以理解和把握知识的丰富内涵。同样，如果把书本上的文字符号直接教给学生，学生所得到的也只是知识的影子，而非丰富、立体的知识本身。若把教材上的文字表述看作知识的文字投影，那么，它所蕴含的思想方法、思维方式、情感态度，以及对事物特征和规律的揭示等，只有通过活动才能被学生所把握。

就教学而言，影子也重要，但它不能替代真正的知识。例如，要测量一棵大树的高度，直接测量是困难的，也不必冒风险去直接测量，而要通过测量阳

---

[1] 俞正强. "种子课"：给知识以生长的力量：从小学数学"计量单位"的教学谈起 [J]. 人民教育，2011（2）：34-37.

光照射下树投射在地上的影子来推算树的高度。在这个意义上，影子的长度很重要，但要说这个影子就是树本身，就本末倒置了。教学要引导学生通过影子去测量树的高度，知晓"树"的存在，思考树高与影子的关系，学会借用恰当的工具、引入其他变量来进行思考——这才是学生作为主体的现实的学习生活。学生知晓"树"的存在，才能理解树影的意义，树影才能作为树的代表显现真实而丰富的意涵。

学科教学中"相关"其他学科的部分，经由跨学科主题学习的设置，能够更加自觉起来。例如，数学是抽象的，但常见的小学数学应用题却都是有情境的、跨学科的。应用题首先要跨语文——读得懂才能做得对，还要跨社会生活、工程交通、历史地理。也就是说，学科内问题的解决，大多也得借助其他学科才能完成。初中化学的"物质的性质"，要让学生理解物质的化学性质，其前提则是了解物质的物理性质。如果设计一个活动——请学生为某饮料设计易拉罐包装，那么学生仅运用化学知识很难完成这个活动，而要思虑与此相关的方方面面，涉及科学、技术、经济、社会、文化各个方面。例如，要考虑到什么样的材料适宜做易拉罐，要考虑材料的性能、成本、与人体健康的关系等；人体健康涉及生理卫生的问题，材料对环境的影响又涉及环保、生物等问题。在这些活动中，我们看到了基于学科的主动跨界，反过来，正因为有了这样的主动跨界，学生才能够更好地理解学科的内容、方法与价值。

自觉的跨学科主题学习为学科知识的综合应用提供了机会，为学生的深化理解和创造性实践提供了机会。当然，在跨学科主题学习中所获得的具体的、形态丰富的知识，还需要再抽象、以学科逻辑再表述。经由这样的教学过程，学生才能真正进入知识、进入学科、进入现实、进入历史，才可能在未来去发现新知识，做出新贡献。

本讲小结

跨学科主题学习是基于学科的主动跨界学习，将社会实践主动融入学校教育过程。跨学科主题学习并不试图取消学科课程，而是要通过10%的"支点"撬动学科课程的教学改革，使其自觉地以学生为主体，关注学生的主动活动，自觉地挖掘学科课程内部的综合化、实践化要素，为学生未来的社会实践活动打下能力的、品格的、价值观的基础，为学生的自觉主动成长营造自觉的教育环境。跨学科主题学习是学生的学习、实践、创造的三体合一，支持着学生在继承中思考、质疑、创造，在创新中延续历史、体会继承的意义。在这个意义上，跨学科主题学习是一个契机，让学生进入知识、进入历史，真切地体会自己作为社会一员的责任感和使命感，走向未来，创造未来。[①]

思考题

1. 请结合本讲内容，谈谈你对"跨学科主题学习"含义的理解。
2. 关于"跨学科主题学习要坚持学科主场"，你持何种观点？为什么？
3. 请结合案例说明"跨学科主题学习"对于学科教学改进的意义。

[①] 本讲的部分内容已发表在《落实学生发展核心素养 突显学生主体地位——2022年版义务教育课程标准解读》(《四川师范大学学报（社会科学版）》2022年第4期)、《跨学科主题学习及其意义》(《文教资料》2022年第16期)、《跨学科主题学习的意义与特征》(《中国基础教育》2022年第4期)。

第二讲 跨学科主题学习的基本类型与实施要点

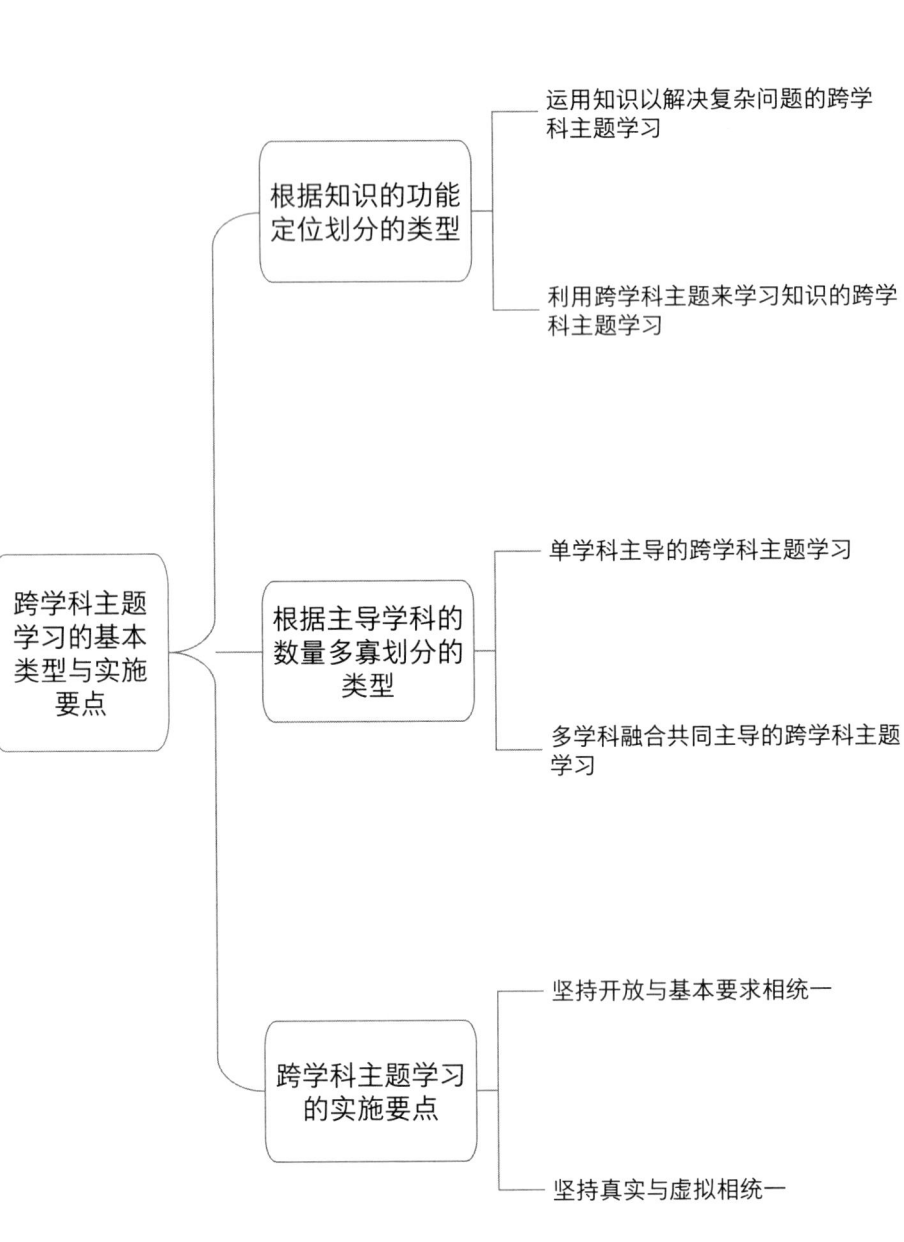

如第一讲所言，跨学科主题学习是实现课程综合化、实践化的一种积极、稳妥的举措。"跨学科主题学习"在2022年版义务教育各科课标中有不同的命名（如数学沿用2001年版及2011年版课标的名称，依然叫作"综合与实践"），也有不同的定位和类型。那么，跨学科主题学习有哪些基本类型，实施过程中需要注意哪些问题？

一、跨学科主题学习的基本类型

对跨学科主题学习的分类，可以从两个维度进行。一是根据知识在跨学科主题学习中的定位来划分，二是根据跨学科主题学习主导学科的数量多寡来划分。根据第一个维度，大致可分为"运用知识以解决复杂问题"与"利用跨学科主题来学习知识"两种类型。根据第二个维度，可分为"单学科主导的跨学科主题学习"与"多学科融合共同主导的跨学科主题学习"。显然，这两个维度的四种类型是互有联系、相互交叉的。例如，以单学科主导的类型内部，又可继续按知识的定位分为"运用知识以解决复杂问题"与"利用跨学科主题来学习知识"两类。其他也是如此，画图示意如下（见图2-1）。当然，随着教育实践的展开，还会生发出更多对跨学科主题学习进行分类的维度，形成更多类型。

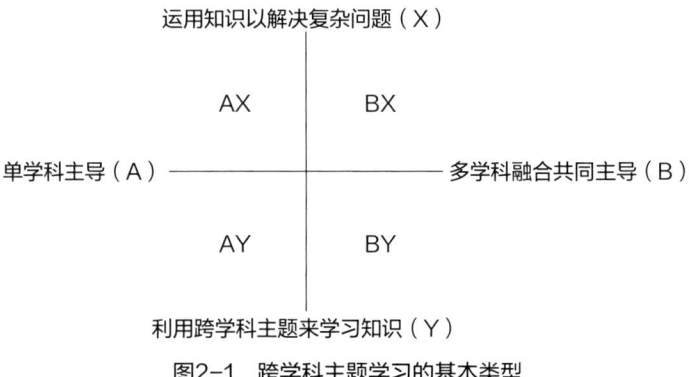

```
              运用知识以解决复杂问题（X）
                      │
          AX          │         BX
                      │
单学科主导（A）────────┼────────多学科融合共同主导（B）
                      │
          AY          │         BY
                      │
              利用跨学科主题来学习知识（Y）
```

图2-1 跨学科主题学习的基本类型

（一）根据知识的功能定位划分的类型

"运用知识以解决复杂问题"与"利用跨学科主题来学习知识"两者的区别，突出表现为跨学科主题学习中涉及的知识是"学过的"还是"没学过的"。前者是用已学过的知识来解决问题，目的在于通过一个真实复杂的情境，实现知识的深化、扩展与迁移，并从学科逻辑走向社会生活逻辑，从"解题"走向"解决问题"，培养学生综合运用知识来观察、思考和解决问题的能力。后者则是利用跨学科主题来学习知识，把学生以前没学习过的新知识放置到真实复杂的情境中去学习。例如，数学第三学段"综合与实践"的"如何表达具有相反意义的量"就是这种类型。它要求学生能够"在熟悉的情境中了解具有相反意义的数量，知道负数在情境中表达的具体意义，感悟这些负数可以表达与正数意义相反的量，进一步发展数感"[1]。将"具有相反意义的量"放在熟悉的情境中去学习，目的在于利用学生已有的经验去化解"具有相反意义的量"这个难点，避免其跨越性及抽象性带来的理解困难。因此，课标给出了具体操作建议，如：可以"基于学生比较熟悉的温度、海拔等背景，通过对具体实例的描述，让学生感受负数的实际意义，并通过与正数的对比，感悟负数可以表达与正数相反意义的量"[2]。在熟悉的情境中自觉利用学生经验，便于学生理解、体悟知识，加强学生与学科及社会生活的关联，让知识变得可亲可近而非抽象冰冷，避免学生思维窄化、僵化、刻板化，将知识学习与已有经验、社会生活建立起意义关联，促进知识的迁移和创造；在熟悉的情境中来学习知识，也是对学生生活经验的自觉提升——将学生的经验提升到人类共有知识的高度，赋予自发经验以意义，让学生产生与知识平等对话的感觉，让学生充满自信。

"运用知识以解决复杂问题"的类型，是将知识作为工具来解决问题的类

---

[1] 中华人民共和国教育部. 义务教育数学课程标准：2022年版 [M]. 北京：北京师范大学出版社，2022：50.
[2] 同[1]：138.

型。这一类型的跨学科主题学习意在让学生能够灵活调用多学科知识来思考和解决复杂问题。通过一个真实的复杂问题的解决来深化、扩展对知识的理解，加强知识间的内在关联，帮助学生建构以学科知识为锚点的多学科知识网络结构。例如，2022年版义务教育化学课标明确提出："跨学科实践活动的开展应与'物质的性质与应用''物质的组成与结构''物质的化学变化'等学习主题中的核心知识、学生必做实验的教学密切结合，充分发挥跨学科实践活动对课程内容和教学实施的整合功能。"也就是说，在化学学科这里，跨学科主题学习（在化学学科被称作"跨学科实践活动"）的设计必须体现本学科的核心知识及必做实验，并通过跨学科主题学习使不同主题的知识得以整合，使通过分别学习而获得的知识在跨学科主题学习这里整合为一个有本质关联的整体。

就课标而言，大多数学科对跨学科主题学习的定位是第一类，即综合运用知识去解决问题的类型。其目的在于：一是深化、扩展、整合知识；二是形成多角度分析问题、解决问题的能力，以开阔的视野观察问题，以灵活的思维分析、思考问题，以融会贯通的知识和方法来解决问题，形成关心社会和他人的品格、能力与价值观。例如，历史学科的跨学科主题学习的定位就是如此。2022年版义务教育历史课标提出："跨学科主题学习活动各个主题涉及的内容，都来自中国历史和世界历史六个板块，从特定的问题意识出发，将分散在不同地方的内容整合在一起，有助于学生形成既在时段上纵通又在领域上横通的通史意识；同时借助不同课程所学的知识和方法，培养学生多角度分析问题和解决问题的能力。课程内容中的前六个板块是历史学习的基础，跨学科主题学习活动板块是学习的提升和拓展。"这是典型的运用已学知识去解决问题的类型，而且只给出了示例，在课标中既未给出内容要求，也未提出学业要求，也就是说，只指明了方向而没有刚性要求，一线学校可以根据地区、学校及学生的情况，灵活创设跨学科主题学习，有极大的课程创设空间。地理课程的跨学科主题学习同样如此。

化学、物理、生物学三科的跨学科主题学习（不同学科的名称不同，如生物学课程的叫作"生物学与社会·跨学科实践"）与历史课程和地理课程的不同，相对刚性，有内容要求、学业要求及教学提示。一线学校的跨学科主题学习，可从课标给定的主题中选择。例如，化学的跨学科主题学习给出了10个选项，并提示"跨学科实践活动原则上从以上10项中选择"[①]。只要按照课标的提示进行教学，就能较好地实现课标所提出的"学业要求"："在跨学科实践活动中，具有恪守科学伦理和遵守法律法规的意识；能积极参与小组合作，勇于批判、质疑，自觉反思，能克服困难，敢于面对陌生的、不确定性的挑战；能积极参加与化学有关的社会热点问题的讨论并作出合理的价值判断；初步形成节能低碳、节约资源、保护环境的态度和健康的生活方式。"[②]

语文学科的课程标准专设了跨学科主题学习任务群，名为"跨学科学习"。语文的跨学科学习任务群，在性质上介于历史、地理与化学、物理、生物学之间，既有像化学、物理、生物学三科那样的内容要求、学业要求，又有像历史与地理学科那样在内容上的开放性与弹性。其目的，在于"引导学生在语文实践活动中，联结课堂内外、学校内外，拓宽语文学习和运用领域；围绕学科学习、社会生活中有意义的话题，开展阅读、梳理、探究、交流等活动，在综合运用多学科知识发现问题、分析问题、解决问题的过程中，提高语言文字运用能力"[③]。例如，第一学段有如下学习任务："在班级、学校或家里养护一种绿植或者小动物。综合运用语文、科学、数学等多学科知识，学习日常观察和记录。"[④]在语文课程这里，跨学科主题学习的任务相对确定，但达成任务的活动与途径是多样的，教师与学生的自主空间依然很大。

2022年版义务教育数学课标明确规定了主题活动分为两类：即"融入数学知识学习的主题活动"和"运用数学知识及其他学科知识的主题活动"。在前一类活动中，学生将学习和理解数学知识，感悟知识的意义，主要涉及量、方

---

① 中华人民共和国教育部. 义务教育化学课程标准：2022年版［M］. 北京：北京师范大学出版社，2022：32.
② 同①：33.
③ 中华人民共和国教育部. 义务教育语文课程标准：2022年版［M］. 北京：北京师范大学出版社，2022：34.
④ 同③.

向与位置、负数等知识的学习；在后一类活动中，学生将综合运用数学知识解决问题，体会数学知识的价值以及数学与其他学科的关联。数学课标还明确规定了不同学段开展跨学科主题学习的不同方式。小学低学段跨学科主题学习主要以主题活动的方式开展，高学段则可采用项目式学习的方式来进行："第一、第二、第三学段主要采用主题式学习，第三学段可适当采用项目式学习"[1]，第四学段则主要采用项目式学习的方式，更突显学生的自主活动。

此外，数学课标还对跨学科主题学习给出了明确的主题、内容要求、学业要求、教学提示，但又言明如此做法是"为了便于理解"，而且"仅供参考"。因此，"在教材编写或教学设计时，可以使用不同的主题名称，设计不同的活动内容，但要关注主题内容的选取和学生的接受能力，达到主题活动的内容要求和学业要求"[2]。也就是说，不同学校可根据实际情况，参照课标的要求来开发和设计能体现当地和学校特色、符合学生发展需要的跨学科主题学习；如果学校暂时没有独立开发出更好的跨学科主题学习的能力，就可依照课标给出的相应跨学科主题学习示例来开展教学。事实上，对大多数学校而言，尤其在落实新课标初期，选择后一种做法是明智的。当然，学校并不能止步于此，而要在实施的过程中自觉积累经验，逐步开发、形成学校自己的跨学科主题学习。

（二）根据主导学科的数量多寡划分的类型

在实际操作中，可根据主题确立的出发点，将跨学科主题学习分为"单学科主导的跨学科主题学习"与"多学科融合共同主导的跨学科主题学习"。

"单学科主导的跨学科主题学习"指立足某一学科来主动跨界，"以我为主"，从本学科往外"跨"。无论是"利用主题来学习知识"的，还是"运用知识来解决难题"的，都主要是从本学科的知识、技能、思想、方法出发来

---

[1] 中华人民共和国教育部. 义务教育数学课程标准：2022年版[M]. 北京：北京师范大学出版社，2022：42.
[2] 同[1].

确定主题和目标，设计活动和评价，也主要从本学科的立场和目标出发主动去"跨"、去"关联"其他学科。在实际运作中，要求教师在设计阶段能依据本学科的内容特点、任务、目标主动寻求与其他学科的融合。就2022年版义务教育课程标准中对跨学科主题学习的定位来看，这类跨学科主题学习是主要类型。从具体操作来看，在课标落实初期，以这类为主，也会让教师更从容、更自信。因为是"以我为主"，便可以根据本学科的教学节奏去主动寻求其他学科的支持，基本上不需要迁就其他学科。当然，它要求教师以跨学科视野来重新审视本学科的基本内容及其结构，又要求教师能够在跨学科主题学习活动中自觉引导学生更深刻地理解本学科的基本思想和方法。在这个意义上，可以把跨学科主题学习看作手段——经由这样的手段来实现分科课程难以实现的本学科的育人目的，如帮助学生深化对本学科的理解，明确本学科知识与方法的应用领域，明晰本学科与其他学科的关联，了解本学科与其他学科的共通之处，等等。

所谓"多学科融合共同主导的跨学科主题学习"，是指多个学科因内容或方法互有关联而主动协商共同形成的跨学科主题学习。这类跨学科主题学习是从学科课程形态过渡到综合课程形态的一条稳妥的路径，也可以说是跨学科主题学习的高级形态。从培养学生综合素养的角度出发，设计多学科共同合作的综合议题，有利于打破学生禁锢于学科的刻板思维，帮助学生形成面对问题本身，灵活自如地综合应用知识解决问题的意识和能力。例如，北京市三帆中学（以下简称"三帆中学"）的生物学、化学和地理学科的老师们合作设计了系列跨学科主题学习。三个学科共同商议设计跨学科主题学习更利于整体把握问题实质，利于学生将所学知识应用于社会实践去解决真实问题。老师们的感受是："例如：学生对中国季风气候及特征非常熟悉，但是在遇到真实问题，如北京市为什么水旱灾害多发时，却错误地联想到其他因素。比如，学生对生物学中的蒸腾作用非常了解，知道蒸腾作用有助于促进植物吸收土壤中的水和无机盐，促进生物圈的水循环，降低叶片温度，但是却不认同它对局部区域的气候有一定的调节作用。在小组讨论如何吸收二氧化碳的过程中，我们发现，学生虽然熟知光合作用等，但是不能将知识应用于实践，对其是否能解决真实问题存迟疑态度。"[1]而通过几个学科融合来解决一个共同的问题，既有利于学生学习新知识，也有利于学生将知识运用于实践，引导学生关注问题本身，而不是孤立地接收知识。这类跨学科主题学习，与STS（科学、技术与社会）非常类似，或可说STS是这类跨学科主题学习的典型。它以某个社会性议题为核心，让学生综合运用多个学科的知识、方法和思想来思考和解决这个议题。在这个意义上，这种类型的跨学科主题学习通常会是问题先导、问题中心的，是利用已有知识去解决问题的；当然，也有利用主题来学习知识的，例如三帆中学的"水与生活"跨学科主题学习就是在主题中学习知识的典型[2]。

这种类型的跨学科主题学习的形成相对困难，耗时较多，尤其是在初期，教师之间的磨合就是一种考验。它需要各科教师相互理解、相互信任、紧密合作，牵涉到比较复杂的相互沟通和联结，对参与其中的教师的水平要求也较高。它既需要教师清晰把握各自学科的内容结构及本质问题，也需要教师熟悉相近学科的相关内容、方法以及基本思想，还需要各自的理解在"同一频道上发生共振"。因此可以说，它对传统的学科教研活动机制有较大挑战，需要有新的跨学科教研与合作机制的保障才可能成为常态。[3]

对学校来说，可以从相近学科做起，如理科类、文科类，之后再扩大范围，形成文理科互跨的大主题。

二、跨学科主题学习的实施要点

如前所述，跨学科主题学习是分科设置课程背景下实现课程综合化、实践

---

[1] 根据北京市三帆中学董素君、邢晓明、朱叶在2022年北京西城区教育科研月上的发言《多学科融合视域下项目式主题活动的设计和实施——以初中生物、地理、化学跨学科为例》整理而成。
[2] 参见：邢晓明，董素君，刘小荣. 初中地理、生物、化学跨学科主题教学的实践探索：以"水与生活"为例 [J]. 地理教学，2022（22）：40-43，61. 后文出现的"水与生活"案例均由三帆中学邢晓明、董素君、刘小荣、朱叶四位老师提供，不再标注。
[3] 相关内容参见第八讲。

性的积极稳妥的措施。同时，综合性和实践性也是跨学科主题学习的重要特性，在具体实施中主要表现为有真实的情境、开放的过程与结果，让学生有沉浸式的真实体验。特别强调的是：教育性是跨学科主题学习的根本，也是学校一切活动的根基。没有教育性，不去自觉地促进学生的发展，即便综合性和实践性再鲜明、再突出，即便"沉浸式学习"多么真实、开放，也不能进入学生的学习环节。因此，实施跨学科主题学习必须要关注以下两个要点，真正体现作为教育活动的跨学科主题学习的开放性和真实性。

（一）坚持开放与基本要求相统一

开放性即敞开、多样、弹性，与封闭、单一、刚性相对应。开放性最重要的特点就是向学生敞开，鼓励多种可能性，允许变通、变化。

开放性首先表现为几乎可以向所有学生开放，每个学生都应能找到触发思考和参与活动的切入点，即每个学生都能够真正参与其中。在这个意义上，具有开放性的跨学科主题学习，其"主题"应该包容性大、可进入性强，涉及多个学科的多个知识技能点、方法思想点，触及社会生产生活的多个方面，难度水平层次多，留有足够的弹性空间，能让不同水平、不同特长的学生都能"进入"。例如，三帆中学的"水与生活"跨学科主题学习，共有9个课时，每个课时都有相应的内容与活动目标。（见表2-1）

表2-1 "水与生活"跨学科主题学习课时安排

课时题目	主要内容	活动目标
课时1：我能提出问题	创设情境，提出问题	通过问卷调查和头脑风暴，关注生活和时事中的水旱灾害，提升发现、提出问题的能力
课时2：我能设计实验	明确研究课题，设计研究方案	通过设计调查和实验的研究方案，提升科学探究能力
课时3：我会实地调查	开展地理调查活动，绘制平面图	通过校园调查，利用平面图相关知识和技能，绘制校园排水口和安全隐患分布图，提升地理实践力

续表

课时题目	主要内容	活动目标
课时4：我为植物代言	开展生物实验探究	通过实验研究植物在减轻水旱灾害中的作用，提升科学探究能力和科学精神
课时5：我能野外生存	补充化学知识，动手操作化学实验	通过动手操作过滤、吸附、杀菌消毒等净水步骤，了解水的净化原理，提升实验技能
课时6：我能关注生活	开展化学实践和调查	通过自制简易净水器，提高科学实践能力
课时7：我能汇报和交流	交流汇报	通过小组整体汇报，建构跨学科大概念；培养语言表达能力，提高合作交流的意识和能力
课时8：我要追求"人水和谐"	设计并描述"人水和谐"的理想城市	通过所学进行创意作品的制作，解决实际问题；通过对前期活动的总结，提升公民意识和社会责任感
课时9：我能评价和反思	纸笔测试和填写评价量表	

仅从文字上便能看出这个案例就是以学生为主体来展开的，同时，这个主题学习也是向学生敞开的。活动的设计，能够让每个学生自信地以现有水平参与到活动中，并在活动中获得新的认识、新的提升。例如，第一课时聚焦"我能提出问题"，学生活动的主要内容为"创设情境，提出问题"，活动目标为"通过问卷调查和头脑风暴，关注生活和时事中的水旱灾害，提升发现、提出问题的能力"。这个课时在这个跨学科主题学习中起着动员、激励的作用，能够让学生在教师营造的氛围里和同学们一起，将日常生活中原本自发散漫经历过的事情，凝聚成一个有学术思考含量的理论问题，自觉去关注形成水旱灾害的原因。在这个意义上，这节课是这个主题向学生开放的大门，为学生进入主题学习开辟了一条适宜的通道，即从学生已有的经验和知识入手，引导学生进一步扩大关注的范围，提出属于自己的"问题"。换言之，第一课时的"开放"，为学生后续所有活动的开放奠定了良好的基础。此后的"我能设计实验""我会实地调查""我为植物代言"等，突出地体现了学生与客观世界在主动互动中实现的双向开放。

开放性的另一个表现即学生的"学习"过程有多种可能、有较强的变通性，可包容多种结果。在上述"水与生活"跨学科主题学习中，其开放性主要体现为学生的主动探究和参与，学习过程足够开放，不同小组的不同行动，都可能带来不同的结果，开放性突出。但是，整个进程是由教师来整体规划的，有序有进阶，每一课时有任务、有目标，总体有评价，既利用知识来解决问题，又通过主题来学习。

也就是说，跨学科主题学习的开放必然伴随着对它的基本要求和限制。当给予学生足够大的自主弹性空间时，也给了学生足够大的责任空间或自限空间。换言之，当弹性空间足够大、开放性足够强时，反而会让学生感受到强烈的自我约束和压力，需要学生自己审慎地去做选择、做决定，因为每一步选择和行动都可能会影响到事情的走向及未来的结果，都需要学生负起责任来。如此，便让学生有了真切的情境感和强烈的主体参与感。正是开放性，让跨学科主题学习与科学发现、社会生活有高度的相似性。例如，由北京师范大学地理与可持续发展教育中心承办的公益活动"青少年环境地图展示活动"，就是一个典型的跨学科主题学习，开放性十足。在2023年1月发布的"第二十届青少年环境地图展示活动"通知[①]中，给出了"作品要求"：

1. 作品的内容。作品内容要求为参加者根据对自己身边的环境或者人进行的调查以及本人的亲身观察思考和总结归纳而制作的地图。调查和观察过程非常重要，必须由参加者本人亲身经历或者亲自调查，并且与自身实际情况相符。

2. 主题。2023年的指定主题是：（1）《老街——老街的路、老街改造、老街印象……》；（2）《车站——老车站、新车站……》；也可以自选主题。

3. 活动参与条件。6—18周岁学生均可参加。可独立或合作完

---

① 第二十届中国青少年环境地图展示活动通知［EB/OL］．［2023-01-15］．http://www.wangminedu.com/notice/20230117.html．

成，每幅作品作者不超过4人，每幅作品只能有1位指导教师。活动不收取任何费用。

4. 绘制作品要求。（1）参赛作品分为手绘组和计算机制图组。手绘组要求手工绘制；计算机制图组除提交作品外，还需要提供相应的数据。（2）参赛作品的地图部分应占整个版面的一半以上。（3）参赛作品中若含有中国地图，必须符合国家的绘制标准和要求。

从作品要求中可以看出，作品的内容和主题本身是开放的，既有指定主题，也可自选主题，只是要求地图必须是本人亲身经历或亲自调查后绘制的。这样，便有极大的开放性，使得最终绘制的地图是参与者本人独特的、个性化的地图。

但是，这样的开放并不是漫无边际、没有要求的。开放性反对强制干涉和不顾学生实情的武断要求，但并不忽视教师的教育性引导。也就是说，不是无底线、无边界的开放，而是有基本要求、有基本边界的，是相对的开放性。例如，上述"青少年环境地图展示活动"的通知中，虽然处处开放，却处处可见要求，在开放中见到限定。不仅作品内容有要求、作品主题有指定，对绘制作品也有要求，手绘组和计算机组的要求也不同。"根据对自己身边的环境或者人进行的调查以及本人的亲身观察思考和总结归纳而制作的地图"言明了活动的对象和方法，要求地图绘制基于调查，基于观察思考、总结归纳；"地图部分应占整个版面的一半以上"是对活动成果的强调，内在地包含着对绘制方法和内容的要求，例如，地图三要素一定要齐全，虽然并未言明，却是隐含的强制性要求；"参赛作品中若含有中国地图，必须符合国家的绘制标准和要求"，这便是明确的教育性要求了。这样的一些要求，使这个地图展示活动融合了数学、语文、道德与法治等多门课程的知识及方法的运用。而且，它有规矩有标准，是一个自觉的、开放的教育活动。

既开放又有要求和限定的跨学科主题学习活动，让学生能够积极参与进来，打开通向世界、通向他人的大门，也让世界向他敞开、知识向他敞开，向他展示深藏其内的丰富的意义和价值。同时，学生的心灵也向知识打开，有了真正接纳知识、感悟知识的意愿和能力。

可以说，跨学科主题学习的开放性是为促进学生自觉发展而设计的教育性的开放，特别强调教师的设计、启发和引导。

（二）坚持真实与虚拟相统一

真实性指真实问题、真实情境。真实是虚假、虚妄的对立面，教育活动的真实还不同于自发繁杂的日常生活。

首先，跨学科主题学习的"真实"并非偶然自在生活的直接反映，也不是没有事实根据的凭空捏造，而是能够激发学生发生真实学习的问题和情境，是符合逻辑的、合情合理的、典型的、教育性的真实。这样的真实既可以是类似于纪实文学或纪录片中的真实——选取最能体现人物或事件的典型事例表达；也可以是类似于虚构文学中的典型人物的真实，即提取若干偶然个人的典型特征凝结于一个角色身上——如林黛玉，使平凡人的个性鲜明化、典型化，在某种情境下，用"林黛玉"形容某人，甚至比原原本本直接描述某人更真实、更生动、更典型，更能让人抓住其本质。跨学科主题学习的真实情境或真实问题，就是这样的。其真实有原型，但又经过教育的提取与加工。例如，就语言类学科的跨学科主题学习而言，什么样的情境是真实的？一个不能充分激发学生表达和沟通的所谓的"真实生活情境"，反而不是语言学习的真实情境。真实的语言学习情境，要能够唤醒学生对情境的感受力，能够激发学生表达的愿望，能够引导学生主动思考，以逻辑的或情感的方式来组织语言，与他人对话、辩论、争执、讨论。正如真实的科学发现环境是能够激发学生产生发现欲望并展开发现活动的环境一样，跨学科主题学习的真实，是能激发学生用全部所学所能来挑战困难、提升自己的真实。例如，三帆中学初二的学生在结束了语文学科新闻单元的学习后，化身新闻工作者，先进行选题论证，接着进行实地采访，再进行编辑写作，最终做出自己的"新闻报纸"。整个过程都是真实的，但他们的身份是模拟、模仿的。分层教学、体育中考、学生餐、值周生工作……，选题应有尽有；小记者们一本正经，摄像、录音、记录，采访工作井然有序；美术课上的版面设计专业高级。学生自己说："不得不说，办报纸，我们是专业的！"以其中一份《学生月刊》（见图2-2）为例，新闻内容、版面设计、时间要素等，无一不体现出这是一份真正的报纸。更重要的是，这份报纸所反映的也正是学生的真实生活，选题既是学生读者关心的，也是学生记者所关心的。小记者们能够运用自己的所学，恰切地记录并反映读者最关心的问题。时值考试期间，学生当然关心考试，所以

图2-2 学生创办的《学生月刊》样报

"新闻消息：数学试卷的出卷过程""新闻通讯：一张数学卷子是怎么来的"便特别能抓住读者，"北溪管道被炸，欧洲面临能源危机"是全球大事，当然也是生活在地球村中的人们共同关心的。正是这样真实生活的反映，让参与新闻报道的学生有真实的参与感，充分运用所学所能去参与，并在这样的参与过程中，进一步发展能力、开阔视野，形成责任意识、担当意识。

其次，跨学科主题学习的"真实"，并不都是生活问题与情境的提炼与萃取，也可以来自学科问题、来自学科史、来自实验情境、来自虚拟情境。许多科学概念、科学问题只有放在学科发展脉络里才能理解。在这个意义上，真实的情境与问题就蕴藏在学科发展史、概念发展史或问题发展史之中。陈嘉映教授在《哲学·科学·常识》一书中有一段话，可以很好地说明科学概念是很难从日常经验中获得的，必须从概念发展史去理解才能提出创造性的见解。"反观科学史，这里涉及的每一个概念都经过了长期的准备，经历了深入的讨论或争论。地球作为动与静的参照系，这一点在哥白尼那里就取消了。布鲁诺提出了无限空间的观念，提出运动与静止同样高贵。不过，布鲁诺还是在中世纪的思想框架中进行观念之争，而在笛卡儿那里，取消静止和运动的区别具有了明

确的物理学意义，直线匀速运动像静止一样，也是一种状态，两者处在同一本体论层面上，实际上已经无法区分。诚然，绝对运动不等于静止，但只有上帝才能区分绝对运动和相对运动。伽利略则为牛顿准备了新的惯性概念，在伽利略那里，惯性已被理解为物体抵抗加速度即速度变化的性质。开普勒也同样把惯性理解为'对变化的抵抗'。而且伽利略还以相当清晰的方式表述过第一运动定律。不过，在伽利略那里，第一运动定律的内容和惯性概念尚无明确联系，没有形成惯性运动的概念。"[1]同理，跨学科主题学习也绝不是只能结合现实的社会生活问题、在现实的实践中去学习，也可以在教室里、在书斋中、在实验室里通过阅读、思考、实验、讨论去学习。无论以什么样的方式，在哪里展开，跨学科主题学习的广阔主题，都引领着学生更宽广的阅读、更深邃的思考，更紧密地与历史、与社会、与他人建立起关联。

可以说，更深刻的真实，是对"真实生活"的提炼、模拟、典型化、理念化。科学假设、数学模型、地球仪、图纸，都是虚拟的，也都是更真实的，能让人更深刻地把握真实世界。也正是在这个意义上，可以说，跨学科主题学习的学习形式也可以是虚拟的。虽然大多数跨学科主题学习需要有"真刀真枪"的社会实践，但一定也有那些在实验室里、在头脑里进行的跨学科主题学习。例如，三帆中学的"赴一场宋人的约会"跨学科主题学习，主题是"赴一场宋人的约会"，任务是给苏轼"策展"，虽然远离学生，远离现实生活，却又是实实在在的真实。因为，做哪一方面的"展"、做成什么程度却完全是开放的，需要学生自己去建模、去丰富，并通过想象去"还原"苏轼的具体生活。对于学生来说，策展的过程是真实的，他们的思考是真实的，投入也是真实的。他们所"还原"的苏轼的生活，难道真是苏轼原本的生活吗？我们不能穿越，自然并不知道，但在学生的想象里，合理的、有材料支撑的就是真实的，这样的真实可以说是虚拟的真实。

跨学科主题学习的开放与真实与社会生活和科学研究高度相似，充满不确

---

[1] 陈嘉映. 哲学·科学·常识[M]. 北京：中信出版集团，2018：198-199.

定性，也拥有多种可能性，极富魅力。这样的开放与真实，是富有教育性的，是致力于学生发展的。说到底，跨学科主题学习终究还是教育活动，拥有教育活动的自觉性、目的性、计划性。例如，北京师范大学第二附属中学（以下简称"北师大二附中"）的跨学科主题学习"诗乐舞"[1]跨语文、音乐、舞蹈三科。教师的作用是启动活动并且在过程中提供帮助。教师的启动，是将主题限定在《诗经》里。一旦主题确定，那么，是独立编舞、作曲，还是选用已有的舞蹈、乐曲，都开放给学生，但要求诗、乐、舞三者之间必须要有内在关联。这样的开放性，让它具备了学习的真实性。学生必须要从《诗经》中选一首诗，必须决定舞蹈的形式、音乐的曲调，而且必须与其他同学组成小组，分工合作，共同完成任务。倘若想用现代舞去表达古诗的意境，就会遇到种种困难，那么，如何解决、用什么方式解决，不仅需要调用所学，更需要挖掘智慧潜力、迎接挑战。这就是跨学科主题学习的魅力，也是它发挥教育作用的一种方式，即以真实的、开放的形态引导学生自主学习、自主发展。

本讲小结

这一讲主要讨论两个问题。

一是跨学科主题学习的基本类型，主要从两个维度提出了跨学科主题学习可能有的四种类型：根据知识在跨学科主题学习中的地位划分为"运用知识以解决复杂问题"与"利用跨学科主题来学习知识"两种类型；根据跨学科主题学习主导学科的数量多寡划分为"单学科主导的跨学科主题学习"与"多学科融合共同主导的跨学科主题学习"。

二是跨学科主题学习实施过程中要处理的两对关系，即开放与教育要求的关系、真实与虚拟的关系。这两对关系的处理，是从保障跨学科主题学习教育

---

[1] 案例"诗乐舞"由北京师范大学第二附属中学王小莲老师提供，后文不再标注。

性的角度，提醒我们在实施过程中要避免偏激、偏执、偏狭，真正实现跨学科主题学习的教育功能与价值。

思考题

1. 你认为本讲对"跨学科主题学习"的分类合理吗？还可以有哪些类型？其分类的维度是什么？
2. 如何理解"跨学科主题学习"的开放性？为什么要强调"开放与要求"相统一？
3. 教师设计"跨学科主题学习"应如何体现其"真实性"要求？

第三讲 跨学科主题学习的进阶安排

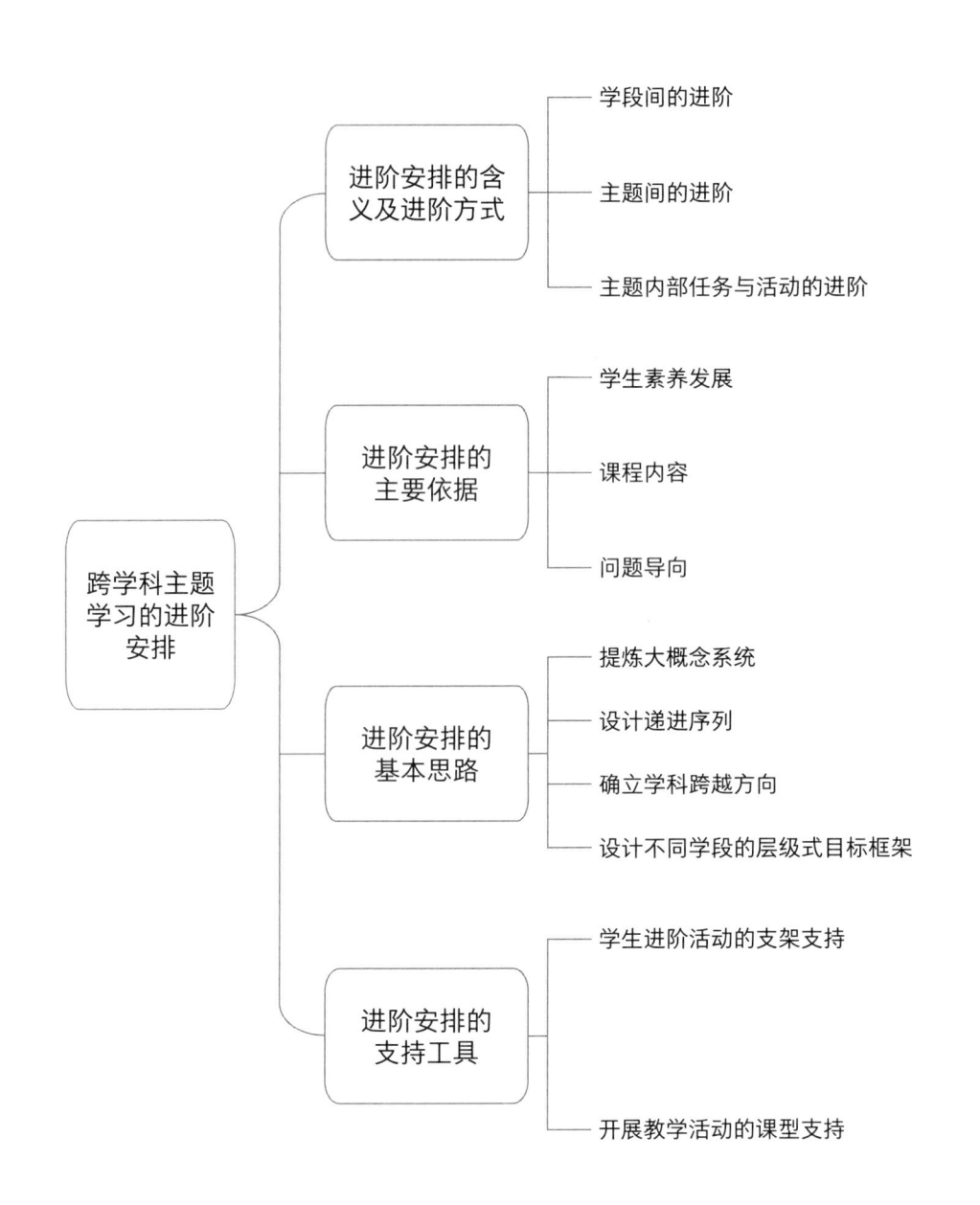

```
跨学科主题学习的进阶安排
├── 进阶安排的含义及进阶方式
│   ├── 学段间的进阶
│   ├── 主题间的进阶
│   └── 主题内部任务与活动的进阶
├── 进阶安排的主要依据
│   ├── 学生素养发展
│   ├── 课程内容
│   └── 问题导向
├── 进阶安排的基本思路
│   ├── 提炼大概念系统
│   ├── 设计递进序列
│   ├── 确立学科跨越方向
│   └── 设计不同学段的层级式目标框架
└── 进阶安排的支持工具
    ├── 学生进阶活动的支架支持
    └── 开展教学活动的课型支持
```

为避免跨学科主题学习的简单重复、低水平循环以及"为活动而活动"的庸俗化、浅层化，必须以进阶的方式系统规划跨学科主题学习。跨学科主题学习的进阶安排指什么？有哪些进阶方式？依据什么进阶？它与单次的跨学科主题学习设计有什么本质的不同？如何以10%的综合性、实践性、探究性跨学科主题学习，来盘活本学科其余90%的学习内容，体现新课标倡导的"做中学""用中学""创中学"[①]的学习理念？希望本讲对这些问题的分析，能为学校整体推进跨学科主题学习提供参考。

一、进阶安排的含义及进阶方式

跨学科主题学习的进阶，既包括跨学科主题学习在小学六年、初中三年或九年一贯的总体安排，又包括跨学科主题学习的"主题"及"任务"的递进安排，旨在对不同年级、不同学期、不同课程之间的跨学科主题学习进行系统思考和整体设计，对主题结构和活动内容能够从更长远的时间跨度上去考虑，优化学生对知识的理解与建构，避免跨学科主题学习在同一水平迂回反复。以进阶的方式来规划和关注跨学科主题学习的一体化设计、层级化发展，将跨学科、跨年级及跨学段的学习内容进行关联、统筹和整合，要求教师在设计时做到主题内容有联系、活动水平有进阶，从而在学科内、学科间、学段里形成持续开放、有机联结、整体协调的跨学科主题学习系统。

2022年版义务教育课程标准中，部分学科已经给出了跨学科主题学习进阶安排的思路与策略。只是由于各学科的内容特点与结构差异，跨学科主题学习的进阶在不同学科课标中的体现方式有所不同。从课标的内容要求、学业要求以及教学提示可以看出，有些学科的跨学科主题学习在年级和学段间

---

① 中华人民共和国教育部. 义务教育课程方案：2022年版［M］. 北京：北京师范大学出版社，2022：5.

的递进体现得较为明显，例如语文、数学、信息科技。另一些学科的课标中并未明确给出跨学科主题学习的进阶安排，但提供了可以参考的主题与相关案例，教师在设计跨学科主题学习时可以从主题间的进阶与主题内部任务活动的进阶两个方面综合考虑，例如物理、化学、生物学、地理、历史。当然，在实际操作过程中，跨学科主题学习的进阶方式是多样的，最根本的是要把握住学科内容有联系、水平有进阶的特征。

（一）学段间的进阶

这一类跨学科主题学习的进阶安排紧密围绕学生素养发展这一主线，遵循学生的身心发展规律，以素养发展的分学段目标来引导学生的发展进阶。对于教师来说，可以直接参考课标里学科知识在学段内的划分，结合不同学段学生的知识基础与生活经验，有进阶地安排小学六年、初中三年或九年一贯的跨学科主题学习活动。

2022年版义务教育语文课标在学习内容和教学提示部分都有详细的分学段、分模块论述。例如，从纵向设计来看，从第一学段到第三学段，主题内容越来越丰富、视野越来越开阔，且三个学段的主题内容和活动任务具有高度的关联性，体现出较强的连贯性。第一学段与学生的日常生活联系紧密，第二学段聚焦于学生的校园生活，第三学段从自我走向校园、社会、未来。在学习方式上，"第一至第三学段以观察、记录、参观、体验为主"[①]，从学生的感知、参与、体验到活动策划，构建起层层递进的活动链。需要指出的是，第四学段的语文跨学科主题学习尽管给出了活动的内容、目标、方式，但没有体现出明显的进阶，这就要求教师在设计时要有意识地考虑知识内容本身的难度递进，通过渐进的任务驱动，把原本不可见的思维路径、结构、方法及策略等呈现出来，引导学生思维的逐级进阶。根据2022年版语文课标相关内容，可以整理出各学段跨学科主题学习的内容、目标和方式。（见表3-1）

---

① 中华人民共和国教育部. 义务教育语文课程标准：2022年版[M]. 北京：北京师范大学出版社, 2022: 36.

表3-1 第一至第四学段语文跨学科主题学习

学段	内容	目标	方式
第一学段	爱图书、爱文具、爱学习等主题，养护绿植或小动物，参加学校、社区的节日和风俗活动，留意身边的传统节日、风俗习惯等文化现象	学习识字、说话、计算、设计、美化，学习沟通、交流、观察、记录，养成爱书、爱文具的习惯，感受和学习生活中的中华优秀传统文化	沟通、交流、观察、记录、感受
第二学段	参加朗诵会、故事会、戏剧节等校园活动，参观物质文化遗产和非物质文化遗产，关注传统节日节气、民俗风情、民间工艺、历史和传说等，探寻文化意象，调查日常语言、行为、校园卫生、交通安全、家庭教育等	能创意设计、主动参与校园活动，参观、了解物质文化遗产和非物质文化遗产，了解节气等传统文化，获得文化体验，能发现身边的问题并写出简单的研究报告	设计、参观、探寻、调查研讨、写报告
第三学段	参加文化社团、文化活动，设计参观考察活动方案，选取衣食住行、学校、地球、太空等某个方面，设计人工智能时代的未来生活	体验、感知、传承中华优秀传统文化，运用多种形式分享经验与感受，会策划、设计参观考察方案，能运用多种形式丰富语言表达、分享奇思妙想	体验、感知、分组研讨、集体策划、设计方案、跨媒介分享
第四学段	参与科技活动，调研师生共同关心的问题、讨论社会热点问题，组建文学艺术社团，参与社区文化活动与文化建设	能开展专题研究，撰写并分享观察、实验研究报告，运用多种形式分享学习与研究成果	撰写、观察、设计问卷、访谈、统计、分析、班级讨论、策划方案

相比于语文学科的跨学科主题学习，数学和信息科技这两个学科采取了"主题+学段"的设计思路，通过跨学科主题学习活动在不同学段的延续和拓展来加强主题内容的衔接。例如，2022年版义务教育数学课标在第一至第三学段提供了教师可参考、可选择的主题活动（见表3-2），为教师进阶安排跨学科主题学习提供了直接依据。数学课标的内容要求从第一学段的"帮助学生积

累数学活动经验"到第二学段的"在活动中综合运用数学和其他学科知识解决问题",到第三学段的"提高应用能力",再到第四学段重在真实情境中培养学生分析与解决问题的能力,呈现出逐级进阶的趋势。前两个学段主要采取主题式学习,第三学段将主题式学习与项目式学习相结合,第四学段以问题解决为导向,采取项目式学习的方式,充分考虑学生的知识基础与能力发展水平,任务难度逐步加大,循序渐进。

表3-2 数学课标中第一至第三学段的跨学科主题学习内容

主题活动	第一学段 (1~2年级)	第二学段 (3~4年级)	第三学段 (5~6年级)
主题活动1	数学游戏分享	年、月、日的秘密	如何表达具有相反意义的量
主题活动2	欢乐购物街	曹冲称象的故事	校园平面图
主题活动3	时间在哪里	寻找"宝藏"	体育中的数学
主题活动4	我的教室	度量衡的故事	营养午餐(项目式学习)
主题活动5	身体上的尺子	—	水是生命之源(项目式学习)
主题活动6	数学连环画	—	—

跨学科主题学习的学段间的进阶,要求教师能够结合学科知识在学段内的划分、学生认知发展的生长点与阻碍点,对主题内容进行合理组织,科学设置跨学科主题学习的难度,避免同一主题在相同水平上的反复或是难度超越学生的认知范围和接受能力,同时能为不同水平的学生留有弹性空间。如此,随着学段升高,学生对某一主题的持续学习与思考便能够经历从简单到复杂、从较低水平到较高水平的发展过程,逐渐做到像"专家"一样思考。

(二)主题间的进阶

在2022年版义务教育课程标准中,有些学科的跨学科主题学习以分级主题的形式来呈现学科课程的内容,各个主题既相对独立又有逻辑关联,多个主题之间呈现出递进的层级关系。最为明显的是物理、化学、生物学课程。例如，物理跨学科主题学习作为一级主题，包含了"物理学与日常生活""物理学与工程实践""物理学与社会发展"三个二级主题，每个二级主题之下又通过样例和活动建议进一步说明。一级主题具有高度的抽象性、统摄性、包容性，体现出物理学与日常生活、工程实践、社会发展等的联系，侧重于加强对学科知识整体性、综合性的认识。二级主题是对一级主题的进一步阐释和具体化，引导学生以主题结构为引领，从零散的知识点走向知识结构的建立，帮助学生构建个体的学科认知地图。二级主题包含的样例、活动建议等又为具体的跨学科主题学习活动"定向"，不仅关注学生实践操作的过程，还提供了预期目标、结果要求，旨在培育学生的核心素养。

跨学科主题学习的"主题间的进阶"，立足学科的宏观视角，以主题为框架组织学科知识，使跨学科主题学习成为低位的、零散的知识得以关联的固着点。从整体上看，主题难度层层递进，就像升级打怪的闯关游戏，对学生的要求不断提高；从各主题来看，不同主题的学习侧重点有一定的差别，让学生在真实、完整的任务情境中，有侧重地逐步掌握或应用不同知识与技能，形成综合素养。

（三）主题内部任务与活动的进阶

主题间的进阶指多个主题之间层层递进的逻辑关联，而主题内部任务与活动的进阶是指将主题解构为相互衔接、逐级深化的一个个任务与活动，引导学生在完成任务的过程中，逐步深入地探究和解决问题。例如，2022年版义务教育地理课标中"探访'地球之肾'——湿地"这个案例，围绕保护湿地这一核心任务，"由'为什么做'到'做什么'再到'怎么做'，层层追问，形成问题链，进而设计若干项解决问题的任务"。任务的建构遵循发现问题、分析问题、解决问题的思路，形成"制作电子地图—探究湿地功能—提出湿地保护建议"的任务群，前一个子任务的完成为后一个子任务的展开提供了抓手，每一个子任务之下又提供了具体的学习活动与操作策略，整个跨学科主题学习活动呈现为围绕核心任务构建的"学习任务一、学习任务二……学习任务N"序列化任务群，每个学习任务又顺次呈现具体的学习活动，即"学习任务一：活动1、活动2……活动N，学习任务二：活动1……活动N，……"。学习任务内部形成结构化的活动链，有利于课程的逐步深入与学生思维的纵深发展，教师也能够合理地安排学生学习的节奏和重点。

跨学科主题学习在主题内部的任务与活动的进阶，通过层层递进的任务和活动，将散落的知识碎片逐步结构化，帮助学生思维逐步走向深入。

二、进阶安排的主要依据

教师规划跨学科主题学习的进阶安排时，应从哪些方面来思考呢？首先，思考学生素养的发展，这是跨学科主题学习活动的根本目的。其次，思考跨学科主题学习的课程内容。最后，思考跨学科主题学习的问题导向。问题导向是跨学科主题学习活动的核心特质，能够使不同的学科在知识的内外关联和融合中真正"活"起来。也就是说，学生素养发展、课程内容和问题导向是跨学科主题学习进阶安排的主要依据。

（一）学生素养发展

依据学生素养发展进阶安排跨学科主题学习，其实质是将核心素养具体化为具有综合性、实践性的主题任务。学生素养的表征及培育过程具有历时性，一种素养的培育可能需要经过多个主题的持续学习，一个主题的学习也可能支持多种素养的培育。将学生素养解构为具体的素养类型，将各类素养与学段、年级的学生发展水平相联结，再与单元教学相融合，让跨学科主题学习成为学校课程体系的常规模块而非"另类"活动。具体来说，通过对课程标准的深入分析，把握学科对学生核心素养发展的贡献，找到各学科内容间的交叉点，围绕交叉点增强学科间的关联、统整与协作，提炼各学科的共通素养。经由这一步骤，便能够将抽象的学生素养发展要求转变为可细化、可落实的学科共通素养。如三帆中学的生物学、地理、化学跨学科系列主题学习活动就是以学生素养发展为依据安排进阶的。

依照学生素养发展设计进阶安排
——以地理、生物学、化学跨学科系列主题学习活动为例[①]

由三帆中学邢晓明、董素君、刘小荣、朱叶四位老师所做的地理、生物学、化学三门学科共同主导的跨学科系列主题学习活动，其设计形成过程如下。

首先，对各学科要培养的核心素养进行聚类分析，提炼共通的跨学科素养，从跨学科素养入手撬动整个系列主题。虽然三个学科的观念内涵各不相同，但都体现了平衡观和协调观。比如生物学和地理都强调生物与环境相互影响、平衡协调发展；生物学和化学都强调结构和功能相关联、物质与能量相关联；生物学和化学都强调科学思维，地理的综合思维和区域认知也是科学的思维方法。此外，三个学科都强调实践，也都强调培养具有社会责任感的现代公民。三个学科的教师从观念、思维、实践、责任四个角度总结了系列主题活动的共通素养，并以此作为系列主题活动的育人目标，希望通过多种形式的主题活动，提升初中学生的科学实践能力，让学生形成综合的科学思维，构建人与环境互相影响、动态变化、和谐共处的观念，提升社会责任感。

其次，在学科共通素养的指导下，依据各学科内容及学情特征，形成一系列跨学科主题学习活动。内容的选择来自三个学科内容的交叉点。生物学学科主要研究生物及生物圈，地理学科主要研究人所生活的环境，即大气圈、水圈、岩石圈和生物圈，在这些圈层中，进行着物质和能量的变化，这恰好又是化学学科研究的内容，所以系列主题活动的衍生内容就源于这四个圈层。

在系列跨学科主题活动设计阶段，对学情的分析和预估有助于教师结合学生的最近发展区，聚焦学生感兴趣的主题内容进行设计。教师设计了调查问

---

① 该案例由三帆中学邢晓明、董素君、刘小荣、朱叶四位老师提供。

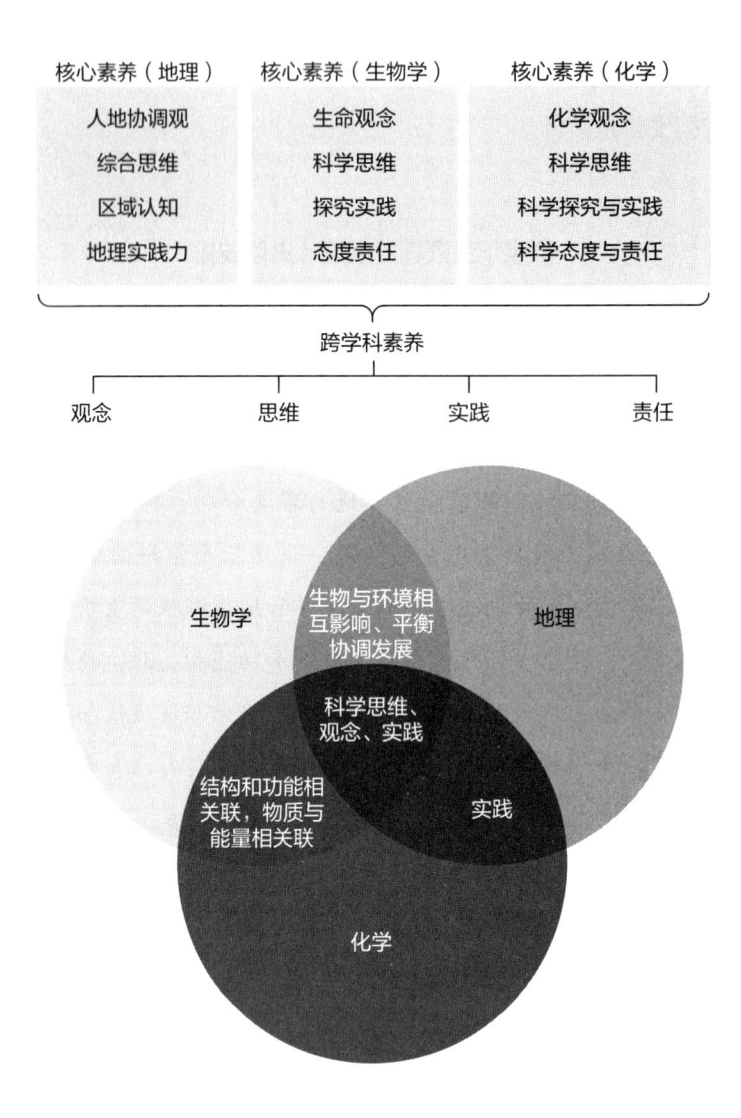

核心素养（地理）	核心素养（生物学）	核心素养（化学）
人地协调观	生命观念	化学观念
综合思维	科学思维	科学思维
区域认知	探究实践	科学探究与实践
地理实践力	态度责任	科学态度与责任

跨学科素养

观念　　思维　　实践　　责任

生物学　　地理　　化学

生物与环境相互影响、平衡协调发展

科学思维、观念、实践

结构和功能相关联，物质与能量相关联

实践

卷，以便了解学生对哪些主题更感兴趣，从而选择一个既适合学生现有水平，又能促进学生发展的跨学科主题。从问卷调查中可以看出，学生的关注点包括环境保护、食品健康等方面。

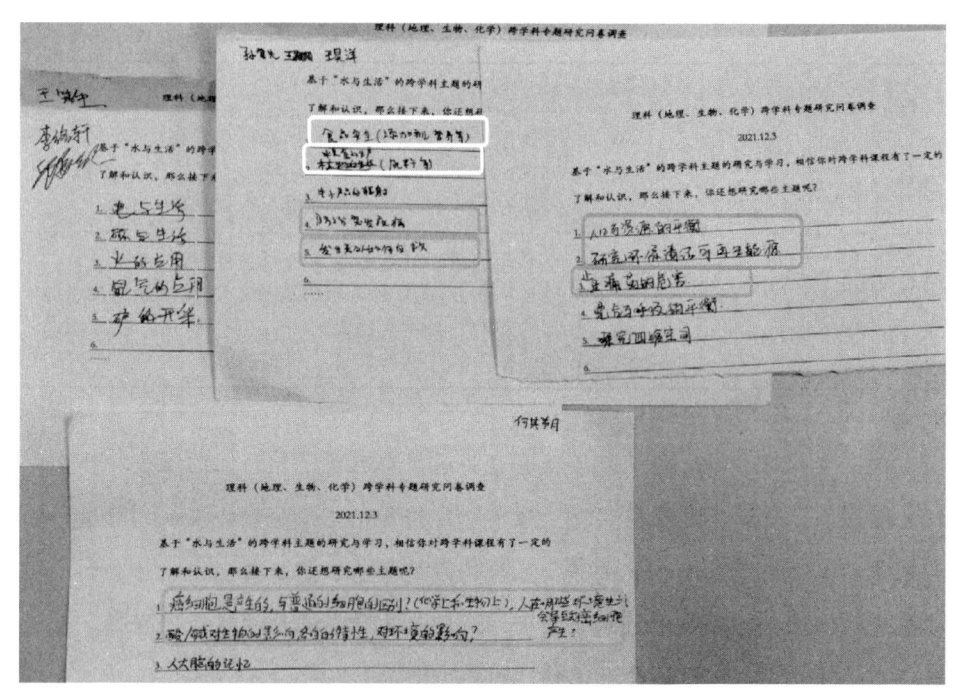

第三讲　跨学科主题学习的进阶安排　49

学生关心的问题

基于以上两点，结合三个学科的课程进度和学生的思维发展水平，衍生出以"人"为中心的四大系列主题，将"水与生活"规划在七年级上学期，"健康生活之饮食"放在七年级下学期，八年级上学期和下学期分别是"健康生活之疾病"和"低碳生活"。

学段	主题	课时	涉及学科内容
七年级上学期	水与生活	9	生物学：植物的蒸腾作用、植物在涵养水源和保持水土方面的影响 地理：天气和气候的概念、大气降水、水旱灾害、水资源状况 化学：水资源状况和水的净化原理
七年级下学期	健康生活之饮食	9	生物学：人体的消化和吸收 地理：中国农业的分布、因地制宜发展农业 化学：营养物质、化学元素与人体健康

续表

学段	主题	课时	涉及学科内容
八年级上学期	健康生活之疾病	9	生物学：人体的营养、人体的循环系统 地理：地图的应用，自然环境对生产、生活的影响 化学：营养物质、化学元素与人体健康
八年级下学期	低碳生活	9	生物学：植物的光合作用和呼吸作用 地理：气候对人类活动的影响、人类活动对空气质量的影响、全球气候变化 化学：二氧化碳的性质、碳循环

这一系列跨学科主题学习活动通过共通素养实现了学科间的深度融合，以及年级间学习的逐步进阶，实现了从单学科的知识积累和能力发展到跨学科综合的活动体验，旨在培养学生综合应用各学科所学知识解释现象、解决新问题的能力。学生能够跨越学科间的壁垒，认识生活世界的复杂性与完整性，并体验逐层进阶、逐步深化的学习过程。

（二）课程内容

跨学科主题学习的进阶安排是一项系统的复杂工程，其课程内容也要建立在对学段、学年、学期的整体规划上，循序渐进地开展跨学科主题学习。

以学校某一确定的项目、主题、活动为切入点，结合学生年龄特点和不同学科的性质，围绕该项目涉及的学科核心概念和基本问题，基于问题解决打破学科之间的壁垒，设计系列跨学科主题学习活动。例如，"六一贸易节"这个活动，进阶式融入数学学科的元素，设计了贯通小学学段的跨学科主题学习。[1]

教师首先思考的是如何将学科核心概念融入"六一贸易节"的真实情境，围绕知识的结构关系组织教学内容，凸显核心知识在学生认识事物的角度、思

---

[1] 案例"六一贸易节"由杭州市翠苑第一小学徐晓东老师提供，后不再标注。

路和方式方面的价值。"六一贸易节"活动为学生创设了一个真实的"自由贸易、快乐买卖"的情境，涉及商品的定价和销售、利润的计算、店铺的选址与设计等实践中需要考虑的问题，与数学学科的认识人民币、混合运算、位置与方位、小数加减法等核心知识内容相关联。但这些知识内容并不是均衡地分布于每个学段，需要借助知识内容在学段内的划分，结合学生已有的知识基础与生活经验，明确学生的认知发展路径及主题活动的进阶安排。这就涉及将问题解决逻辑与学生认知逻辑相融合，设置与学生发展水平相契合、难度适当的主题活动的问题。问题解决逻辑与学生认知逻辑是跨学科主题学习活动中的两条线索，教师以生活主题引领学生的主要活动，通过数学主题将学科核心观念及知识结构化的过程与真实问题解决的线索相对应，结合教学经验预设学生的可能表现，通过改变不同学段学生的学习主题、活动任务和活动素材的呈现方式，搭建问题解决的平台与支架，最终呈现系列跨学科主题学习的雏形。（见表3-3）

表3-3 杭州市翠苑第一小学"六一贸易节"跨学科主题学习活动

年级	生活主题	数学主题	关键知识	核心素养
一年级	绘本文创店	小小金融家——制作账本	认识人民币	数感、量感、应用意识
二年级	绿植店	小小营业员——设计记账本	混合运算	运算能力、数据意识、应用意识
三年级	快乐游乐场	小小设计师——设计店铺平面图	位置与方向	几何直观、空间观念、创新意识
四年级	美食街	小小美食家——美食制作、销售	小数加减法	运算能力、应用意识
五年级	手工创意坊	小小慈善家——红领巾公益基金发布会	折线统计图	数据意识、推理能力、创新意识
六年级	毕业闲鱼街	小小营销家——销售方案发布会	百分数的认识	运算能力、推理意识、应用意识

（三）问题导向

教师可根据问题解决的需要确定所跨学科的数量。若问题的解决涉及两个学科，那么就是两个学科之间的融合；若问题的解决涉及三个学科，那么就是三个学科之间的融合，以此类推。但这并不意味着学科越多越好，要依据真实问题解决的需要确定跨哪几个学科。例如，前述"水与生活"跨学科主题学习，并不是"为了跨学科而跨学科"，而是在实际的教学过程中，由于单科教学不足以支撑真实问题的解决才产生了跨学科的需求。例如，从地理学科的角度，地理老师在教学"水旱灾害"一课时，涉及"提高水资源利用率"这一话题，学生需要借助科学思维与规范实验探究如何提高水资源的利用率，但地理学科并不讲述这些内容，学生需要学习化学学科"净水原理"的相关知识以及生物学关于实验的规范操作。为什么是生物学的实验操作？因为七年级上学期的学生刚从小学升到初中，知识基础有限，也没有正式学过关于物理、化学的实验，但是生物学课程会在七年级教会学生如何做实验。因此，真实问题解决的需要确定了跨向化学、生物学两学科。

需要注意的是，学科知识从学科逻辑角度提供了问题解决的方案，但是其抽象、复杂的内容结构往往会导致学生认识上的困难，因而跨学科主题学习课程往往还需要匹配与问题解决难度相适应的活动或任务，让学生通过交流讨论、动手操作深化对学科知识的理解。学生是跨学科主题学习活动的主体。学生应该经历怎样的学习活动、何种性质的学习活动？如何确定学生在学习活动中思维发展的进阶？除了教师对关键问题及环节的预设，还应有学生的创造与生成。

在真实问题解决中确定所跨学科，也是跨学科主题学习持续生成、反馈的进阶路径。例如，三帆中学钱玮老师在教学部编版八年级上册语文教材第一单元"新闻"主题时，设计了一项让学生设计新闻小报的任务，虽然这项任务对于八年级的学生来说相对容易，但是学生最终呈现的作品却不尽如人意。在下一届教学时，钱老师便有意增加了任务的难度，并结合语文学科的特性，进行了跨学科的拓展，呈现为联合美术、历史，以"新闻单元教学"为主题的跨学科学习方案，包括新闻阅读、新闻采访、新闻写作三项单元学习任务。虽然难度加大了，学生的作品完成度却较上一届更好。[①]可见，跨学科主题学习的设计与实施本身就是持续迭代、不断进阶的过程，教师可以通过多轮教学实践优化设计方案。

三、进阶安排的基本思路

如何在主题的统领下有效聚合，形成进阶分明的跨学科主题学习方案？下面以杭州市学军小学（以下简称"学军小学"）围绕数学学科开展的一至六年级的跨学科主题学习活动为例展开讨论。[②]学军小学数学团队在构建跨学科实践体系前，围绕以下三个问题展开讨论，撬动跨学科单元的建构。

问题一：如何通过建立核心知识图谱和项目架构矩阵培育学生的高阶思维？

问题二：怎样基于儿童立场，改造思维工具，让学生愿意做、能去做，最后做得成？

问题三：如何利用整校的混龄优势，迭代原有的教学方式，让学生在学习中获得更丰富的情感体验？

围绕这三个问题，学军小学数学团队进行了关键概念的遴选，然后设计了探索问题，又对主题进行了合理性论证，将学习主题与教材单元建立关联，最后设计了学习支架，并提供了跨学科主题学习进阶推进的支持工具。（见图3-1）

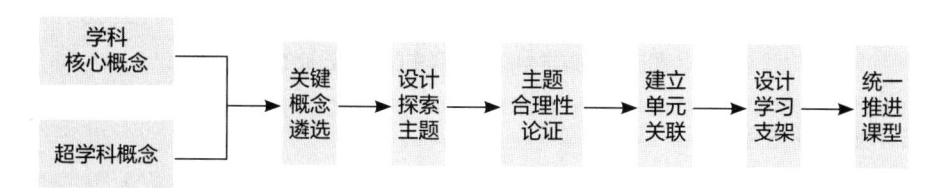

图3-1　学校跨学科主题学习进阶设计的一般流程

---

① 该案例由三帆中学钱玮老师提供。
② 该案例由学军小学袁晓萍老师提供。

跨学科主题学习的设计可以从"终点"——学生要实现的学习目标出发，逆向构思学生要学习的内容；提炼前后一致、内在统一的学科大概念系统，以便设计全学段的递进序列，形成不同学段的层级式目标框架。

（一）提炼大概念系统

以数学学科为例。学军小学袁晓萍团队明确将2022年版义务教育数学课标中核心素养的11个具体表现作为跨学科主题学习活动的关键概念，再从这11个素养表现中提炼出可与其他学科建立关联的4个超学科概念，为数学学科的跨学科主题学习设计奠定了坚实的学科基础。（见图3-2）以大概念为统领，保证了数学学科跨学科主题学习的设计具有内在的一致性和统一性，有利于逐级进阶，保证学生核心素养的系统养成。

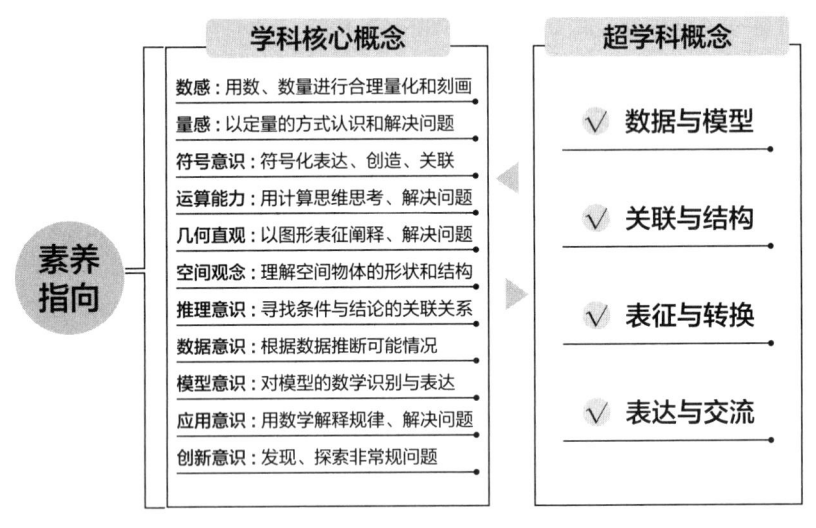

素养指向

学科核心概念
- 数感：用数、数量进行合理量化和刻画
- 量感：以定量的方式认识和解决问题
- 符号意识：符号化表达、创造、关联
- 运算能力：用计算思维思考、解决问题
- 几何直观：以图形表征阐释、解决问题
- 空间观念：理解空间物体的形状和结构
- 推理意识：寻找条件与结论的关联关系
- 数据意识：根据数据推断可能情况
- 模型意识：对模型的数学识别与表达
- 应用意识：用数学解释规律、解决问题
- 创新意识：发现、探索非常规问题

超学科概念
- ✓ 数据与模型
- ✓ 关联与结构
- ✓ 表征与转换
- ✓ 表达与交流

图3-2 数学学科跨学科主题学习设计的素养指向

（二）设计递进序列

跨学科主题学习的设计要与本学科的基本内容进行充分关联，将单元作为最小思考单位进行整体设计。梳理知识脉络，把握主题线索，在做好单元的有机整合的基础上，去拓展和生成跨学科主题学习。设计时，在结构安排和内容选择上要结合学生的年龄特点、认知特点确定各学段、各年级的跨学科主题学习序列中的学习目标，形成跨学科主题学习的全学段内容序列，实现有序进阶、持续发展。

图3-3所展示的跨学科主题学习序列逐层递进，贯穿整个小学六年，每个年级的主题各美其美，整个序列又美美与共，协调一致。

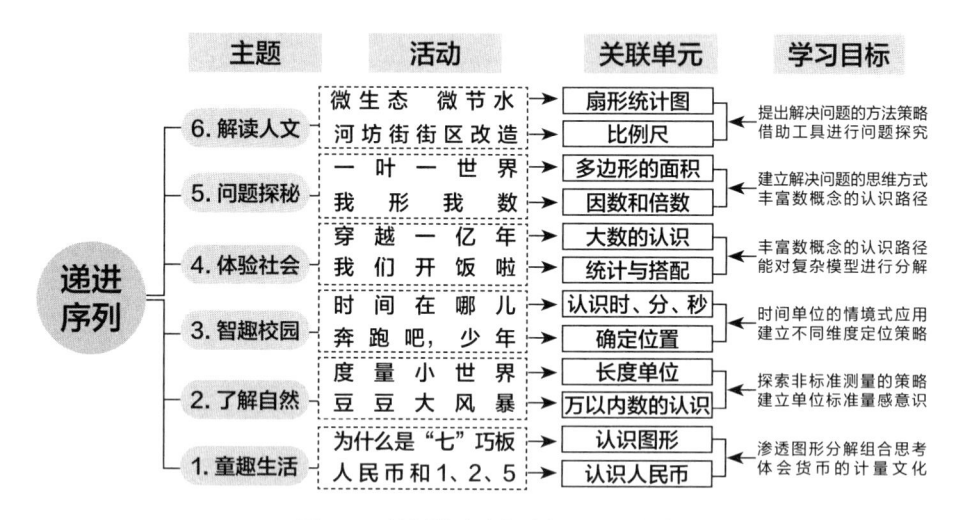

主题	活动	关联单元	学习目标
6. 解读人文	微生态 微节水 / 河坊街街区改造	扇形统计图 / 比例尺	提出解决问题的方法策略 / 借助工具进行问题探究
5. 问题探秘	一叶一世界 / 我形我数	多边形的面积 / 因数和倍数	建立解决问题的思维方式 / 丰富数概念的认识路径
4. 体验社会	穿越一亿年 / 我们开饭啦	大数的认识 / 统计与搭配	丰富数概念的认识路径 / 能对复杂模型进行分解
3. 智趣校园	时间在哪儿 / 奔跑吧，少年	认识时、分、秒 / 确定位置	时间单位的情境式应用 / 建立不同维度定位策略
2. 了解自然	度量小世界 / 豆豆大风暴	长度单位 / 万以内数的认识	探索非标准测量的策略 / 建立单位标准量感意识
1. 童趣生活	为什么是"七"巧板 / 人民币和1、2、5	认识图形 / 认识人民币	渗透图形分解组合思考 / 体会货币的计量文化

图3-3 数学学科跨学科主题学习进阶序列

（三）确立学科跨越方向

在对学科概念进行整体理解的基础上，才能将本学科的知识进行相应拓展，明确立足本学科的跨学科主题学习应与哪几个学科进行结合，从而实现跨学科整合、课内学习与课外活动整合，激活学生多领域、多学科的知识经验，拓宽学生的学习视域，促进学生在真实的实践场景中进行有创造性的应用。

以表3-4为例，只有梳理清楚本学科的基本内容，才能找到跨学科的方向，形成既包含学科知识学习与运用，又能激发学生活动兴趣的跨学科主题，而且保证了跨学科主题的年级递进，持续促进学生的成长。

表3-4 跨学科方向拓展举例

年级	学期	本学科主题	跨学科项目
一年级	第一学期	20以内的数	数学拍卖会（数学+语文）
	第二学期	人民币	设计校园币（数学+美术）
二年级	第一学期	长度单位	制作"我"的尺子（数学+美术）
	第二学期	近似数	生活中的近似数（多学科融合）
三年级	第一学期	长方形和正方形周长	魔力拼地盘（数学+美术）
	第二学期	退位减法	有趣的反序数（数学+历史）
四年级	第一学期	除数是两位数的除法	大包装一定便宜吗（数学+语文）
	第二学期	三角形的认识	探秘彭罗斯三角（数学+历史）
五年级	第一学期	多边形的面积	一叶一世界（数学+科学）
	第二学期	因数和倍数	不计其数（数学+历史）
六年级	第一学期	百分数	数眼看促销（数学+语文）
	第二学期	比例尺	制作街区图（数学+历史+美术）

（四）设计不同学段的层级式目标框架

为确保跨学科主题学习的进阶安排，除了设计按年级进阶的不同的跨学科主题学习之外，还要设计需要全校学生共同参与的跨学科主题学习，如学军小学设计的"校园数据地图""数智挑战，'棋'乐无穷""数学眼，中国心"。一个主题，全校共学，一年级到六年级的孩子一起玩。不同年级的学生怎么玩，玩到什么程度，如何去评估，是有进阶、有差异的。如此，便能在一个相对集中的时间内，观察和评估一个活动中不同年级的进阶活动与水平，是非常典型的进阶安排。以"校园数据地图"这个主题为例，虽然都是关注数据分析、数学模型、数学测量这几个维度的学习能力，但不同学段的学生需要匹配不同的目标（见表3-5），才能有差异地推进跨学科主题学习。

表3-5 "校园数据地图"各学段学习目标

项目	1~2年级	3~4年级	5~6年级
数据分析	掌握基本的数据处理工具和方法，解决简单问题	用常规方法采集、分析情境中的各种数据	选用恰当方法构建统计模型并进行数据处理
数学模型	掌握常规的数学模型和分析问题的基本方法	在情境中建立比较简单的数学模型	用多种数学模型解决较复杂的生活问题
数学测量	学习利用材料和工具完成各种测量任务	能按流程完成测量，正确合理地使用工具、材料	根据情境需要创造性地改造工具材料完成测量

四、进阶安排的支持工具

跨学科主题学习的持续进阶需要设计有利于促进学生主动活动的支持工具，引导、带动和支持学生的自觉学习，激发教师与学生在跨学科主题学习中"双向奔赴"。支持工具可以划分为促进学生进阶活动的支架支持与教学活动展开的课型支持。

（一）学生进阶活动的支架支持

学生进阶活动的支架一般有问题和任务支架、资源和路径支架以及思维优化支架。

1. 问题和任务支架

问题和任务支架通常由驱动性问题、一个核心任务和若干个子任务构成，以真实问题的解决或跨学科主题学习的完成为外显主线，以核心概念建构、学生素养发展为暗线，体现支持性、生长性、跨学科的特点。依据问题和任务支架生成跨学科主题学习，一般有两种路径：一种是"自上而下"的路径，即教师基于学科核心概念设计递进式问题链，并相应地拆解综合性学习任务，在学科核心知识与学生活动之间搭建思维的桥梁；另一种是"自下而上"的路径，即教师引导学生先提出问题，再由教师进行定向和优化，驱动学生将所学知识、技能、工具等与真实的跨学科主题学习活动相联系。无论是教师前置设定，还是驱动学生生成，着眼点都是引导学生在真实的跨学科主题学习活动中逐步将"知道什么"与"能做什么"关联起来，用"能做什么"驱动学生主动思考、主体参与，以学科实践的方式深化知识理解。

依据问题和任务支架生成跨学科主题学习的两种路径
——以"清河坊·访河坊"为例[①]

在学军小学紫金港校区六年级开展的"清河坊·访河坊"跨学科主题学习中，袁晓萍老师根据学习目标创设了驱动性问题"你能通过实地考察为接下来的河坊街街区改造提出建议吗？"，以此作为主题学习开启的第一步，让学生在此基础上提出更多的子问题，引导学生进行更深入、更广泛的拓展与探究。

驱动性问题	为了向世界更好地展示杭州风采，河坊街将迎来新一轮的改造升级。作为杭州小主人，你能通过实地考察为接下来的河坊街街区改造提出建议吗？	
目标指向	【核心知识】 (1) 能综合应用数学知识、工具、方法，综合搜集、评估现有的河坊街区信息。 (2) 学习河坊街的历史，感受中华传统手工艺、美食、中药、服饰等文化的博大精深，能有条理地向他人介绍河坊文化。	【核心能力】 (1) 经历"自主设计、自主实施、自主复盘"的全过程，发展提出问题、搜集信息、解决问题的综合能力。 (2) 在设计、实施跨学科主题学习的过程中能有效地进行组内、组间的交流协作，在展示活动中提升社会交往能力。

为了在解决真实问题的过程中进一步聚焦数学元素，围绕驱动性问题，袁老师基于"可实践、受欢迎、有意义、有数学味"这几个基本原则，鼓励每一个学生有自己的兴趣、想法与创造。借助"是的，而且……"这样的交流句式，创设轻松而自由的氛围，将每一个学生充分地卷入跨学科主题学习的设计。

在学生思维充分发散后，袁老师从"正向分解驱动性问题"和"逆向评估

[①] 案例"清河坊·访河坊"由杭州市学军小学袁晓萍老师提供，后文不再一一标注。

生本问题"两个角度，引导学生对问题进行梳理，逐渐生成以数学学科为核心并涉及历史、美术、信息科技等学科知识与方法的跨学科主题学习活动。

话题发布	为解决驱动性问题，可以从哪些方面来思考？怎样设计，能让活动可实践、受欢迎、有意义、有数学味？ ①人人参与，畅所欲言。 ②用"是的，而且……"认可他人观点，并加入自己的创新元素。 ③计时5分钟，尽可能在白板上写满你们的"金点子"。
学生活动	S1：建议的提出要有理有据，可以在研学时对历史、文化、美食等进行全面考察。 S2：是的，而且考察可以分主题、分小组，最后汇总成果建议。 S3：是的，而且现在的河坊街也将成为历史，可以按比例画河坊街手绘地图作为纪念。 S4：是的，而且河坊街有很多雷同的店，是不是可以通过调查进行PK淘汰。 S5：是的，而且河坊街有很多传统的手工艺，能不能在改造时结合现代化技术来宣传传统文化？

正向分解驱动性问题	逆向评估生本问题
关于驱动性问题： ①K-know，已经知道了什么？ ②W-what，还想知道什么？ ③H-how，准备怎样解决？	在同学们提出的问题中： ①哪些具有探索的可行性？ ②哪些对解决驱动性问题有帮助？ 借助坐标评估问题的"助力值"和"可行性"。

K：已经知道了什么？	W：还想知道什么？	H：准备怎样解决？	
①河坊街位于吴山脚下，是一条古街。 ②河坊街中有许多美食店、手工艺品店、汉服馆。	①现有的街区分布是怎样的？ ②为什么要进行改造，目的是什么？ ③怎样改造能更好地宣传文化、促进商业发展。 ④如何体现河坊街不同于其他古街的特色？	①现场考察+结合地图。 ②网上检索资料。 ③借助网络、图书对现有的文化、商业进行调查、了解。 ④改造时突出杭州特色。	

【驱动性问题】
为了向世界更好地展示杭州风采，河坊街将迎来新一轮的改造升级。作为杭州小主人，你能通过实地考察为接下来的河坊街街区改造提出建议吗？

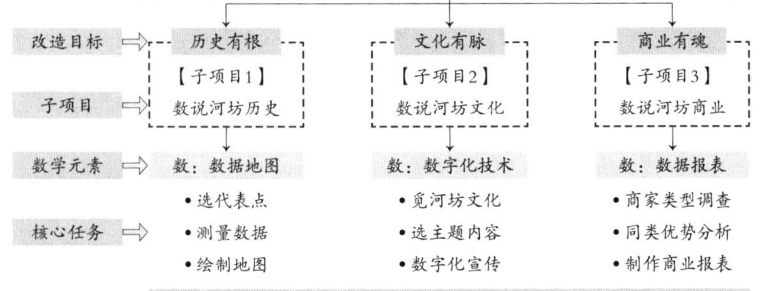

改造目标 ⇒ 历史有根 / 文化有脉 / 商业有魂

子项目：【子项目1】数说河坊历史 / 【子项目2】数说河坊文化 / 【子项目3】数说河坊商业

数学元素 ⇒ 数：数据地图 / 数：数字化技术 / 数：数据报表

核心任务 ⇒
- 选代表点
- 测量数据
- 绘制地图

- 觅河坊文化
- 选主题内容
- 数字化宣传

- 商家类型调查
- 同类优势分析
- 制作商业报表

组内、组间交流分享，结合三方面考察，提出改造建议。

学生提出的问题丰富而发散，但与驱动性问题有着内在的逻辑关系，于是，教师要引导学生对所提问题进行针对性的分析、甄别、优化，确定真正的子问题并提出细化的子任务。同时，教师也从问题探索的"可行性"与对解决问题的"助力值"这两个维度，对学生提出的所有问题进行梳理、评估。问题探索的"可行性"角度侧重于分析核心任务的难度与价值，探究是否能将驱动性问题转化为可探究的子任务。解决问题的"助力值"角度则根据实施过程来分解子问题，让学生能在解决子问题的过程中逐步迭代理解，从学生"已经知道的""想知道的"和"怎么做"三个维度，以"抽丝剥茧"的方式持续开展探究，将问题解决与知识学习相联系，驱动学生在探究的过程中整合所学的知识与技能，深化对概念性知识的理解，形成创造性解决问题的能力。例如，在子项目"数说河坊历史"中，学生需要绘制河坊街区的地图，因此，关于比例尺的合理选择与应用就是解决这一子项目的关键步骤。基于问题解决的需要，学生要综合迁移、运用"比例尺"的相关知识与方法，从孤立知识点的学习和理解迈向复杂问题解决中进行综合运用的高阶认知活动，带有强烈的思考、假设、验证性质。

通过双向分析，教师将整个跨学科主题学习项目拆分为三个子项目，每个子项目之下设计了需要学生运用不同学科知识才能完成的核心任务，并紧扣这个核心任务设计出环环相扣的具体任务。

例如，"数说河坊历史"进一步分解为三个具体任务。（1）选代表点：选择哪些测量点更能代表河坊街的特色？（2）测量数据：怎样测量数据既方便又精准？（3）绘制地图：选择怎样的比例尺合适？如何计算图上距离？"数说河坊文化"分解为三个具体任务。（1）觅河坊文化：通过参观等多种方式了解河坊文化，进行小组交流。（2）选主题形式：选怎样的主题，来体现河坊文化？（3）数字化宣传：用哪些数字技术与形式，能更好地体现河坊特色？"数说河坊商业"分解为三个具体任务。（1）商家类型调查：河坊街主要有哪些类型的商家？怎样统计既方便又精准？（2）同类优势分析：怎样对同类商家进行科学评估？（3）制作商业报表。这样的层级分解，保证了跨学科主题学习的细化、可操作化，真正能够让学生活动起来，且具有综合的实践性。

无论是单个学习任务还是多个子任务的组合，这些学习任务之间都具有内在逻辑关联。如子项目"数说河坊历史"，学生能够在解决实际问题的过程中深化对比例尺的理解；"数说河坊文化"侧重于培育学生运用数字化信息技术解决问题的能力；"数说河坊商业"主要指向数据统计、分析与决策能力。学生在真实、完整的完成任务的情境中，有侧重地逐步掌握或应用不同知识与技能，形成综合素养。

以学习任务为主线推进的跨学科主题学习，在驱动性问题的引领下，让学生一直处于入情入境的学习状态中，处于全面、全程体验任务的过程中。学生在问题生成中解决问题，在问题解决的过程中完成任务，在进阶式的学习过程中关联已有经验与新知学习、完成知识的建构与实际应用。

2. 资源和路径支架

资源和路径支架旨在梳理学生进行跨学科主题学习的各种可能路径，为其提供丰富的、个性化的资源支持，引导学生优化探究的方法，激发学生思考多样的解决方案，让学生在跨学科主题学习活动中像学科专家一样思考与解决问题。

以"清河坊·访河坊"跨学科主题学习为例，袁晓萍老师根据学生在解决实际问题过程中的真实需求提供了工具、知识、技术三个方面的资源（见表3-6），帮助学生突破思维"僵局"，助力学生的思维发展。

表3-6 "清河访·访河坊"跨学科主题学习支持工具

工具资源	测量工具（卷尺、尺子）及对比方法

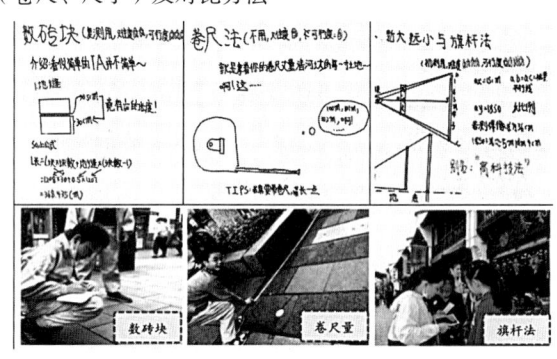

方法	工具	测量步骤	公式	实用度	难度	精准度
①直接测量	卷尺	直接测量目标长度	无	45%	0%	100%
②砖块计数	无	①测量每块砖与砖缝的长度 ②通过植树问题的方法求得长度	长度=块数×砖块长+（块数-1）×砖缝长	90%	10%	80%
③几何模型	旗杆直尺	①测量远处垂直地面的旗杆的长度 ②在距离眼睛1分米处摆放直尺，记录旗杆在直尺上的像长 ③根据相似三角形，利用公式求出人位置距离旗杆的长度	人位置距离旗杆的长度 $=\dfrac{杆长}{\dfrac{旗杆在直尺上的像长}{1分米}}$	80%	80%	79%

知识资源	微课、电子书、易错题 任务：用下列两种方式画出长方形按"1:2"缩小后的图形。 ①先求面积，再用"面积×比例尺" ②分别将长、宽缩小，再相连。 比一比，你觉得哪一种方法更合理？
技术资源	多种手机软件与教程，如美团、大众点评、百度地图等

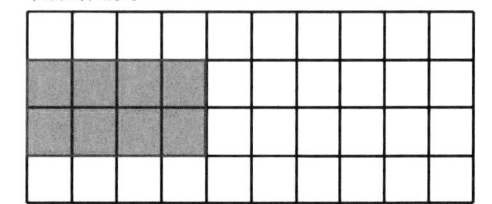

资源和路径支架可以是利于激发学生高阶思维发展的问题链、知识图谱、资源清单等，也可以是学生校外考察与校内实践所需要的工具材料、设备、场所等，还可以是借助媒介技术，应用图文、数据、视频等多种方式为学生提供的丰富多样、提取方便的学习素材。对资源和路径支架的有效运用，能够使学生在发现问题的过程中产生无限创意，让学生感受到自己活动的意义，体验到自己不再是言听计从的任务操作员，而是学习真正的主人。总之，在跨学科主题学习的进程中，资源和路径支架为学生进行活动探索提供了多种可能性，拓展了学生学习的深度和广度。

3. 思维优化支架

思维优化支架主要指那些能够引导学生用更合理的、可视化的方式呈现思考过程或成果修改迭代的策略或工具。思维优化支架有助于学生在跨学科主题学习实施过程中及完成后进行反思，深化对学科核心知识的理解。

例如，在"清河坊·访河坊"跨学科主题学习中，袁晓萍老师借助结构化反馈策略，引导学生对学习、探究的思路、策略进行复盘，以进一步拓展和调整。

结构化反馈策略从亮点、建议、疑惑三个方面启发学生对跨学科主题学习的阶段性成果进行复盘，为学生的思维优化提供支架。例如，学生通过组间的横向对比，发现运用"旗杆法"计算长度更简便，进而总结出优化主题学习的方法与策略。

> 亮点：我发现一个亮点，他们用拍照片、按比例算长度的方式来求长度，比我们实际测量方便许多！从他们的作品中我感受到数学思考能让生活难题变简单。
> 建议：我有一个建议，我们除了在图上画出结果以外，还可以记录我们的研究过程，特别是对不同方法进行比较。
> 疑惑：我有一个疑问，虽然他们标注说明了，但一张地图里可以有多个比例尺吗？

结构化反馈策略在促进学生互动交流的过程中不断让学生的思维进阶，强化学生对学科本质的理解及对知识的整体把握，使得不同学科在跨学科主题学习实施过程中实现关联与融合。

综上，思维优化支架不仅能够检验学生的阶段性学习成效，还能引导学生进行自主反思和调整，在整体的学习进程中，通过与他者的协作，实现知识建构与思维提升，同时帮助学生自觉意识到自己在学习过程中的参与程度及在表达交流、合作分享、问题解决方面的表现。

（二）开展教学活动的课型支持

跨学科主题学习活动只有融入学校日常课程体系，以每一节常规的"课"为单位，与学段、学科、单元之间建立联系，才能避免被"束之高阁"，才能拥有生长、拓展的生命力。为确保跨学科主题学习的顺利开展，可以从统整全校跨学科主题学习的基本课型入手。

例如，在"校园清凉地数据地图"跨学科主题学习[①]中，学军小学数学组相应地开设了项目开启课、操作探究课、中期推进课和展示评估课这四种课型。先让学生从整体介入，再设计一系列操作性活动课让学习逐步深入，最后复盘反思，以此来确保跨学科主题学习既有吸引力，又有成效。

1. 项目开启课

项目开启课从研究方向、路径等方面引导学生建立跨学科主题学习与学科之间的关联，让学生从内容、方法上整体了解跨学科主题学习，激发学习兴趣。例如，在"校园清凉地数据地图"跨学科主题学习中，教师首先通过微视频和"征集令"向学生征集关于制作数据地图他们感兴趣的话题，让学生把眼光投向真实的校园生活，去发现问题，选择最感兴趣的、可以研究的热点。通过筛选，最终确定"校园清凉地数据地图——学校哪里最凉快"作为数学跨学

[①] 案例"校园清凉地数据地图"由杭州市学军小学袁晓萍老师提供，后文不再标注。

科主题学习的主题。

2. 操作探究课

操作探究课将跨学科主题学习分解为不同的任务或实施步骤，引导学生以小组为单位开展学习，共同完成某一任务或解决某一问题。例如，“校园清凉地数据地图”的操作探究课旨在根据进阶任务让学生从项目研究的角度选择测量工具、测量时间及地点、数据采集和分析的方案等，并在正式操作前预设可能遇到的问题并想出解决策略。（见图3-4）

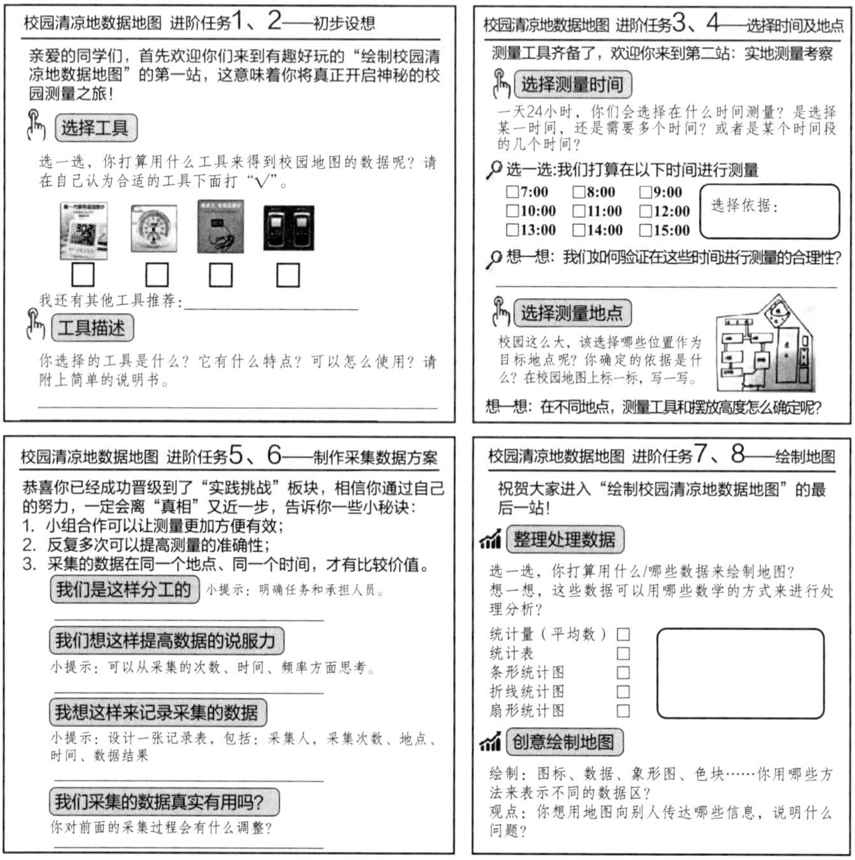

校园清凉地数据地图 进阶任务1、2——初步设想

亲爱的同学们，首先欢迎你们来到有趣好玩的“绘制校园清凉地数据地图”的第一站，这意味着你将真正开启神秘的校园测量之旅！

选择工具

选一选，你打算用什么工具来得到校园地图的数据呢？请在自己认为合适的工具下面打“√”。

□　□　□　□

我还有其他工具推荐：______

工具描述

你选择的工具是什么？它有什么特点？可以怎么使用？请附上简单的说明书。

______

校园清凉地数据地图 进阶任务3、4——选择时间及地点

测量工具齐备了，欢迎你来到第二站：实地测量考察

选择测量时间

一天24小时，你们会选择在什么时间测量？是选择某一时间，还是需要多个时间？或者是某个时间段的几个时间？

选一选:我们打算在以下时间进行测量

□7:00　□8:00　□9:00
□10:00　□11:00　□12:00
□13:00　□14:00　□15:00

选择依据：

想一想：我们如何验证在这些时间进行测量的合理性？

______

选择测量地点

校园这么大，该选择哪些位置作为目标地点呢？你确定的依据是什么？在校园地图上标一标，写一写。

想一想：在不同地点，测量工具和摆放高度怎么确定呢？

校园清凉地数据地图 进阶任务5、6——制作采集数据方案

恭喜你已经成功晋级到了“实践挑战”板块，相信你通过自己的努力，一定会离“真相”又近一步，告诉你一些小秘诀：

1. 小组合作可以让测量更加方便有效；
2. 反复多次可以提高测量的准确性；
3. 采集的数据在同一个地点、同一个时间，才有比较价值。

我们是这样分工的　小提示：明确任务和承担人员。

______

我们想这样提高数据的说服力

小提示：可以从采集的次数、时间、频率方面思考。

______

我想这样来记录采集的数据

小提示：设计一张记录表，包括：采集人，采集次数、地点、时间、数据结果

______

我们采集的数据真实有用吗？

你对前面的采集过程会有什么调整？

______

校园清凉地数据地图 进阶任务7、8——绘制地图

祝贺大家进入“绘制校园清凉地数据地图”的最后一站！

整理处理数据

选一选，你打算用什么/哪些数据来绘制地图？
想一想，这些数据可以用哪些数学的方式来进行处理分析？

统计量（平均数）□
统计表□
条形统计图□
折线统计图□
扇形统计图□

创意绘制地图

绘制：图标、数据、象形图、色块……你用哪些方法来表示不同的数据区？
观点：你想用地图向别人传达哪些信息，说明什么问题？

图3-4　“校园清凉地数据地图”操作探究课任务单

3. 中期推进课

中期推进课为学生提供交流、讨论的平台，对学生在自主探究过程中形成的碎片化的经验（包括学生的收获、发现、问题等）从过程方法、知识技能等多层面进行梳理和优化，从而让学生获得更深层次的理解。

4. 展示评估课

展示评估课围绕跨学科主题学习的可视化成果，引导全体学生进行分享、评估和分析，包括作品展示、评估分析、复盘反思三个环节。

这四种课型是依据跨学科主题学习活动的推进阶段设置的，保证了跨学科主题学习可以有条不紊，从容实施。

本讲小结

跨学科主题学习的进阶既指学段间的进阶，也指主题间的进阶，还指主题内任务间的进阶。跨学科主题学习的进阶安排有利于保障跨学科主题学习的有序实施，避免机械重复、为跨而跨的庸俗化。跨学科主题学习的进阶安排对学校课程、教师教学之间的协同性提出了更高要求，需要对不同层次的跨学科主题学习进行系统设计、整体规划，处理好学期之间、学年之间、学段之间学习主题的有机衔接与联系，做到跨学科主题学习的前后连贯、纵向衔接、逐级深入，通过提供各种支持支架，最终实现学生素养的提升。

思考题

1. 除了本讲提到的跨学科主题学习进阶安排的三种方式外，你认为还有哪些进阶方式？各种进阶方式要遵循的基本原则是什么？
2. 在规划跨学科主题学习进阶安排时，除了依据学生素养发展、课程内容、问题导向之外，你认为还需考虑哪些因素？
3. 请你结合自己学校跨学科主题学习开展的基本情况，思考如何构建以主题为统领、进阶分明的跨学科主题学习方案。

第四讲 跨学科主题学习的主题确定

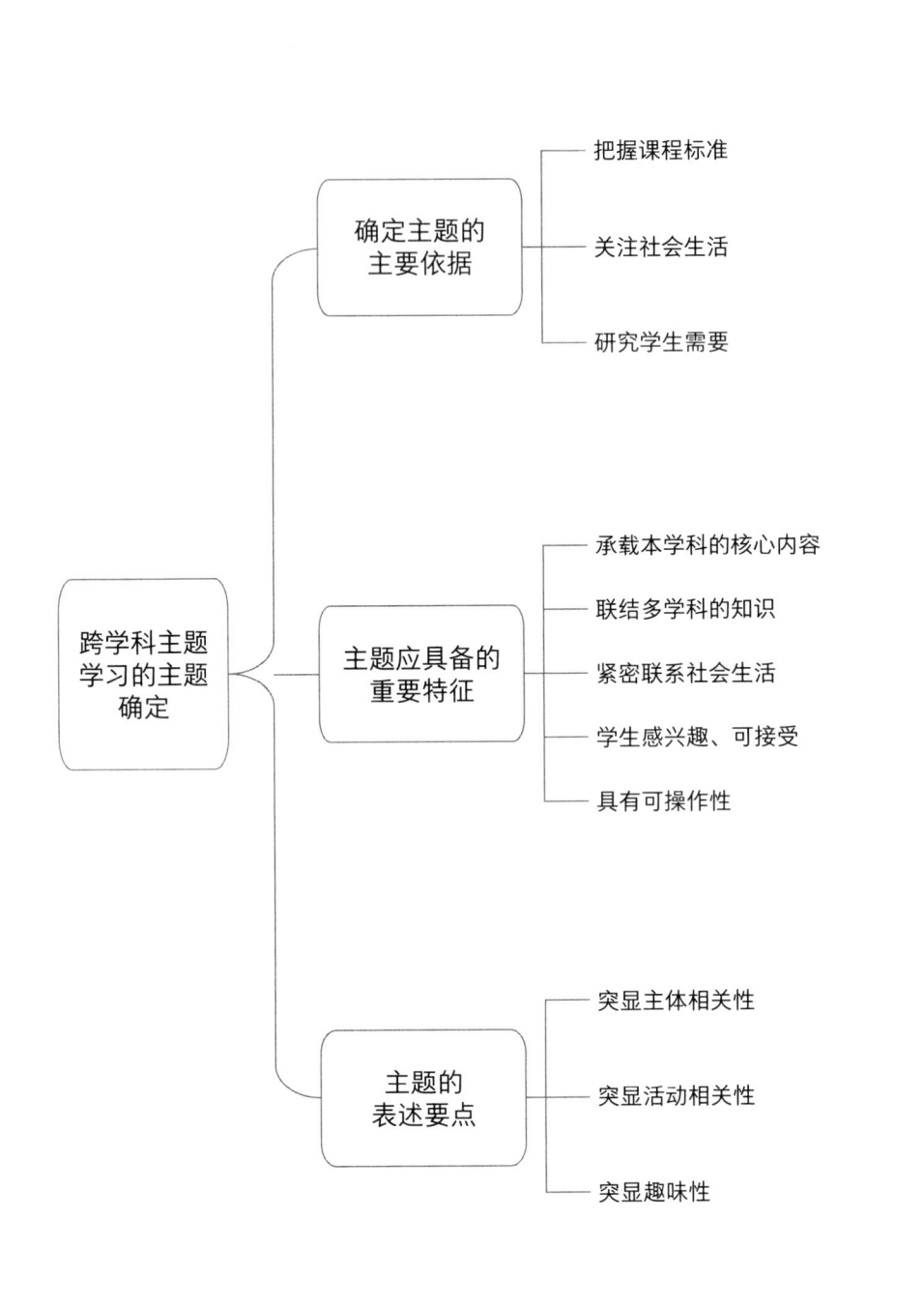

```
跨学科主题学习的主题确定
├── 确定主题的主要依据
│   ├── 把握课程标准
│   ├── 关注社会生活
│   └── 研究学生需要
├── 主题应具备的重要特征
│   ├── 承载本学科的核心内容
│   ├── 联结多学科的知识
│   ├── 紧密联系社会生活
│   ├── 学生感兴趣、可接受
│   └── 具有可操作性
└── 主题的表述要点
    ├── 突显主体相关性
    ├── 突显活动相关性
    └── 突显趣味性
```

"主题"是跨学科主题学习得以实现的枢纽，是学科间建立关联的桥梁。主题把散落在各个学科以及实践难题中的碎片以一定的逻辑联合起来，为学生提供一个观察问题和展开学习的全景视角。因此，主题选择和确定往往是设计跨学科主题学习活动的第一步。一个好的主题可以为跨学科主题学习活动的开展奠定良好的基调。主题选择和确定需要反复推敲：首先要通过把握课程标准、关注社会生活和研究学生需要，初步确定一个尝试性的主题，再根据主题应该具备的特征展开反思和自查，对初步确定的主题进行修正，最后采用合适的语言进行表述。

一、确定主题的主要依据

　　确定跨学科主题学习的"主题"主要有三个依据：课程标准、社会生活、学生需要。换言之，把握课程标准、关注社会生活和研究学生需要是确定主题必须考虑的三个方面。首先，要把握课程标准。2022年颁布的义务教育各学科课程标准对跨学科主题学习的实施进行了较为细致的指导，指出了跨学科主题学习的基本定位。理解课程标准中跨学科主题学习的相关内容是确定主题方向的关键。其次，要关注沸腾的社会生活。学生的跨学科主题学习主要不是发生在纯粹的抽象世界里，而是发生在生动、具体的真实世界中，因此，蕴含真实社会情境的主题更能激发学生的兴趣、引发学生参与。最后，要充分研究学生需要。符合学生兴趣和发展需要的主题才能凸显跨学科主题学习的独特价值；当主题符合学生的发展需要时，跨学科主题学习才能够充分发挥对学生发展的促进作用。也就是说，跨学科主题学习的主题应当符合课程标准定位，具有真实的社会情境，符合学生的学习兴趣和发展需要。

（一）把握课程标准

课程标准是跨学科主题学习实施的重要依据，也为中小学教师确定主题提供了丰富的资源。2022年版义务教育各学科课程标准在课程内容部分专门设立了跨学科主题学习活动，对跨学科主题学习的内容、方式、方法都提出了相应要求。研究课程标准是教师确定主题时必做的功课。

1. 从课程标准给出的参考示例中甄选主题

有些学科的课程标准给出了跨学科主题学习的参考示例。对于大多数教师来说，可直接参考示例中的主题。例如，2022年版义务教育历史课标中有历史课程跨学科主题学习活动设计参考示例表，以及部分主题的实施方案。下文以"历史上水陆交通的发展"这一主题为例进行说明。（见表4-1）

表4-1　历史课程跨学科主题学习活动设计参考示例（节选）[1]

学习主题	设计思路说明
历史上水陆交通的发展	水陆交通的建设与发展，是国家基础建设和国家有效治理的一个方面，其发展水平体现了综合国力的发展程度。本主题的设计，旨在引导和组织学生梳理、概括不同历史时期水陆交通的建设与发展，对历史上水陆交通发展的问题进行综合探究，有助于培养学生勇于探究、合作交流、沟通表达、实践创新等共通性素养 　　本主题学习活动，既聚焦一个具体的历史问题，又是一个开放性的探究活动。学生需要结合人文与社会、科学与技术等领域的相关知识，从多个角度进行探讨，创造性地分析和解决问题

"历史上水陆交通的发展"这一主题具有较强的开放性和探索性，有多种可能的实现路径。是否选择此主题首先要看这一主题能否与本学期的重要知识点相关联。其次，教师需要充分考虑跨学科主题学习的实施条件。例如，学校

---

[1] 中华人民共和国教育部. 义务教育历史课程标准：2022年版 [M]. 北京：北京师范大学出版社，2022：42.

所在地是否是一个重要的水陆交通枢纽，这一因素很大程度上会影响教师是否选择这一主题，以及选择后如何实施。最后，这一开放性主题如何实现跨学科、往什么方向跨也同样需要考虑。这一主题既可以和地理课程相结合，也可以和语文课程、美术课程等相结合，究竟跨向哪几个学科，需要结合学校的师资力量和物质条件具体考虑。课程标准中的跨学科主题学习案例只是为确定跨学科主题提供了基本指向，是否采用这个主题，如何具体展开，还需要结合实际资源和条件认真考虑。

2. 从多个学科的课程标准中挖掘主题

跨学科主题学习的主题是将分散在不同学科或领域中相互关联的教学内容进行整合而形成的一个新的学习主题。在确定主题时，不仅需要关注本学科课程标准的课程内容，也应该了解其他学科课程标准的课程内容。以初中化学课程为例，化学、生物学和地理都属于自然科学类，往往更容易找到相互关联的课程内容，因此，确定化学跨学科主题学习的主题时可以重点关注生物学课标和地理课标中对课程内容的介绍。

例如，二氧化碳是初中化学课程中的重要内容，2022年版义务教育化学课标给出的课程内容为："通过实验探究认识二氧化碳的主要性质，认识物质的性质与用途的关系；初步学习二氧化碳的实验室制法，归纳实验室制取气体的一般思路与方法。"化学课标对该内容的学习提出了较高的要求："以自然界中的碳循环为例，认识物质在自然界中可以相互转化及其对维持人类生活与生态平衡的意义。"碳循环是一个需要跨学科理解的概念，且与学生的日常生活息息相关，是一个典型的跨学科主题学习的主题。碳循环的过程不仅是化学物质变化的过程，也涉及生物作用和地理作用，因此从生物学课标和地理课标中寻找相关内容，共同构建跨学科主题学习的主题，比孤立地从化学学科的角度讲"碳循环"更有价值。

在2022年版义务教育生物学课标的课程内容中，有多个知识要点涉及生物圈的碳氧平衡，其核心要点在于动植物的呼吸作用和植物的光合作用。由于二氧化碳是空气的重要成分，因此二氧化碳的相关内容在2022年版义务教育地理课标中集中体现在与气候相关的内容中。以碳循环为锚定点，对相关学科的内容进行梳理和整合后可以发现，二氧化碳这一概念在不同的学科知识结构中处于不同的节点，但碳循环可以将三个学科关于二氧化碳的知识有机地联系起来，建立一个新的知识结构，并基于三个学科的视角来确定学生对"碳循环"应该达到的跨学科理解。

（二）关注社会生活

教育必须关照学生个体的幸福，但决不能限于个体当下世俗生活的幸福。教育必须开启人的理智之光，不断打开人的视界，在关注个人幸福的同时也关注他人和社会的公共福祉，把个人引向与他人和社会的共在。[1]因此，跨学科主题学习需要紧密联系社会生活，引导青少年儿童关心社会议题。主题的确定要有利于学生进一步认识社会，并深刻地体会自我和社会之间的紧密联结。

1. 关注社会热点议题

跨学科主题学习的主题应该能够引导学生思考"如何利用所学的知识让世界更美好"。在"全国项目化学习案例平台"几年来收集到的6000多份国内项目化学习案例中，有将近70%的案例是在探讨与自我和日常生活、学科知识有关的话题，体现更为深切的社会关怀的主题较少。对国际上经典的项目化学习案例进行分析后发现，这些案例往往带有强烈的社会关怀，指向人类普遍关注的重大社会性、科学性议题。[2]确定跨学科主题学习的主题时应该考虑从区域或社会层面构建核心概念，为学生打开面向世界和面向未来的窗口。

可以采用自下而上与自上而下相结合的方式，教师和学生就跨学科主题学

---

[1] 刘铁芳, 刘艳侠. 精致的利己主义症候及其超越：当代教育向着公共生活的复归 [J]. 高等教育研究, 2012, 33 (12)：1-8.
[2] 夏雪梅. 项目化学习的中国建构需要什么？[M] // 吴萍, 易苑兰, 刘潇. 跨学科项目经典案例：太空探索"家". 北京：教育科学出版社, 2021：丛书序2.

习的主题展开交流讨论。

自下而上的方式表现为尝试透过现象看本质，对社会现象背后的核心社会议题进行抽象，从而引导学生对社会生活有更深刻的思考，也引导他们更进一步关注周遭的社会生活。例如，引起社会广泛讨论的聊天机器人ChatGPT，不仅可以和人对话，还能帮忙写代码、写论文、写工作报告，而ChatGPT受到广泛关注所反映的不仅是个别技术产品带来的影响，还有人工智能技术从方方面面给人们的日常生活带来的改变。对具体现象的抽象过程是一个"从树木见森林"的过程，可以通过概念的类比推理来进行。例如，ChatGPT是人工智能技术这一概念下的子概念，因此，ChatGPT的相关现象可以尝试类比推理到人工智能技术的相关推论中。寻找社会现象的上位概念是将社会议题抽象化的常见方式，但类比推理的过程除了需要讲究逻辑的正确性，还需要进行实证考察，不能过早地得出相关结论。

自上而下的方式表现为从抽象概念开始进行头脑风暴，筛选恰当的能够结合社会热点议题和学科核心知识的主题。可以和学生共同选择一个一般性的抽象概念，然后找出和这个抽象概念相关的原则或规律，再从原则和规律出发，思考能否与当前的社会热点议题相联系，为跨学科主题学习创造一个具体而生动的真实问题情境。以"系统"这一抽象概念为例，在中小学地理和生物学课程中都有诸多涉及这一概念的重要内容，如热带雨林生态系统、人体消化系统等。当我们锚定"系统"这一概念时，就可以接着考虑哪些内容可以帮助学生理解关于系统的重要原则，例如"系统受到其他系统的影响"。然后，可以从环境保护的相关社会热点问题入手，引导学生探究不同生态系统之间的交互，反思人类社会中不同系统之间的复杂关系。

2. 贴近学生日常生活

跨学科主题学习的主题应该扎根于生动、具体的日常生活和社会生活，社会热点问题最终也要落到日常生活当中。除了大家普遍关注的社会热点，还有一些"日用而不觉"的生活情境也非常重要。学生的生活世界里隐藏着许多复杂的情境，这些情境如果深究下去便能和学校里的科学世界相联系。用科学来解决日常生活问题可以深度链接学生的先验知识和学科知识，推开日常生活的大门，带领学生进入学科知识的殿堂。例如，北京明远教育书院实验小学开发了以"我给动物做标签"为主题的跨学科主题学习，从"小朋友不理解动物园里动物信息标签的内容"这个真实情境出发，引导学生展开对数学知识和科学知识的探索。

跨学科主题的确定：贴近学生日常生活
——以"我给动物做标签"为例[①]

"我给动物做标签"跨学科主题学习活动从"小朋友们不理解动物园里动物信息标签的内容"这个真实情境出发，以"为动物制作信息标签，帮助小朋友们生动地了解动物"为主驱动性问题，引导学生经历发现问题、制订计划、解决问题、回顾反思的过程。本活动由数学老师和科学老师共同执教，科学老师指导学生理解动物的特征，激发学生的学习兴趣；数学老师则带领学生感受动物体长、体重等数据的实际大小，认识"克、千克、吨"，完成数学知识的学习，发展量感。

教师通过视频引导学生以参观者的身份发现并提出"看不懂标签中信息的意思"这个实际困惑，从而提出主驱动任务。

师：读一读大熊猫的信息标签，你有什么感受？

生1：大熊猫属于"哺乳纲食肉目大熊猫科"是什么意思啊？我看不懂。

生2：标签里写了"克"和"千克"，我觉得这几个可能是表示重量的单位名称，可是它们表示什么意思呢？我不太明白。

在学生产生真实需求的基础上，教师提出"为动物做信息标签，帮助小朋

[①] 参见：孙晓天，张丹. 义务教育课程标准（2022年版）课例式解读：小学数学［M］. 北京：教育科学出版社，2022：214-229. 案例"我给动物做标签"由明远教育书院实验小学陶文迪老师提供，后文不再标注。

友们生动地了解这些动物"的主驱动任务，并通过组织学生讨论"我们要做一件什么事"来理解这个任务。

生活中的问题往往是结构不良问题，所以学生在探究的过程中需要自觉地联系相关学科，建立跨学科视野和思维方式。以"我给动物做标签"为例，其学科出发点是希望学生能够感受并认识克、千克、吨以及它们之间的关系，发展量感和推理意识。但动物标签的制作不仅需要运用数学知识，还需要了解动物的基本特征、习性和分类。因此，在实施过程中数学老师邀请科学老师参与教学，指导学生提炼动物特征，为制作标签时准确描述动物特征奠定基础。从学生的日常生活出发，一方面可以充分调动学生的学习兴趣，另一方面也可以深度调动学生的常识性知识。扎根于日常生活的主题不仅打破了学科的界限，也打破了日常生活和学校生活的界限。只有打破了界限，才能看到一个更完整、更生动、更深刻的世界。

（三）研究学生需要

跨学科学习的主题选择既需要关注学生的兴趣，又需要对学生的兴趣进行甄别和升华。

学生的兴趣不一定是学生真实的需要。泰勒认为，"需要"是指"实然"与"应然"间的差距，学校应将精力集中于学生现阶段发展的严重差距上，发现学生的现状，再将现状和理想情况作对比以确定需要。[1]兴趣中往往隐含着需要，教师应积极地发现学生的兴趣，然后再对兴趣进行甄别，考察其背后是否存在真实的学生发展需要。杜威认为，兴趣不应予以放任，也不应予以压抑。压抑兴趣等于以成年人代替儿童，这就减弱了心智的好奇性和机敏性，压抑了创造性，并使兴趣僵化。放任兴趣等于以暂时的东西代替永久的东西。兴

---

[1] 泰勒. 课程与教学的基本原理［M］. 罗康，张阅，译. 北京：中国轻工业出版社，2014：8—9.

趣总是隐藏着的能力的信号，重要的是发现这种能力。[①]

兴趣可以引导学生深入知识殿堂，成为撬动学生探索解决复杂问题的支点。学生对未知事物的探索欲未必能够被整齐地安插在各个学科的架构中，却总是真实地存在于他们心中。教师可以通过问卷调查或访谈的方式了解学生的兴趣，也可以多多留心学生在学校生活中对哪些问题表现出探究的兴趣，从跨学科的角度思考怎样满足学生对未知事物的探索欲。如果教师找到一个有价值的探究主题，就可以带领学生开展一次跨学科的认知探险。

跨学科主题的确立：研究学生兴趣
——以"玉米的身体旅行"为例

儿童在成长过程中总会产生许多疑问，一些在大人看来平淡无奇的事物，对儿童却有着非比寻常的意义。一年级的小明刚从卫生间回到教室，满脸愁容。小美老师关心地问道："小明，你怎么了？"小明若有所思地问老师："老师，我们为什么会拉屁屁呢？而且好奇怪啊，早上我和小刚都吃了玉米，怎么我的屁屁里有玉米粒，他的就没有呢？"这个问题回答起来其实并不简单，得从人体的消化器官开始讲起。小美老师想：既然小明对这个问题感到好奇，或许其他学生也会有同样的疑问。于是，小美老师开展了"玉米的身体旅行"主题学习活动，让学生研究玉米粒在身体里是如何"旅行"的，经过了哪些过程，发生了什么变化，并让学生每天观察、记录排便情况。之后，小美老师组织了一个小型分享会，让学生用图画的方式来交流玉米在身体里的旅行过程，在互相交流和碰撞中，进一步了解人体消化食物的有趣现象。经过这样的主题学习，即使是拉屁屁这种看似上不了台面也毫无美感的事情，也在学生的探索中变得一本正经且饶有趣味了。

---

① 李业富. 经验的重构：杜威教育学与心理学[M]. 上海：华东师范大学出版社，2017：81.

来自学生认知兴趣的主题往往需要进行两次转化。首先要把一个朴素的问题学科化——链接相关的学科知识；然后在此基础上依据学生的发展需要和发展水平进行跨学科化——设计可操作、可实践的主题。在上述案例中，小美老师抓住了一个学生感兴趣的话题"我们为什么会拉屄屄"。这个问题涉及一年级小学生还没有接触过的生物学中消化系统的相关知识。如果直接给一年级学生科普消化系统的学科知识，一方面会显得枯燥，另一方面也很难做到深入浅出。因此，小美老师结合美术学科，用拟人的手法将这个生物学问题变成了一个有趣的"历险记"，以简单基础的生物学知识为铺垫，引导学生通过绘画的方式展现人体的消化过程。这一主题既满足了学生对生物学学科基础知识的探索欲，也训练和发展了学生的美术素养。

二、主题应具备的重要特征

通过对学科课程标准、社会生活和学生需要的研究，教师可以初步确定一个大主题，而后从多个角度对这个主题进行考察，进一步精确地链接相关内容，反思主题的适切性。

例如，在三帆中学跨学科主题学习"水与生活"的主题选择过程中，老师们首先注意到了"水"这个概念在三个学科的课程标准中均有涉及，可能成为一个跨学科学习主题。通过具体考察学科内容发现，"水"这个概念承载了三个学科中重要的学科内容：生物学学科要求学生掌握生物圈水循环和植物对水循环的作用，地理学科要求学生掌握降水、水旱灾害、水资源状况，化学学科要求学生掌握水资源状况和水的净化原理。这些知识之间有着紧密的联系。例如，植物涵养水源等作用可以缓解水旱灾害，化学学科和地理学科都要求掌握水资源状况，等等。基于此可以初步判断，以"水旱灾害"和"水资源"为核心，能够在承载本学科核心内容的同时联结多学科的知识结构。当然，除了知识角度的考察，还需要考虑这个主题能否紧密联系社会生活。我们的生活离不开水，而水太多或太少又会带来灾害，因此水资源与社会生活是紧密相关的，且是在学生日常生活中可感知、可接触的，更容易调动学生的学习兴趣，有助于学生树立起人水协调的价值观念。最后，学校是否具备实施该跨学科主题学习的条件也是必须考虑的。从师资到相关活动设计的实施条件，该主题均具有可操作性，因此最终确定了"水与生活"这一跨学科学习主题。

回顾该案例可以提炼出确定跨学科主题的大致流程。（见图4-1）首先要从科学性上对跨学科主题进行审查，看其是否承载了本学科的核心内容，在此基础上进一步考虑该主题能否联结多学科的知识。其次，要考察跨学科主题是否与社会生活有关联，是否反映了真实世界的复杂性，是否能让学生在学习过程中对社会生活有所感、有所思。最后，要充分考虑实施的条件，一方面要考虑学生是否有学习兴趣和相应的知识储备及认知能力，另一方面也需要考虑学校是否具备相应的师资团队、技术设备等课程资源。

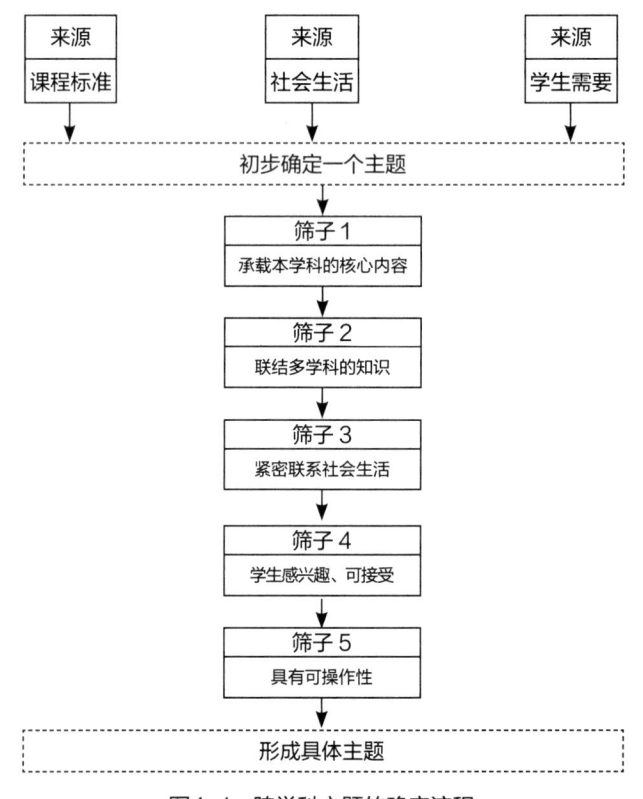

图4-1 跨学科主题的确定流程

(一)承载本学科的核心内容

大概念居于学科的中心位置,集中体现了学科结构和学科本质。主题的确定需要着重关注学科中的大概念。以某个大概念或者核心议题为靶心,去主动关联其他学科中对相近或相关内容的解读,能促成学生对大概念的持续性、综合性理解。也就是说,主题可以来自本学科的大概念,也可以来自有助于深度理解本学科大概念的其他学科内容。学生需要运用不同学科的知识及其联系形成对大概念的持续理解。

主题的学科核心内容分析
——以美术"空间"主题为例[1]

"空间"这个主题涉及的学科类别跨度较大,表面上看这些学科没有关联,实则在教学内容上存在交集,显现了围绕"空间"对相关内容进行的筛选和知识点的罗列。

学科	课题	核心内容
地理	《我们生活的大洲——亚洲》	事物的空间分布和结构,阐明地理事物的空间差异和联系
数学	《几何图形初步认识》	数学空间体现在空间的一维、二维和三维的特性,分别对应直线、平面以及立体图形构成的现实空间
数学	《旋转》	数学中的空间也可体现在图形旋转上,是指在平面内,将一个图形绕一个定点转动一定的角度,而图形的旋转路径就形成了一个新的空间
数学	《位似》	对图形进行放大或缩小,没有改变图形形状,经过放大或缩小的图形与原图形是相似的,这就是位似,与美术中的透视具有异曲同工之妙

---

[1] 王慧. 课程统整理念下初中美术主题教学设计研究:以"空间"主题为例[D]. 黄冈:黄冈师范学院,2020.

续表

学科	课题	核心内容
语文	《故宫博物院》	使用方位词准确说明建筑物之间的空间顺序
物理	《宇宙和微观世界》	宇宙是由物质组成的，物质是指具有一定形状、占据一定空间、有体积和质量的实体
美术	《手绘线条图像——物象立体的表达》	学会用直观感受表达结构分析、表达主观理解的方法来表现手绘物象立体
	《手绘线条图像——物象空间的表达》	在平面纸上表现物象空间，是通过空间的位置关系与前后关系呈现的，其表达方式多种多样，包括物象上下安排法、前后遮挡法、焦点透视法和散点透视法
	《我的小天地——立体纸模型》	设计并画出居室平面图，注意比例尺寸之间的关系，选择合适的纸材，以小组为单位，合作完成居室立体纸模型的制作
	《手绘线条图像——物象的多视角表达》	物象的多视角表达要画出物体的正视图、侧视图、俯视图和立体视图。对于比较复杂的物体，可根据需要画出更多的视角
	《从二维到三维》	通过观察分析作品，了解从二维到三维的创作思路和方法，培养学生科学地处理立体形态的能力，同时引发学生对物象形态、空间、透视的探求兴趣，以及对材料强度和加工工艺的研究热情

根据各学科的知识点，探寻学科之间的契合点，将其整合在一节课中，我们会发现它们之间相互融合，互为补充。

深度理解"空间"概念对于学生的美术学习特别重要，同时这个概念在初中其他学科中也有不同角度的阐释，因此，可以通过"空间"这个主题将多个学科中的内容整合起来。例如，用地理学科的相关内容打开学生对空间主题的认识，用物理学科的相关内容将学生对空间的认识带入生活，再通过数学学科的相关内容将学生对空间的认识具体化，最后通过美术学科让学生进行空间主题的艺术创作。本案例在美术学科知识与技能的教学过程中，还提高了学生的认识深度和广度，触发了学生的创作灵感。

由于大概念涉及的学科内容种类繁杂，进行细致梳理是一项非常必要的工作。在上述案例中教师使用了表格的方式，除此之外，知识脉络图也是十分有用的工具，可以避免我们陷入"大杂烩"的泥淖。

以"地形变化"跨学科主题学习的知识脉络图为例说明。（见图4-2）首先，围绕本学科的一个概念，从不同学科角度出发找出核心概念，厘清本学科大概念和其他学科的联系。在图中，"地形变化"这个大概念周围呈现了其他学科的相关核心概念。其次，区分概念等级，概念的排列方向可以按照从一般到特殊、从概括向具体展开。在图中，地理部分的概念由"地质作用"这个抽象概念向具体的"火山、地震"这样的具象概念展开。最后，思考和建立概念之间的联系，如地理中的风化、侵蚀等现象和物理、化学中的相关概念是紧密相关的，可以用连线的方式表示其相关关系。

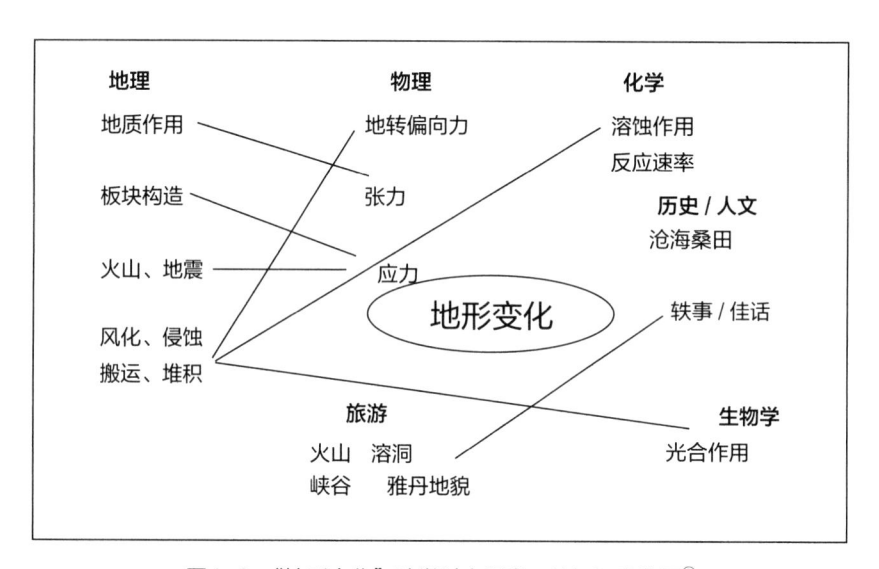

图4-2 "地形变化"跨学科主题学习的知识脉络图[①]

虽然在绘制知识脉络图时要尽可能全面，但最终要结合学情以及教学资源

---

① 颜凤菊. 基于科学大概念的跨学科主题单元设计［D］. 宁波：宁波大学，2013.

进行取舍，在有限课时内以及有限资源条件下选择最适合开展跨学科主题学习的概念即可。

（二）联结多学科的知识

好的主题必须能够充分体现多学科之间的紧密合作，找到不同学科知识之间的耦合点。跨学科主题学习的主题既可以根据两个或多个学科内容的交叉部分确定，也可以将某个或某几个学科的相关内容作为更深入、更便捷地学习另一学科或另几个学科内容的途径、方式或视角。[1]在设计跨学科主题学习时，也不妨从其他学科的知识结构中寻找有助于加深理解本学科知识内容的"工具"。

以地理学科为例。地理兼有自然科学和社会科学的性质，具有综合性、区域性等特点。地理学科的知识深刻地影响着人们的社会实践，而地形地貌等也会受到我们社会生活的影响。仅仅以自然科学的视角去认识地理课程明显是不够的，这样的教学可以传递科学精神，却忽略了地理知识背后的文化底蕴。因此，借助其他学科的相关知识来促进学生对地理学科知识的深入理解是十分必要的。

联结多学科的知识来确定主题
——以"陆地的五种地形类型"跨学科主题学习为例[2]

（1）品赏诗词，陶冶情操，关注地形

"大漠沙如雪，燕山月似钩""但使龙城飞将在，不教胡马度阴山"……学生们踊跃举手，倾囊而出脑海中与地形有关的诗词，其中以山地为主。在这样

---

[1] 王飞. 基于《义务教育课程方案（2022年版）》的跨学科主题统筹设计[J]. 教学与管理，2022（29）：5-7.
[2] 史新强. 基于跨学科融合的初中地理教学设计：以"陆地的五种地形类型"为例[J]. 地理教学，2020（1）：32-36.

良好氛围的激发下，学生提出了一些疑问：《观沧海》里"东临碣石，以观沧海。水何澹澹，山岛竦峙"中的"山岛"是山地吗？"开轩面场圃，把酒话桑麻"中的"场圃"是不是平原？"天门中断楚江开，碧水东流至此回"中的"天门山"在哪里？……

（2）分享经历，增长见识，深识地形

在问题"由前面提及的诗词，你能否归纳出山地与人的关系？"的引导下，师生共同讨论，总结出以下结论：山地可以保家卫国，是天然屏障的理想选择；物产奇特，是寻宝爱好者的选择；从古至今无数文人墨客借山抒臆，寄情于景；等等。在此基础之上，学生进一步得出"山脉可作为洲界、国界等地区界""山区有诸多的矿产资源""山区道路复杂，有盘山路、隧道"等观点。

（3）总结收获，升华主题，协调人地

面对学生分享中呈现的困难和问题，教师顺势从生命教育、生态教育的视角提升课堂立意，让学生给出预防和应对地质灾害的建议，习得遇险防范措施，激发学生进一步深入学习的兴趣。

在上述案例中，教师将地形这一客观的地理知识与相关的人文知识紧密联系起来，引导学生从语文、历史等学科角度展开思考，使学生在学习地理知识的过程中既了解了基本事实，也理解了背后的人地关系。正如引领美国高中教育改革的标杆学校——菲利普斯·安多佛中学的校训所言，"没有知识的美德软弱无力，缺少美德的知识非常危险，唯有将两者合二为一，方能造就高贵的人格，并奠定人类有用之才的坚实基础"。我们可以借用这一校训来描述上述的地理跨学科主题学习，没有看到"人地关系"的地理知识是无趣的，甚至可能是危险的。

跨学科的知识联结可以从不同的角度展开，构成不同的主题类型。例如，《数学大概念》（*Big Ideas Math*）一书指出，可以从三个角度提出数学跨学科主题学习的主题：以数学视角看其他学科、以其他学科视角看数学、以"数学+其他学科"视角看事物。这三个角度均有别于简单地将学科背景与数学问题相

拼接，体现了不同学科间的深度交流。下面我们来看看三个角度在具体案例中的应用。（见表4-2）

表4-2 跨学科主题设计的类型[①]

主题类型	类型含义	问题举例
应用性主题	以数学视角看其他学科，将数学作为工具，以此帮助学习者更好地解决其他学科的问题	"冰为何能漂浮"项目中的问题：比较水的密度和冰的密度，这些密度与冰在水中漂浮的事实有关系吗？该问题需要学习者比较数的大小，以此解释冰漂浮于水面的现象
认知性主题	以其他学科视角看数学，解决其他学科问题的过程有助于学习者更好地认识数学的问题	"艺术中的圆"项目中的问题：圆是如何影响古代或现代艺术的？该问题的设计意图在于让学生了解艺术创作中的圆（包括其构成、性质、特点等），希望学生能够从艺术的视角认知与理解数学
融合性主题	以"数学+其他学科"视角看事物，数学与其他学科的地位相对平等，二者同为问题解决服务	"瑞士罗宾逊家族"项目中的问题：假设你是《瑞士罗宾逊家族》这一文学作品中一个遭遇海难的家庭里四个孩子中的老大，你的父母让你负责弟弟妹妹的教育，你会教他们哪些数学知识？

从表4-2中可以看出，不论哪种角度都体现了不同学科之间的深层交互。教师在设计主题时不能满足于学科知识的简单拼接，要不断反思不同学科在共同解决复杂问题过程中扮演的角色，给学生提供一个更加全面和有效的问题解决视角。在设计和反思的过程中，还要积极地和不同学科的教师展开讨论，否则，跨学科主题的确定就会变成一个教师单打独斗的过程，困难重重。

（三）紧密联系社会生活

跨学科主题学习的问题情境应与学生的个人生活、公共常识、科学背景等有关联。日常教学中的很多情境往往是教师为承载某个知识点而生硬创设的，

[①] 李健，李海东. 数学课程跨学科主题学习项目的设置与启示：基于美国《Big Ideas Math》教科书的分析［J］. 上海教育科研，2022（8）：17-23.

与学生生活世界的关联不够。基于真实情境的真问题通常能让学生感受到问题与"我"息息相关，从而产生强烈的认同感和积极的问题解决态度，能有效联结学生的经验，引发他们的好奇心和学习兴趣，让学生切实感受学习的价值与意义。[1]以数学学科为例，不同学段的跨学科主题都可以与社会生活情境有不同程度的整合。低学段的跨学科主题可以着重考虑在生活情境中学习数学知识，而高学段的跨学科主题则可以引导学生解决社会生活及科学技术中遇到的现实问题。

例如，杭州市翠苑第一小学在数学贸易节跨学科主题学习活动中，教师以"购物"这一学生平时在日常生活中时常接触的情境为主题，引导学生认识不同面值的货币，并在交易的过程中理解不同面值货币之间的单位换算。（见表4-3）

"在购物时怎样付钱？怎样找零？怎样换钱？"这些问题如果出现在数学课堂上，往往只能构建虚拟的问题解决情境，但在贸易节中学生对问题有所感，在解决问题的过程中既有收获也有挫折，激发了他们内在的学习热情，也深化了他们对相关知识的理解。

表4-3 跨学科主题学习情境和任务设计——以"数学贸易节"为例

主题任务	情境线	任务线
筹备购物街	①商品的价格如何确定？怎样标注价格？ ②生活中有哪些钱币？它们的面值是多少？它们之间有什么关系？ ③中国的钱币叫什么？其他国家的钱币又叫什么？	①课前阅读财商启蒙教育绘本《经济好好玩》套装，了解货币与商品的关系，初步知晓钱、消费和理财等概念 ②在分类、整理中认识不同面值的人民币，理解它们之间的关系 ③给商品定价、标价格牌，体会有序摆放便于付钱购买

---

[1] 芮金芳. 素养导向下数学真实情境的价值意蕴和设计路径[J]. 教学与管理，2023（2）：51-55.

续表

主题任务	情境线	任务线
欢乐购物活动	①在购物时怎样付钱？怎样找零？怎样换钱？ ②你能解决哪些实际购物问题？ ③在购物过程中，你遇到了什么困难？是怎么解决的？	①在教师指导下开展模拟购物活动，知道元、角、分之间的换算，体验等值交换原则 ②课堂上学生自主开展商品买卖活动，体会买者与卖者的操作过程和不同思考方式
货币大讲堂	①古代的钱币是什么样的？有纸币和硬币吗？ ②现代生活中人们购物时付款方式有哪些？未来可能会有哪些支付方式？ ③你在购物过程中有什么体会，有什么收获？	①课下提前查阅资料，课上交流货币发展演变史，了解货币的发展过程，感受社会的发展历程 ②通过资料介绍，感受未来货币及支付方式的多样化 ③了解现代国家的货币和货币单位，感悟货币价值以及货币与商品的关系，了解简单的金融知识

在学生具备一定的知识储备后，创设的问题情境可以更进一步贴近社会生活，引导学生将现实问题转化为数学问题，运用多学科知识综合地、有逻辑地分析复杂问题，体现出学段间跨学科主题学习的进阶性。例如，在同样以经济学和数学为背景的跨学科主题学习"让'可能'成为一种美"中，教师以多个真实的案例为对象，引导学生反思自己身边的日常现象，揭示盲盒经济的背后正是数学中的概率问题。（见图4-3）教师不仅提供真实的案例供学生分析和解读，并且鼓励学生寻找身边的真实案例。而现实问题的解决不仅要关注数学知识，更要关注问题的背景知识，如在盲盒经济案例中，不仅需要思考背后的概率问题，还需要关注消费者的心理需求，将数学思维和经济学思维在真实情境中有机整合，才能更全面地理解现实世界。

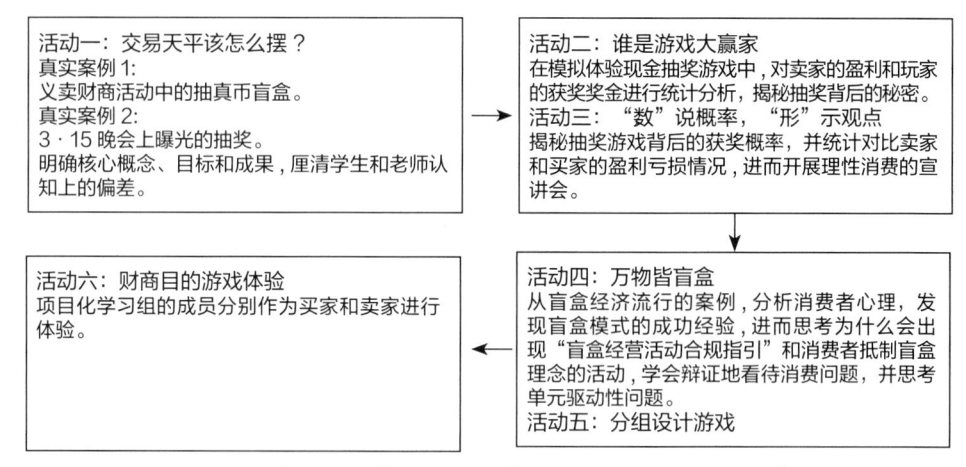

```
┌─────────────────────────────────┐      ┌─────────────────────────────────┐
│ 活动一：交易天平该怎么摆？       │      │ 活动二：谁是游戏大赢家           │
│ 真实案例1：                     │      │ 在模拟体验现金抽奖游戏中，对卖家的盈利和玩家│
│ 义卖财商活动中的抽真币盲盒。     │  →   │ 的获奖奖金进行统计分析，揭秘抽奖背后的秘密。│
│ 真实案例2：                     │      │ 活动三："数"说概率，"形"示观点   │
│ 3·15晚会上曝光的抽奖。          │      │ 揭秘抽奖游戏背后的获奖概率，并统计对比卖家│
│ 明确核心概念、目标和成果，厘清学生和老师认│      │ 和买家的盈利亏损情况，进而开展理性消费的宣│
│ 知上的偏差。                    │      │ 讲会。                          │
└─────────────────────────────────┘      └─────────────────────────────────┘
                                                          ↓
┌─────────────────────────────────┐      ┌─────────────────────────────────┐
│ 活动六：财商目的游戏体验        │      │ 活动四：万物皆盲盒              │
│ 项目化学习组的成员分别作为买家和卖家进行│  ←   │ 从盲盒经济流行的案例，分析消费者心理，发│
│ 体验。                          │      │ 现盲盒模式的成功经验，进而思考为什么会出│
│                                 │      │ 现"盲盒经营活动合规指引"和消费者抵制盲盒│
│                                 │      │ 理念的活动，学会辩证地看待消费问题，并思考│
│                                 │      │ 单元驱动性问题。                │
│                                 │      │ 活动五：分组设计游戏            │
└─────────────────────────────────┘      └─────────────────────────────────┘
```

图4-3 "让'可能'成为一种美"跨学科主题学习活动设计[①]

（四）学生感兴趣、可接受

主题的确定需要突出学生的主体地位。在确定主题时，教师不能以"我"为主，而应该寻找机会多与学生交流。如果不能激发学生的学习兴趣，跨学科主题学习就很难顺利展开。在设计主题时，可以通过访谈或问卷调查的方法了解学生的兴趣点和已有的知识储备。学生兴趣并不是判断主题适切性的唯一标准，却是必须考虑的相关因素。设计主题时既可以联系社会生活，也可以考虑与其他学科的有趣知识点进行联结，激发学生兴趣。

在开展跨学科主题学习的过程中，由于学生面对的是没有固定唯一答案的真实问题，所以可以感受主体介入发挥力量的真实价值，快速而直接地体会到个人努力的结果，感受和确证自身的主体力量。[②]跨学科主题学习会给学生带来一种新奇的学习体验，这种新奇感并不仅仅在于学习内容是"跨学科"的，更在于学习过程像一次具有开放性的智力冒险，学生可以在跨学科主题学习中

---

① 李明伟，黄莹，张晓蕾. 2022版数学课标背景下跨学科主题学习设计与操作范式[J]. 教育评论，2022（10）：144-151.
② 郭华. 落实学生发展核心素养　突显学生主体地位：2022年版义务教育课程标准解读[J]. 四川师范大学学报（社会科学版），2022，49（4）：107-115.

体会学习的意义感和成功感。

在学科知识教学中，许多问题是有标准答案的，而在跨学科主题学习中许多复杂问题的解决是没有标准答案的，学生需要不断反思自己的行动与决策。他们比较的对象是自己上一次的作品，他们真正要超越的是自己的限制性思维。电子产品总是在不停地迭代，而我们每一个人、每一个学生也都必须有不断迭代自己认知的勇气和能力，如此才能够迎接未来纷繁复杂的挑战。让学生激动不已的往往是"未来的成功"，但"正确的失败"也是跨学科主题学习中的重要内容。要让学生意识到这是不断迭代中的重要一环。要激励学生成为有好奇心、独立、自信的学习者，能够不畏惧失败，不断地自我更新、自我革命。

如果学生在跨学科主题学习中不断遭遇挫折，则很可能是确定主题时没有充分考虑学生的知识储备和现有认知水平。因此，在筛选主题的初期对学生进行学情检测、在实施跨学科主题学习的过程中提供必要的认知支架都是非常重要的。教师需要思考：关于这个主题学生已经知道了什么？为了顺利开展跨学科主题学习，学生还需要知道哪些知识、具备什么能力？如果涉及的其他学科知识不属于本学段，可以尝试将大任务拆解为小任务，分多个学段完成，设计成多学段的系列活动。可以用KWH表来梳理相关内容。学生关于"Know"的回答是他们的"已知"知识，从中可分析出学生对关键问题的理解是否有偏差，而偏差项即教师进行跨学科主题学习设计时需要着重考虑的关键知识。

以"丝绸之路"跨学科主题学习学情调查为例（见表4-4），从第一列得出，学生对丝绸之路的印象基本正确，只有"贯穿亚洲"有误。而学生对"What""How"的回答则往往是根据学习和生活经验得出的，可以反映学生的兴趣点。在后续细化主题时，可以据此了解学生的知识储备和兴趣所在。

表4-4 "丝绸之路"跨学科主题学习学情调查[1]

我已经知道了什么？（Know）	我还想知道什么？（What）	我想运用这些知识解决怎样的问题？（How）
沙漠中用来运送货物的地方； 由西汉张骞出使西域开创； 以西安为起点； 贯穿亚洲的交通道路； 旗袍； 当时史无前例； 是中国与外国交通贸易和文化交往的通道； 是世界文化遗产； 简称"丝路"，有陆上丝绸之路和海上丝绸之路； 骑行的是骆驼； 丝绸之路有军事战略意义	为什么会有丝绸之路； 有几条丝绸之路； 经历了多久，有什么变化； 丝绸之路是怎么发展的； 丝绸之路有多长，起止点在哪里； 为什么叫丝绸之路； 丝绸之路有哪些地形； 它在中国的什么地方； 海上丝绸之路经过了哪些国家和重要城市； 途中遇到的困难是怎么解决的； 现在还有丝绸之路吗； 丝绸之路现在的发展情况； 张骞出使西域有什么收获； 中国货物好还是外国货物好； 丝绸之路给沿途国家带来了哪些益处	如何让现在的丝绸之路更繁荣； 如何利用丝绸之路促进我国经济发展和世界和平

（五）具有可操作性

一切设想都需要落地才能真正发挥价值，因此在确定主题时必须充分考虑本班、本校的现实条件。尤其是一些需要走出校园与社会群体或企业接触的主题学习活动，更需要具备相应的条件才有可能实现。在进行可操作性分析时，可以借鉴SWOT分析法。SWOT分析，是指将优势因素（Strengths）、劣势因素（Weaknesses）、机会因素（Opportunities）和威胁因素（Threats）通过调查罗列出来，再运用系统分析的方法将各种因素相互匹配加以分析，从中得到相关结论。其中，优势因素和劣势因素分析集中于对自身的分析，而机会因素和威胁因素分析则着重考虑外界因素可能带来的影响。

---

[1] 徐月. 初中历史与社会课程中跨学科项目化学习的实践研究 [D]. 上海：华东师范大学，2022.

以前文提到的"丝绸之路"跨学科主题学习为例。教师从地理环境、学校管理、教师资源、学生状况和课程资源五个方面展开了SWOT分析。（见表4-5）

表4-5 跨学科主题学习实施的SWOT分析——以"丝绸之路"为例

分析点	优势	劣势	机会	威胁
地理环境	学校坐落在历史文化名城杭州，拥有丰富的自然资源和历史文化资源	学校所在地生源数量庞大，学校办学规模较大，教学精准度不是很高	学校所在地提倡学校与不同单位、部门联动	学校所在区域处于正在开发的状态，交通等基础设施不够完善
学校管理	学校积极开展课程建设，鼓励学科之间交叉互助，协调各部门支持，在师资配置、校外场地使用、课程建设等多方面提供支持	学校在课程实施中发现问题后，修改和完善较为滞后	地区课程建设引领学校管理发展	学校所属地的教育管理部门的领导年龄普遍偏大，教育理念较为保守
教师资源	师资结构合理，拥有较多骨干教师和资深教师。学科教研队伍在建设基础课程之外注重改革、创新	缺少在省、市具有一定影响力的教师	省、市、区、校四级都非常注重教师培养，通过不同类型的讲座、教研活动提升教师专业能力	在当前的人事制度下，部分教师提前进入倦怠期
学生状况	学生乐于学习，兴趣广泛，有较强的动手能力和学习自觉性	学生在学习习惯和学习能力方面差异较大，在分析和解决问题方面有所欠缺	在课改思想指导下，在注重知识获得的基础上更注重对学生能力的培养	在中考的大背景下，学生承担着较大的应试压力
课程资源	学校有稳定且丰富的校本课程，拥有充足的教具	在课程资源开发过程中对细节的打磨不够，整体性和创新性欠佳	在"打造教育强区"理念引领下，课程建设支持力度大	课程的开发更新几乎全部来自本校教师，缺少外部支持

在进行SWOT分析时，教师可以重点关注师资力量和课程资源，团结一切可以团结的力量。在分析时，可以比表4-5中的表述更具体、更直接，如哪些教师是潜在的合作对象，哪些校领导可以提供相应的帮助。跨学科主题学习会催生不同学科教师开展跨学科的联合教研，让学校教师真正成为有密切学术业务合作的教师团队。[1]因此，教师在遇到困难和挑战时，要积极向教研组、教研员和学校管理层求助，在挑战中寻求变革与发展的机遇。

三、主题的表述要点

好的主题表述不仅是让学生产生兴趣、激发思考的金钥匙，也是帮助学生建立知识体系和认知图谱的重要线索。跨学科主题学习的主题表述是画龙点睛之笔，能够凝练地抓住跨学科主题学习的核心内容和内在逻辑。

主题既需要准确反映跨学科主题学习的核心内容，体现其所承载的核心知识，也要体现学生在学习过程中的主体性，凸显跨学科主题学习联系社会生活、学生感兴趣、可接受的特点，同时还要体现跨学科主题学习的操作性与活动性。

（一）突显主体相关性

一个优秀的主题表述应能激发学生的主观能动性，引导学生思考自己在学习过程中可以扮演什么角色、贡献什么智慧、参与什么互动，以及可以满足什么心理需求。学生是学习发生的主体，其积极的主观能动性、深度的课程参与和投入、充足的学习活力与兴趣既是深度学习发生的关键因素，也是完成跨学科主题学习目标的重要保障。因此，激发和体现学生的主体性是主题表述的重要任务。

例如，化学跨学科主题学习"指纹破案"，在主题表述中，隐含着在该跨

---

[1] 郭华. 落实学生发展核心素养 突显学生主体地位：2022年版义务教育课程标准解读[J]. 四川师范大学学报（社会科学版），2022，49（4）：107-115.

学科主题学习中学生将扮演"破案者"的角色，借助化学、生物学、法医学、信息科技等多学科的知识和方法，重点探究不同化学方法（硝酸银法、碘熏法）探测指纹的效果，最终在模拟案发现场利用指纹破案。该主题清晰地表述出学生在该跨学科主题学习中将可以参与破案活动，满足了学生对探险的兴趣。如果将该主题修改为"化学反应在侦查中的应用"就难以体现学生的主体性，没有建立起核心知识和学生个体之间的密切关联，也较难激发学生的学习兴趣。

（二）突显活动相关性

主题表述应该与跨学科主题学习活动有关联，帮助学生产生相应的联想和心理预期，为参与后续的跨学科主题学习活动做好准备。除了直接指出该跨学科主题学习会开展的活动，也可以在主题表述中将活动形式以"犹抱琵琶半遮面"的形式呈现，从而更有效地激发学生的学习兴趣。

以初中语文"夸张"修辞手法教学的跨学科主题学习设计为例，列举两个主题表述：主题一为"生活中的'夸张'"；主题二为"探秘'夸张'的前世今生"。与主题一相比，主题二更加凸显了活动相关性和学生主体性，即学生在跨学科主题学习活动中将扮演"探秘者"的角色，对"夸张"进行系统的探索。同时，这一主题表述也说明了在该跨学科主题学习活动中会存在古今中外的联系对比，引导学生回忆自己以往生活中与该主题相关的事件，激活学生的日常生活经验。

（三）突显趣味性

好的跨学科主题表述应在适切的基础上争取有趣，以激发学生的探究兴趣，促使学生进一步深入了解该主题相关内容。生动性、趣味性让学生更愿意也能更好地参与跨学科主题学习活动，使学生与该学习主题产生情感联结、激发学习兴趣。

仍以初中语文"夸张"修辞手法教学的跨学科主题学习设计为例，列举两个主题表述：主题一为"生活中的'夸张'：从文学艺术到网络传媒"，主题二为"探秘'夸张'的前世今生：从诗仙李白到西方媒体"。显然，主题二兼顾了恰当性和趣味性。诗仙李白以作品存在大量夸张修辞手法而闻名，部分西方媒体则以夸大、抹黑中国为主要任务。在内容贴切的同时，"古中"和"今外"形成鲜明对比，带来反差幽默感。幽默风趣的跨学科主题学习表述能够给学生留下好的第一印象，有利于跨学科主题学习活动的开展。

本讲小结

跨学科主题学习之主题的确立首先要依据课程标准、社会生活、学生需要初步确定一个尝试性的主题，然后根据主题应具备的五个特征对其进行考察和反思，检核该主题是否承载了本学科的核心内容、是否联结了多学科的知识、是否紧密联系了社会生活、是否是学生感兴趣且可接受的、是否具有可操作性，从而对初步确定的主题进行修正，最后用合适的语言进行表述。跨学科主题的表述应体现主体相关性和活动相关性，并在此基础上争取做到生动有趣。

思考题

1. 结合自己的教学经验，你觉得跨学科主题学习的主题还可以来源于哪些地方？
2. 请对你选择的主题是否符合以下标准进行判断：
   · 这个主题能够激发学生的好奇心
   · 这个主题所包含的知识对学科知识学习具有重要意义
   · 这个主题的学习过程需要不同学科的深度支持
   · 这个主题的实施具备相应的资源条件

- 这个主题是一个复杂的问题/真实的问题
- 这个主题的学习可以深化学生对不同学科的理解

如果以上选项有些不符合，你觉得原因是什么？可以怎样改善？

3. 历史李老师以丝绸之路为核心知识点设计了一个跨学科主题学习。通过让学生分析丝绸之路周边地理环境特征和历史文化意义，让学生理解区域文化交流对民族国家发展的意义。教学时，将让学生以导游的身份带领大家重走丝绸之路。她将设计的跨学科主题表述为"丝绸之路——美丽的丝路"，你觉得她的表述中存在什么问题？你会如何修改呢？

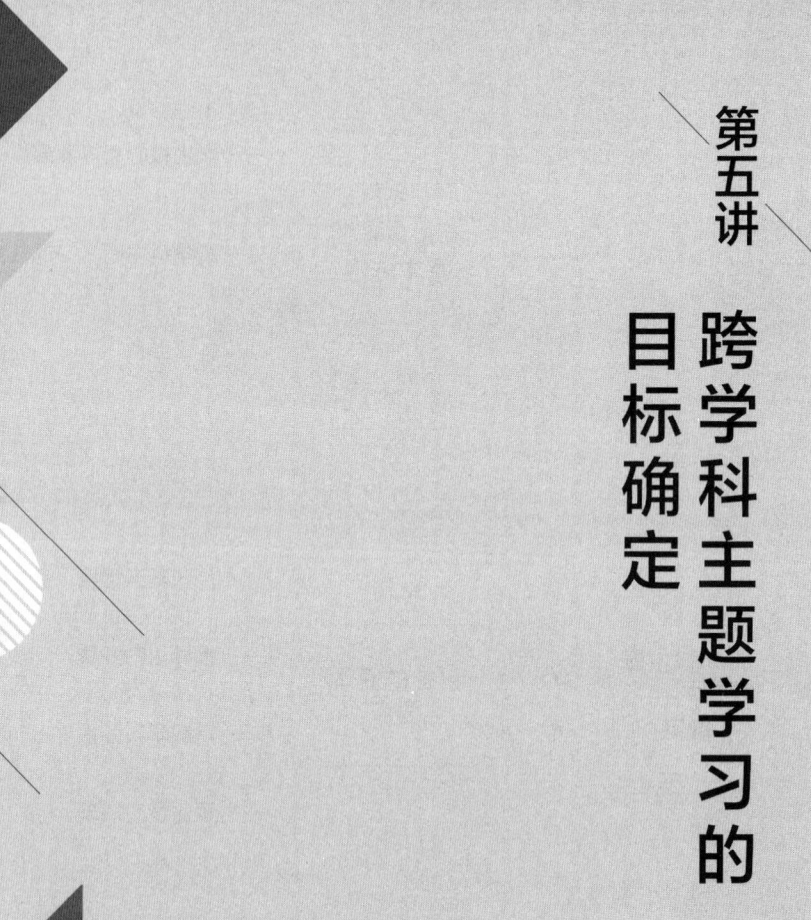

第五讲 跨学科主题学习的目标确定

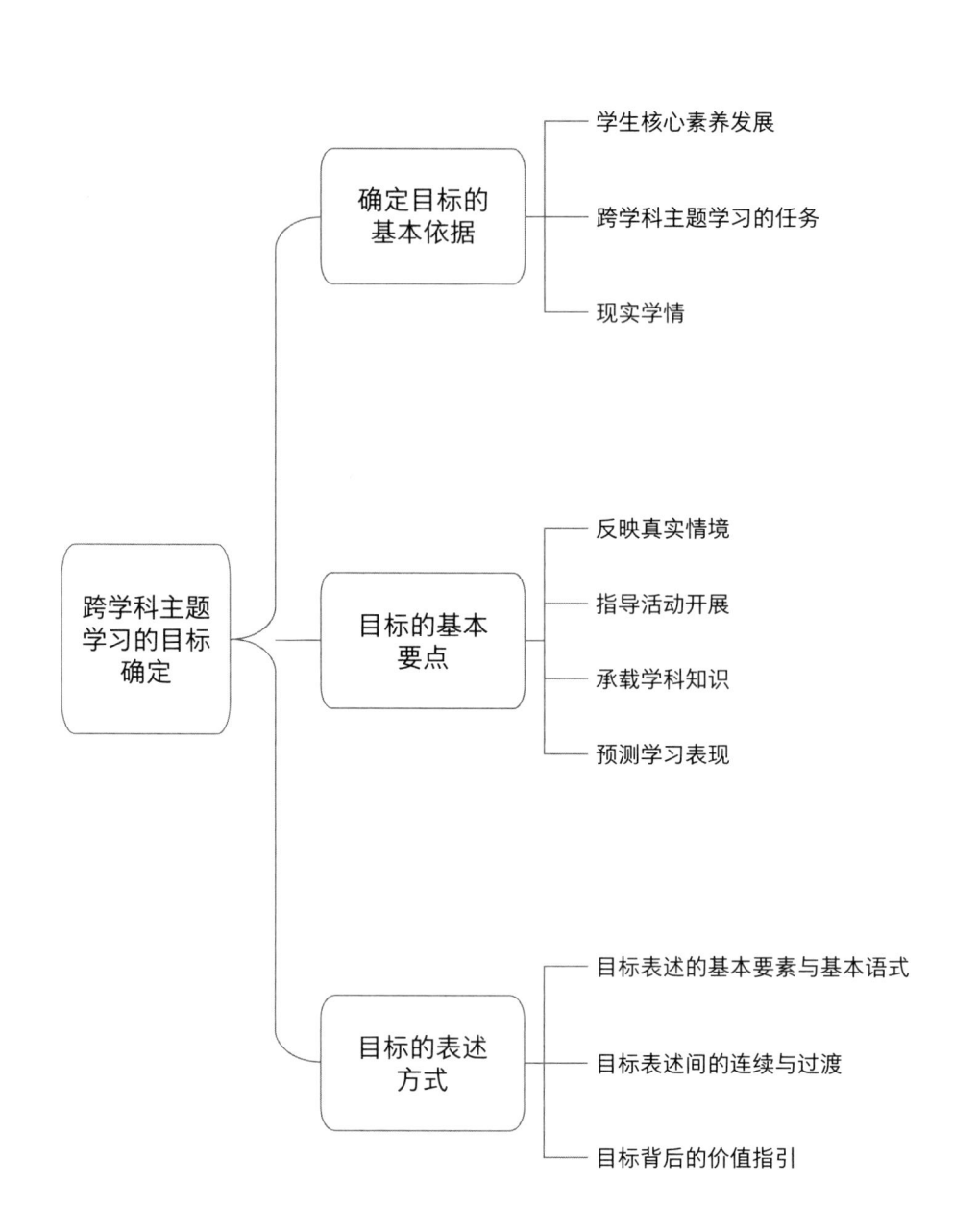

```
跨学科主题学习的目标确定
├── 确定目标的基本依据
│   ├── 学生核心素养发展
│   ├── 跨学科主题学习的任务
│   └── 现实学情
├── 目标的基本要点
│   ├── 反映真实情境
│   ├── 指导活动开展
│   ├── 承载学科知识
│   └── 预测学习表现
└── 目标的表述方式
    ├── 目标表述的基本要素与基本语式
    ├── 目标表述间的连续与过渡
    └── 目标背后的价值指引
```

确定合理、适宜的跨学科主题学习目标，是跨学科主题学习顺利开展的前提。基于多所学校及多位教师开展跨学科主题学习的典型案例，本讲着重探讨跨学科主题学习目标的确定依据、基本要点及表述方式。

一、确定目标的基本依据

跨学科主题学习的主题确定后，需要进一步确定明确的目标，既为跨学科主题学习活动的开展提供指引，也为活动实施后的评价提供参照。

那么，确定跨学科主题学习目标的依据有哪些？通过分析一些典型案例，我们认为目标的设计需综合考量多重因素。（见图5-1）

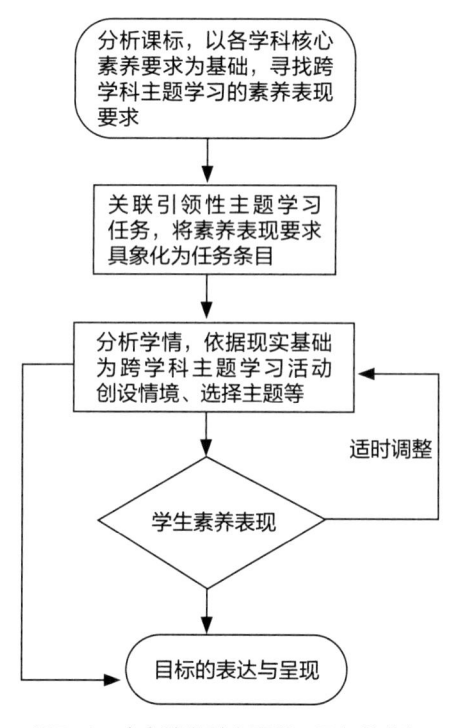

```
┌─────────────────────┐
│ 分析课标，以各学科核心 │
│ 素养要求为基础，寻找跨 │
│ 学科主题学习的素养表现 │
│ 要求                 │
└──────────┬──────────┘
           ↓
┌─────────────────────┐
│ 关联引领性主题学习   │
│ 任务，将素养表现要求 │
│ 具象化为任务条目     │
└──────────┬──────────┘
           ↓
┌─────────────────────┐
│ 分析学情，依据现实基础│
│ 为跨学科主题学习活动 │
│ 创设情境、选择主题等 │
└──────────┬──────────┘
           ↓         适时调整
      ◇学生素养表现◇ ────┐
           ↓              │
      ┌─────────┐         │
      │目标的表达与呈现│───┘
      └─────────┘
```

图5-1　确定跨学科主题学习目标的依据

（一）围绕学生核心素养发展确立目标

首先，通过分析课标来明确跨学科主题学习对学生核心素养发展的贡献，依据素养发展要求来确定目标。如2022年版义务教育物理课标中的跨学科实践案例"节能环保小屋的设计和模型制作"，学习目标表述为"从能量转化的角度出发，论证人居房屋中利用风能、太阳能等可再生能源的可行性，探讨利用可再生能源的途径和方法，完成节能环保小屋模型的制作。初步形成能量观念，用物理和跨学科的思维分析与解决问题，了解科学、技术、社会、环境之间的关系，树立促进可持续发展的责任感，践行人与自然的和谐共生"。该目标中既包含了使用物理知识解决实际问题的思维培养，也通过人文知识的渗透让学生意识到环保的重要性，以此提高其社会责任感。这一目标的确定，鲜明地突显了素养发展导向。

其次，确定跨学科主题学习所涉几门学科在核心素养要求方面的共通点。例如，三帆中学的跨学科主题学习"水与生活"，对地理、生物学和化学三个学科要培养的核心素养进行整合，选择了三个学科要培养的核心素养中共通的上位概念——观念、思维、实践、责任，并基于此将跨学科主题学习目标确定为"通过三个学科多种形式的主题活动，提升初中学生的科学实践能力，形成综合的科学思维，构建人与环境互相影响、动态变化、和谐共处的观念，提升社会责任感"。（见图5-2）

核心素养（地理）	核心素养（生物学）	核心素养（化学）
人地协调观	生命观念	化学观念
综合思维	科学思维	科学思维
区域认知	探究实践	科学探究与实践
地理实践力	态度责任	科学态度与责任

跨学科素养：观念、思维、实践、责任

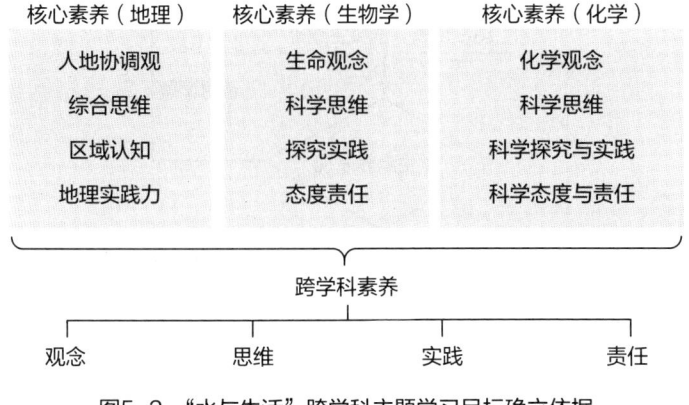

图5-2 "水与生活"跨学科主题学习目标确立依据

（二）依据跨学科主题学习的任务确立目标

跨学科主题学习目标的确定，首先要依据主题中包含的各个任务确定具体目标，再由一个个具体的任务目标汇聚为跨学科主题学习的最终目标。围绕主题来确定目标，能够保证目标有具体的落脚点，避免目标的虚化、空洞化。

以具体的主题学习任务引领目标，首先要对任务中涉及的各学科知识有清晰的把握。共同开展跨学科主题学习活动的不同学科的教师，要对跨学科主题学习中涉及的本学科知识内容有清晰的认识。例如，在"水与生活"这一跨学科主题学习活动中，涉及的各学科知识主要有：生物学方面的植物的蒸腾作用，植物在涵养水源、保持水土方面的影响；地理方面的天气、气候的概念，大气降水，水旱灾害，水资源状况；化学方面的水资源状况和水的净化原理。明确了跨学科主题学习所承担的知识学习任务以及学习之后的核心素养表现，有助于将目标落实为具体的可操作的任务。

将总体目标细化、具体化，能够让抽象的总体目标变得亲切、可感，也让教师在跨学科主题学习活动中有更明确的教学思路。

如跨学科主题学习"水与生活"在确定了总目标后，将总目标具体化为我能提出问题、我能设计实验、我会实地调查、我为植物代言、我能野外生存、我能关注生活、我能汇报和交流等一系列任务条目。对应这些任务，将活动目标表述为：

通过问卷调查和头脑风暴，关注生活和时事中的水旱灾害，提升发现、提出问题的能力；

通过设计调查和实验的研究方案，提升科学探究能力；

通过校园调查，利用平面图相关知识和技能，绘制校园排水口和安全隐患分布图，提升地理实践力；

通过实验研究植物在减轻水旱灾害中的作用，提升科学探究能力和科学精神；

通过动手操作过滤、吸附、杀菌消毒等净水步骤，了解水的净化原理，提升实验技能；

通过自制简易净水器，提高科学实践能力；

通过小组整体汇报，建构跨学科大概念，培养语言表达能力，提高合作交流的意识和能力。

综上，以任务作为跨学科主题学习目标的确立依据，有利于站在解决问题的角度去应用知识，有助于跨学科主题学习目标的真正落实。

（三）从现实学情出发确立目标

跨学科主题学习目标还要基于学情来确定。通过教师间的交流、师生间的互动、问卷调查等，获得学生发展的当下情况与未来发展需求，再关联跨学科主题学习活动内容进行综合分析，形成较为明确的目标范围。

首先，充分了解学生的发展空间，包括学生已有的知识基础、所处的发展阶段与发展诉求、当前学习所面临的困境等。例如，三帆中学在文科跨学科主题学习设计中，教师首先通过翻阅语文、历史、美术三科课标内容，将三个学科在课标中均提及的认同和弘扬中华优秀传统文化作为目标确定的方向，然后进一步聚焦学情，找到具体落实的点，以确立跨学科主题学习的目标。通过访谈，了解到初一学生对历史人物感兴趣，且学习正面历史人物可以更好地落实立德树人目标，为学生树立学习的榜样，因此将目标点落在了历史人物上。最终将目标表述为"通过了解中国古代历史人物的成就与情操，培养学生正确的价值观，引导学生学习古人身上的精神，并且学会正确看待历史人物"。

其次，根据跨学科主题学习在学生发展过程中所发挥的功能来确立跨学科主题学习目标。例如，在学军小学"清河坊·访河坊"主题学习活动中，教师根据活动内容将目标划分为两部分：一是核心知识部分的"能综合应用数学知识、工具、方法，搜集、评估现有的河坊街街区信息；学习河坊街的历史，感受中华传统手工艺、美食、中药、服饰等文化的博大精深，能有条理地向他人介绍河坊文化"。二是关键能力部分的"经历'自主设计、自主实施、自主复盘'的全过程，发展提出问题、搜集信息、解决问题的综合能力；在建构项目、实施项目的过程中能有效地进行组内、组间的交流协作，在出项展示活动中提升社会交往能力"。这两部分目标强调了学生在学科核心知识及学科关键能力方面的发展，是在对学情及跨学科主题学习活动内容的综合考量下制定的目标。

二、目标的基本要点

教师不仅要明确跨学科主题学习目标确定的依据，还要在具体设计时把握以下基本要点：反映真实情境，与学生所能接触到的现实息息相关；能以合理有效的驱动性问题指导活动开展；包含必要的学科知识点，承载学习任务；预测学生的学习表现，为评价提供参照。（见表5-1）

表5-1 跨学科主题学习目标的基本要点

目标要点	具体指标
反映真实情境	1. 是否关注了社会热点议题？ 2. 是否贴近学生日常生活？ 3. 能否满足学生需要？
指导活动开展	1. 驱动性问题或任务表述是否清晰？ 2. 驱动性问题或任务是否具有可行性？ 3. 完成驱动性任务时能否找到可利用的资源？
承载学科知识	1. 是否包含主学科的基本知识点？ 2. 是否包含所跨学科的知识？ 3. 能否生发出对其他学科知识、方法、技能的学习？
预测学习表现	1. 是否包含学生在学习过程中应该具有的学习行为与素养表现？ 2. 是否体现学生应达到的学习效果？ 3. 是否包含具体的学习成果？

我们通过北京明远教育书院实验小学二年级开展的跨学科主题学习"我给动物做标签"（见图5-3），来感受合理有效的跨学科主题学习目标是如何呈现这些基本要点的。

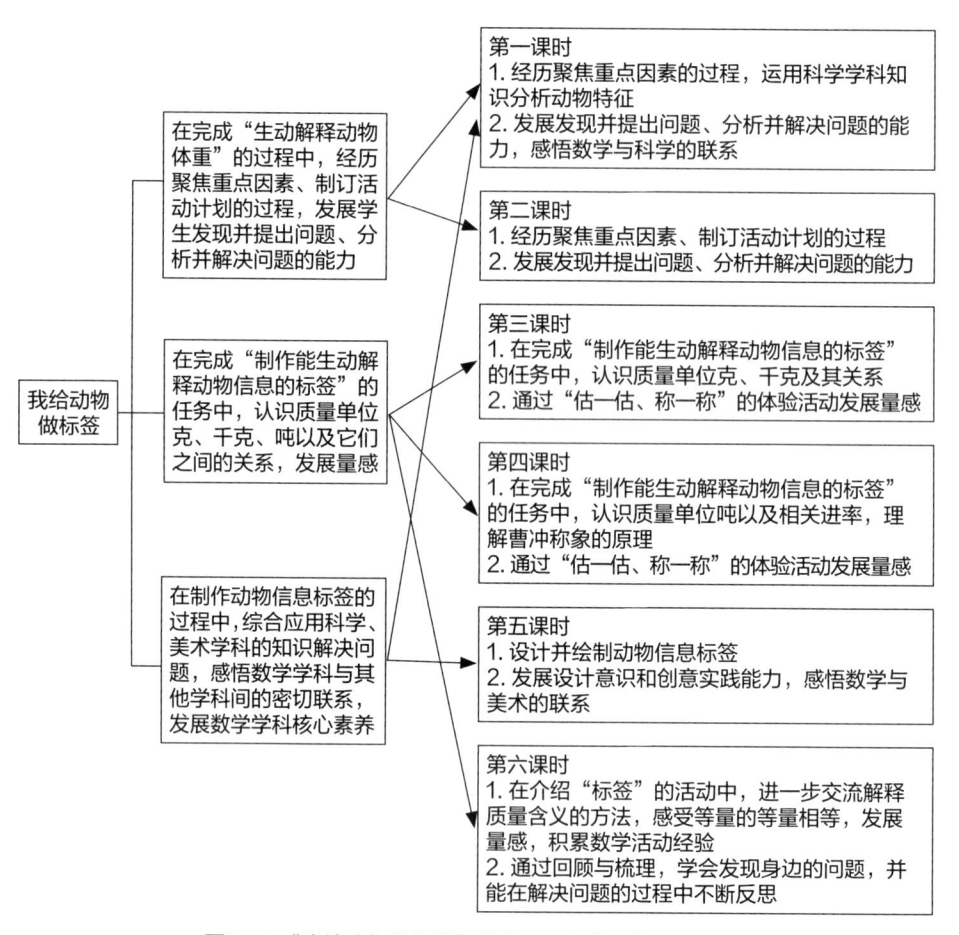

```
我给动物做标签
├── 在完成"生动解释动物体重"的过程中，经历聚焦重点因素、制订活动计划的过程，发展学生发现并提出问题、分析并解决问题的能力
│   ├── 第一课时
│   │   1. 经历聚焦重点因素的过程，运用科学学科知识分析动物特征
│   │   2. 发展发现并提出问题、分析并解决问题的能力，感悟数学与科学的联系
│   └── 第二课时
│       1. 经历聚焦重点因素、制订活动计划的过程
│       2. 发展发现并提出问题、分析并解决问题的能力
├── 在完成"制作能生动解释动物信息的标签"的任务中，认识质量单位克、千克、吨以及它们之间的关系，发展量感
│   ├── 第三课时
│   │   1. 在完成"制作能生动解释动物信息的标签"的任务中，认识质量单位克、千克及其关系
│   │   2. 通过"估一估、称一称"的体验活动发展量感
│   └── 第四课时
│       1. 在完成"制作能生动解释动物信息的标签"的任务中，认识质量单位吨以及相关进率，理解曹冲称象的原理
│       2. 通过"估一估、称一称"的体验活动发展量感
└── 在制作动物信息标签的过程中，综合应用科学、美术学科的知识解决问题，感悟数学学科与其他学科间的密切联系，发展数学学科核心素养
    ├── 第五课时
    │   1. 设计并绘制动物信息标签
    │   2. 发展设计意识和创意实践能力，感悟数学与美术的联系
    └── 第六课时
        1. 在介绍"标签"的活动中，进一步交流解释质量含义的方法，感受等量的等量相等，发展量感，积累数学活动经验
        2. 通过回顾与梳理，学会发现身边的问题，并能在解决问题的过程中不断反思
```

图5-3 "我给动物做标签"跨学科主题学习的目标示意

（一）反映真实情境

跨学科主题学习目标要反映真实情境，关注学生的日常生活，与学生的现实生活接轨。教师可将热点新闻或与学生生活相关的社会事件设计进目标中。基于真实存在的社会场景确立的目标可以让学生更快地进入学习活动中，感受

目标所承载的学习任务及其内在含义。

目标与学生的现实生活接轨体现在以下两个方面。

其一，贴近学生生活中真实存在的问题。如在"我给动物做标签"跨学科主题学习中，小学二年级的学生对动物充满了好奇，对于"不同动物的体重"这个问题有着天然的求知欲，围绕这个问题确立目标能较好地带动学生参与到学习活动中。

再如以下案例。

以"济南的城镇化变迁"引领学生关注现实生活[①]

济南新航实验外国语学校基于地理学科设计了跨学科主题学习活动"济南的城镇化变迁"，在确定目标时考虑到学生对周边新闻及热点的关注，以"我们的家乡济南经历了怎样的城镇化过程？目前处于什么发展阶段？"为驱动性问题展开，最终将目标确定为：

1. 通过观察、分析济南城镇化的过程，理解城镇化的概念；
2. 能结合案例分析城镇化的进程及特点；
3. 能结合案例分析不同区域城镇化发展的差异；
4. 搜集资料，探索中国新型城镇化发展之路，增强对统筹城乡发展、促进生态文明建设的认识与理解。

为什么要围绕济南的城镇化问题来确定目标？

首先，当时考虑到"国务院正式批复设立的济南新旧动能转换起步区，是继雄安新区之后全国第二个起步区"这一时政热点，为引导学生关注时事，确定了"济南的城镇化变迁"这一跨学科主题学习活动。然后，从学生在日常生活中接触到的现实问题出发，提供济南市人口、空间地域、经济结构等方面的变迁对比，同时让学生回忆自己印象中的济南变迁，带学生进入这一跨学科主题学习活动的情境。最后，结合不同主题任务确立了上述目标。

[①] 该案例由济南新航实验外国语学校周倩老师提供。

从以上案例可以看出，从实际入手来确定目标，能够引领学生从"抽象的生活"走向"真实的生活"，既保证了所确立目标的实际价值，也有助于学生更强烈地感受目标背后的含义，带动其探索的积极性。

其二，有助于学生解决现实存在的问题。例如，考虑到二年级学生在学习活动开始前对动物体重的感受是模糊的，也无法将其等量对比，"我给动物做标签"跨学科主题学习活动的目标之一便是要解决这一问题，解答学生内心的困惑，这是学生参与这一学习活动的内在需要。通过制订计划、制作标签、感悟学科间的联系等一系列落实目标的过程，最终指向学生量感的培养。

目标中体现出的对现实情境的观照，是激发学生探索现实问题与解决实际问题的动力来源；促进学生对现实问题的思考与探索，让学生亲自动手设计解决问题的方案也能够强化学生发现与解决问题的意识。

综上，跨学科主题学习目标一定要依托具体问题，从现实情境入手，走向真实问题的解决。

（二）指导活动开展

跨学科主题学习的目标应能指导并引领跨学科主题学习活动的顺利开展。因此，目标一定要包含驱动性问题，要明确让学生解决什么样的问题、完成什么样的任务。同时，驱动性问题的设置要有可操作性，既是学生通过努力可以完成的，也是一个真实的、有价值的任务，还要考虑完成任务所需资源获得的便利性等问题。

如在"我给动物做标签"跨学科主题学习活动中，目标中的驱动性问题依次引领着不同阶段活动的开展：在"生动解释动物体重"的任务中，学生需要学习哪些知识，进行什么操作，关注哪些重点，最终达到何种效果；在"制作能生动解释动物信息的标签"的任务中，学生通过什么样的活动认识所跨学科的基本概念；在制作标签的任务中，学生要综合运用哪些技能，提升哪些素养；等等。可见，在这一跨学科主题学习活动中，目标很好地引导了活动的开展，保证跨学科主题学习的有序展开。

再如，学军小学三年级以数学为主学科设计的"挑战300元24小时游玩计划"跨学科主题学习，将目标确立为"挖掘生活中的素材和信息，让学生自觉运用数学以及其他学科的知识设计出合理的游玩计划"，将此跨学科主题学习分为三个阶段，即"入项开启——多方面玩前想""实践探究——多角度玩中学""出项复盘——多维度玩后思"，"经历'选择主题—设计方案—实践体会—改进优化—形成成果—交流评价'的学习过程，让学生感受学习的意义，更加热爱生活和创新，并逐步形成自主规划、自我探究、自觉完善的能力"。

再如，"校园清凉地数据地图"跨学科主题学习的目标确立，通过提供目标和任务支架，对目标进行综合统整，将如何制作一张理想的数据地图拆分为具体的任务阶段，在不同阶段有明确的目标意识，按问题的统摄性程度和卷入学习的深度，从高到低，从认知、过程、工具、评价几个维度设计递进式问题串，把"知道什么"和"能做什么"联系起来，把要解决的本质问题由浅入深分层次放入不同阶段，让学生能像学科专家一样在遇到真实的问题时进行决策、思考和解决。（见图5-4）如此使该跨学科主题学习涵盖的学科大概念"用数据说话"更加具体化、清晰化、立体化。

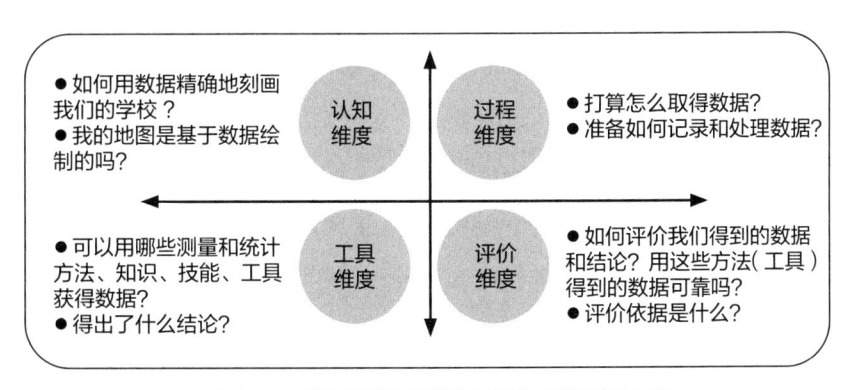

图5-4 "校园清凉地数据地图"目标任务支架

如果目标设计时没有明确的驱动性问题或只有笼统的问题，没能根据主题、任务对目标进行细化，跨学科主题学习活动的开展就可能达不到应有的教育效果。例如，某小学五年级跨学科主题学习活动"在厨房中成长"的目标是"成功学做一道菜"，这样的目标定位，只表达了结果，没有指出学生应经历怎样的活动，运用哪些工具、资源，会获得哪些发展。显然，在活动组织时就可能出现以下两种情况。其一，忽略了该主题所蕴含的素养培养。2022年版义务教育劳动课标中将第三学段"烹饪与营养"任务的素养表现描述为"能进行家庭餐食的设计和营养搭配，并掌握简单的烹饪方法。初步养成营养搭配和健康饮食的习惯，具有食品安全意识。树立乐于为家人服务的劳动观念，初步形成家庭责任感"。而该案例只是将目标表述为"成功学做一道菜"，未提及运用哪些学科的知识、技能，也未明确提出素养目标，容易使活动流于热闹的形式，失去应有的教育价值。其二，使跨学科主题学习的开展变得无序。该目标未能对主题任务进行细化，难以引导主题任务持续推进。

（三）承载学科知识

跨学科主题学习目标既要承载本学科的基本知识点，也要能够生发出对其他学科的知识、方法、技能等的学习。一般而言，跨学科主题学习是基于某个学科设计的活动，所以目标中必须包含该学科的核心知识和基本技能方法。同时，跨学科主题学习目标要体现出"跨"的含义，要包含所跨学科的知识、技能与方法。例如，在"我给动物做标签"跨学科主题学习活动中，"认识质量单位克、千克、吨以及它们之间的关系，发展量感""综合应用科学、美术学科的知识解决问题"等目标，既包含了主导这一跨学科主题学习的数学学科的核心知识与技能，也包含了所跨学科科学、美术在这一主题学习活动中应呈现的基本知识。再如学军小学的跨学科主题学习"校园清凉地数据地图"的目标，也突显出了这一要点。在这一主题学习活动中，数学与地理学科的核心知识是构建目标的前提。活动主题确定后，将"使用数学思维分析数据，使用数学方法表达数据，基于校园真实的生活环境制作地图，找出最凉快的地方"作为此次跨学科主题学习活动的阶段性主题目标，以这样的方式让学生明白地图的制作不是随意的，更不是凭主观感觉决定的，而是要依靠确切的数据让地图更具科学性和有效性。要想获得真实的数据，必须通过在校园中实地测量才能实现。这样一来，学生在实现地图制作的总目标前，就需要先去了解并熟悉所涉及学科的核心知识，如怎样进行数据分析、如何用数据来刻画学校在地图上的呈现、绘制地图的方法有哪些等。也就是说，跨学科主题学习的过程，是综合运用知识解决问题的过程，也是深化知识理解的过程。

跨学科主题学习目标还应包含解决问题的方法和必备能力。目标的设立要考虑当学生面对一个复杂问题时，如何运用本学科及其他学科的知识，对问题进行综合分析，得到一个既符合实际又能体现学生学习能力的问题解决方案，如在"校园清凉地数据地图"中，目标不仅覆盖学科核心知识，测量、分析、获取数据的方法和在得到这些数据后如何进行有效的取舍、找到相应的工具呈现数据、利用分析后的结果解决实际问题等，也都是目标的重要内容。

（四）预测学习表现

跨学科主题学习目标还要能预测学生的学习表现，把握学生在跨学科主题学习中的具体收获，为跨学科主题学习的评价提供参照。此外，目标还要包含学生在跨学科主题学习后呈现出的学习成果——以具象化的作品来展示目标的完成程度。

在"我给动物做标签"跨学科主题学习活动中，目标里的"运用科学学科知识分析动物特征""认识质量单位克、千克、吨以及它们之间的关系""认识质量单位的相关进率""学会发现身边的问题"等，不仅包含着学生在跨学科主题学习后所达成的学习效果，还明确了学生在学习后所应展示出的素养表现，以此作为评价的依据，用以检验活动开展的效果与质量。同时，"制作动物信息标签"作为目标中包含的跨学科主题学习的最终成果，具体呈现了活动所要完成的作品，让学生更加明确地找到跨学科主题学习活动的聚焦点。

又如，三帆中学八年级开展的跨学科主题学习"新闻单元教学"，结合了语文、历史、美术等学科进行设计，以制作一份新闻报纸为目标开展活动。根据制作新闻报纸所需要的准备工作和发展阶段，教师们将主题目标确定为：

- 了解基本的新闻知识，初步区分不同的新闻体裁，进行新闻消息写作和特写、通讯、评论写作。
- 支撑《我三十万大军胜利南渡长江》和《人民解放军百万大军横渡长江》两则消息的教学。
- 能确认跨学科选题并进行采访。
- 学习新闻报纸版面设计，能制作新闻报纸。

在这个跨学科主题学习中，目标起到了先导作用，预先规定了评价所涉及的内容。例如，目标中的了解新闻知识、区分新闻体裁、进行新闻消息写作、制作新闻报纸等，明确引导了评价的方式与内容。

跨学科主题学习的评价虽然不能完全依照目标来进行，但一定要在目标的引领下发生。目标对学生学习表现的合理预测，不仅有利于跨学科主题学习评价的开展，更为学生的学习过程提供强有力的抓手。换言之，素养导向的跨学科主题学习目标，要对学生学习哪些知识、获得哪些技能、开展何种活动、如何参与学习过程、在跨学科主题学习后提升哪些素养等做出具体的预设。如此，才可以在活动过程中及活动结束后得到明确的反馈信息与改进策略，避免整个跨学科主题学习活动流于形式。

三、目标的表述方式

目标确定后，如何将目标以明确的方式表述出来，从而推动跨学科主题学习活动的设计并更好地服务活动后的评价呢？

首先，要明确目标的表述一定是以学生为主体的，围绕学生获得的知识、方法、基本能力来展开。描述学生需要经历什么活动、完成什么任务、达到什么成效，通常以学生"怎样""做什么"来得到"什么作品"，或是学生完成"什么任务"达到"怎样的预期结果"来表达。这样表述对接下来的活动设计更有指导作用，也为评价提供了具体的参照。

其次，跨学科主题学习目标的表述需要考虑从活动整体到单个任务、从学科知识到基本能力的有效衔接，突出各个阶段目标的核心要素与学生所要完成的具体任务，以便在活动的不同阶段都能发挥出目标的引领作用。

最后，目标表述的具体形式应尽可能全面体现其背后的价值导向与行为逻辑，将跨学科主题学习活动的素养导向内含于目标表述之中。

以北京明远教育书院实验小学六年级开展的"我爱校园"跨学科主题学习活动目标表述为例（见下页图5-5）展开说明。

（一）跨学科主题学习目标表述的基本要素与基本语式

跨学科主题学习目标的表述需要具备以下基本要素：知识、工具、活动、作品。（见表5-2）

表5-2 "我爱校园"跨学科主题学习目标表述的基本要素

基本要素	在目标中的具体呈现
知识	"应用长方体、正方体、比和比例等数学知识以及美术学科的学习经验解决问题，发展应用意识和创新意识""发展数感、量感和空间观念""以例文为载体，掌握写作技巧和表达方法"等
工具	"利用身边工具进行校园建筑模型的设计与制作"等
活动	"规划解决问题的步骤，制订研究计划""交流反思计划""测量校园主要建筑物和场地""小组现场介绍、讲述难忘的校园故事""交流汇报"等
作品	绘制校园平面草图、制作校园建筑模型、修正自己的习作等

跨学科主题学习目标的表述中需要有知识、工具、活动、作品等基本要素。其中，对学科知识掌握的要求是目标的立足点。无论跨学科主题学习的主

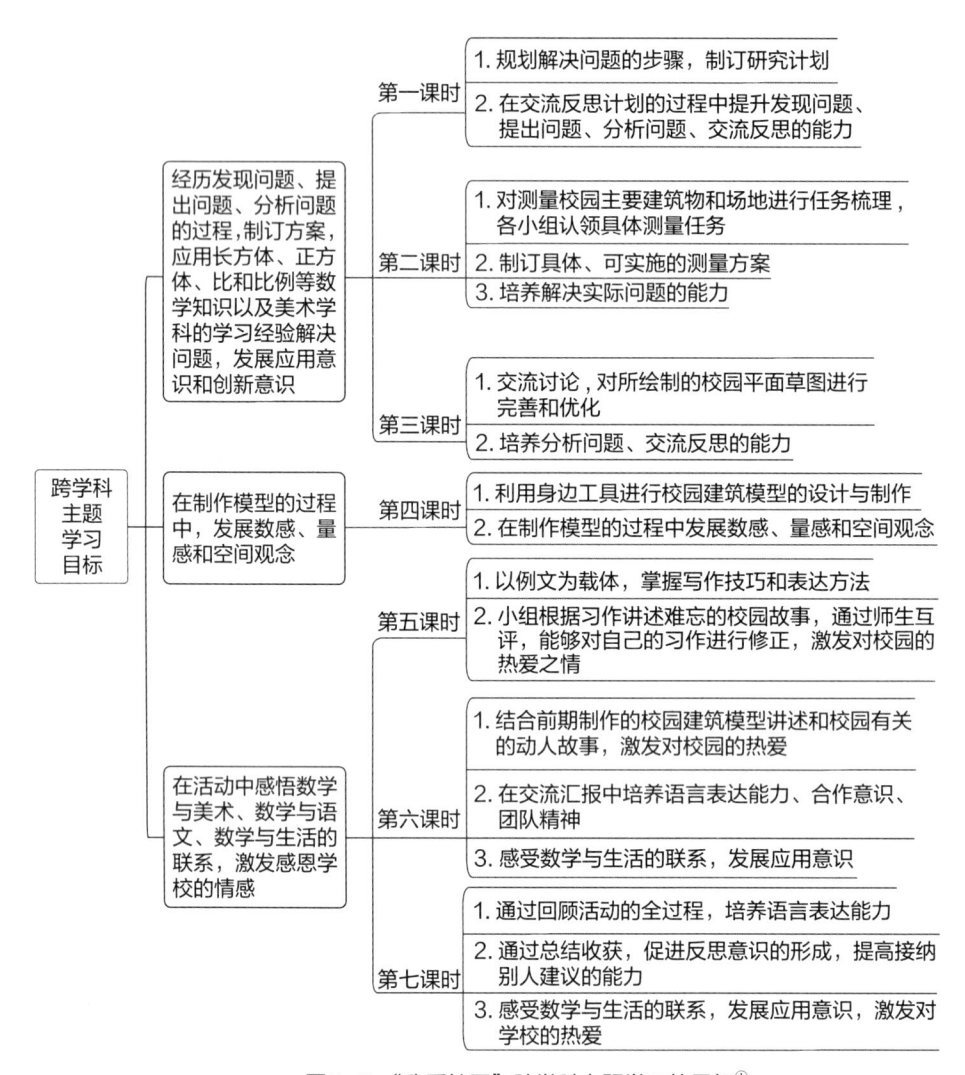

```
                    ┌─────────────┬─第一课时─┬─ 1. 规划解决问题的步骤，制订研究计划
                    │ 经历发现问题、提 │         └─ 2. 在交流反思计划的过程中提升发现问题、
                    │ 出问题、分析问题 │            提出问题、分析问题、交流反思的能力
                    │ 的过程，制订方案，│
                    │ 应用长方体、正方 │         ┌─ 1. 对测量校园主要建筑物和场地进行任务梳理，
                    │ 体、比和比例等数 │         │    各小组认领具体测量任务
                    │ 学知识以及美术学 ├─第二课时─┼─ 2. 制订具体、可实施的测量方案
                    │ 科的学习经验解决 │         └─ 3. 培养解决实际问题的能力
                    │ 问题，发展应用意 │
                    │ 识和创新意识    │         ┌─ 1. 交流讨论，对所绘制的校园平面草图进行
                    │                │         │    完善和优化
                    │                ├─第三课时─┴─ 2. 培养分析问题、交流反思的能力
  跨学科 ──────────┤
  主题             │ 在制作模型的过程 ├─第四课时─┬─ 1. 利用身边工具进行校园建筑模型的设计与制作
  学习             │ 中，发展数感、量 │         └─ 2. 在制作模型的过程中发展数感、量感和空间观念
  目标             │ 感和空间观念    │
                    │                │         ┌─ 1. 以例文为载体，掌握写作技巧和表达方法
                    │                ├─第五课时─┤  2. 小组根据习作讲述难忘的校园故事，通过师生互
                    │                │         │    评，能够对自己的习作进行修正，激发对校园的
                    │                │         └    热爱之情
                    │                │
                    │                │         ┌─ 1. 结合前期制作的校园建筑模型讲述和校园有关
                    │ 在活动中感悟数学│         │    的动人故事，激发对校园的热爱
                    │ 与美术、数学与语├─第六课时─┼─ 2. 在交流汇报中培养语言表达能力、合作意识、
                    │ 文、数学与生活的│         │    团队精神
                    │ 联系，激发感恩学│         └─ 3. 感受数学与生活的联系，发展应用意识
                    │ 校的情感        │
                    │                │         ┌─ 1. 通过回顾活动的全过程，培养语言表达能力
                    │                │         │  2. 通过总结收获，促进反思意识的形成，提高接纳
                    │                └─第七课时─┤    别人建议的能力
                    │                          │  3. 感受数学与生活的联系，发展应用意识，激发对
                    └──────────────            └    学校的热爱
```

图5-5 "我爱校园"跨学科主题学习的目标[①]

题、任务、活动如何设计，都要围绕学科知识来确立目标，这样才能做到寓教于活动，不让活动流于形式。对工具使用以及对活动的设计，是跨学科主题学习目标的独特之处。在现实情境中解决问题，学生才会感受到跨学科主题学习的具体目标，有了实际的抓手，教师与学生才能在目标的指引下不断推进跨学

---

① 该案例由北京明远教育书院实验小学陶文迪老师提供。

科主题学习的开展。作品的呈现是目标与任务设计、评价的联结。只有将学习的结果和效果显性化，跨学科主题学习在进行任务设计和评价时，才会有明确的依据。通过作品的形式表述目标，可以更好地为后续的跨学科主题学习环节服务。

在明确了如上要素后，跨学科主题学习目标可用一个基本语式来表述："学生"在"什么活动"中运用"什么工具（技能）""获得了什么（呈现出什么作品）"。概括来说，可以呈现为"行为主体（学生）+行为条件+活动+成果"。在基本语式的引导下，跨学科主题学习的目标必须表达出学生通过学习需要经历什么（典型活动）、运用了何种技能（知识运用、社会性技能）、可以呈现什么（作品、成果）、能够达到什么样的学习效果（素养提升）。

如在"我爱校园"跨学科主题学习目标的表述中，行为主体是"学生"，行为条件有"应用长方体、正方体、比和比例等数学知识以及美术学科的学习经验"等，活动有"测量校园主要建筑物和场地""进行校园建筑模型的设计与制作""小组现场介绍，讲述难忘的校园故事"等，表现程度有"发展应用意识""发展数感、量感和空间观念""激发对校园的热爱"等。

基本语式的使用，能够帮助教师在目标确立和表述时突出重点，明确活动实施的落脚点，并在活动实施过程中把握目标的内涵所指。

（二）跨学科主题学习目标表述间的连续与过渡

跨学科主题学习目标的表述还要能够体现活动的连续性与衔接性。跨学科主题学习的开展既是一个连续的过程，也是学生完整接触情境问题的过程，所以目标表述一定要考虑在不同的活动阶段，如何将不同侧重点的目标联结起来。

首先，要考虑整体活动架构与单个任务分工的联系。例如，学军小学的"校园清凉地数据地图"跨学科主题学习以"校园清凉地数据地图——学校哪里最凉快"为主题内容，以"制作一张校园最IN（流行）数据地图"为整体活动目标，让学生像学科专家一样用数据而不是凭感觉来描述周围世界，体验如何用数学思维观察、理解并精确地刻画我们周围的世界。围绕"数据"开展跨学科主题学习，让学生学会用数据去思考与沟通。

在具体任务目标的设计上，从认知维度（知识）、过程维度（活动）、工具维度（工具）、评价维度（作品）进行表述。认知维度：能从学科核心知识出发，在解决驱动性问题时整合学科知识和技能，在新情境中迁移、运用、转换。过程维度：能借助汇报、交流、反思等形式，通过对比、分析找寻原有认知中合适的学科知识和工具来解决问题。工具维度：在解决具体问题的过程中合理运用学科知识、方法和工具并知道它们是适合、可靠的。评价维度：建立基于学科的评价标准，有理有据正确评价自己和他人的问题解决方案，并形成共同的评价标准或评价量规。

引领整体活动架构的目标一定是清晰地以作品或学习成效等来表述的，以便教师与学生迅速把握跨学科主题学习的主旨。而围绕整体目标细化的单个任务目标，都要服务于整体目标的实现，因此必须可视化、可操作化。如"校园清凉地数据地图"案例中的整体目标为制作一张理想的数据地图，但要地图制作得科学有效则需要完成一系列具体任务才能实现。整体活动架构与单个任务的联系共同构成跨学科主题学习的目标体系。

其次，要考虑掌握学科知识与获得基本能力的关系。

"校园小微水体可持续改造设计"的目标设计

学军小学设计的"校园小微水体可持续改造设计"跨学科主题学习，联结了小学多个学科，引导学生主动运用各门学科的知识来分析、解决实际问题，使学科知识在跨学科主题学习活动中得以拓展、综合、重组与提升。该跨学科主题学习中各学科知识目标如下表所示。

学科	知识目标
科学	1. 知道生态系统的组成，能利用生态平衡关系解决水池的生态问题 2. 知道水净化的基本原理，并将之实际应用于解决校园水池的水质问题 3. 根据调查的需要选择合理的材料和设备，对水质问题进行监测 4. 通过实验、调查采集水池信息，培养尊重事实和证据等严谨的求知态度
数学	1. 通过测绘校园水池示意图，精准定位水池改造设计样板 2. 合理处理模型与实际水池的比例，通过换算、计算，使模型严谨、科学
语文	1. 从不同形式的文本资料中提取与该主题学习相关的有效信息，形成自己的观点 2. 结合实施进程，有理有据地阐述自己的想法 3. 向同伴学习、借鉴，优化、完善自己的想法、做法和观点
美术	通过创意设计、制作等过程，发展实践创新意识和审美意识，感受智慧改变生活的美好
信息	1. 运用信息技术展开线上调研，分析数据，为水池改造方案提供基础 2. 通过查找资料了解关键概念，参考借鉴他人经验并将之应用于改造方案中
技术	1. 学会各类工具的使用 2. 利用材料和工具制作模型
工程	通过工程设计流程，形成校园水池改造设计方案，解决实际问题

技能、态度目标表述如下：

（1）经历基本的工程流程，掌握简单的设计方法，能熟练运用小学阶段常见的创客工具，在厘清要解决的问题的基础上，通过设计与制作表达自己的观点，培养图样表达和物化能力。（2）勇于承担公民责任，能够以合理、合法的方式表达自己的看法；培育同理心，能站在对方的立场思考和解决问题。（3）积极关注身边小微水体的污染问题，激发对自然生态的保护意识。（4）学会团队分工合作，能在团队中创造性地解决问题，提升实践创新素养。（5）知道产品发布会的基本流程，初步理解一般的社会审美情趣，感受科学精神与人文精神的融合。

在上述案例的目标表述中，"掌握学科知识"是引子，是进阶目标的基础和前提，"形成基本能力"是将知识转化为素养的最终表现，体现出学科知识学习的价值与意义。学生在实现能力目标的过程中必然会自觉运用之前掌握的知识。如案例中所示，学生只有在知道了生态系统的组成、了解了生态平衡关系、知道了水净化原理后，才能去完成相应产品的设计，并对校园小微水体可持续改造提出自己的想法。

（三）跨学科主题学习目标背后的价值指引

跨学科主题学习目标不是随意拟定的，而是有价值取向作为支撑的，目标的表述是为了最终实现跨学科主题学习所承载的育人价值。例如，北师大二附中开展的"诗乐舞"跨学科主题学习所呈现的目标框架，既有操作意义上的内涵，又有价值层面的内涵。

"诗乐舞"目标表述

"诗乐舞"跨学科主题学习厘定了三个主要方面作为培养目标，分别是知识、视野和思维，其中知识是基础，视野是实现学科融合的必要条件，思维是跨学科能力的核心。这三方面不仅是促成跨学科主题学习不可或缺的内容，也构成了逐级上升的发展路径。基于该路径，可以让学生学会运用跨学科知识，形成跨学科视野，基于跨学科视野最终形成跨学科思维，进而迁移运用，解决其他领域的跨学科问题。

知识：主要考虑哪些学科知识是必要的，以及如何理解学科间的知识。一般而言，高中学生不缺少学科知识储备，也不缺少学科学习经验，但缺少利用知识进行猜测和验证的机会。……要改变通常的分门别类的授课方式，在学科关联中将知识讲解出来，教师示范如何成为知识的搭桥者，学生学习如何联结知识。

视野：任何视野都有局限，而跨学科教学的出发点就是能够尽可能地拓宽学生的视野。在传统的学科教学惯性下，学生缺少将学科知识纳入问题解决视野的能力。类比拼搭积木的过程，每种类型的零件有很多，但是在拼搭的过程中如果"看不见"这些零件，也就看不见零件与零件拼接的可能性。如何在解决问题时将已有知识纳入视野,是达成目标的关键环节。改变单科学习视野窄化的现状,让学生形成跨学科视野,需要加强关联性练习和创造性问题解决的训练。

思维: 跨学科思维是下意识地克服单科思维并进行整合的认知能力,即能够迅速创建学科关联,形成整合式的理解和表达。就像钢琴和弦音一样,"诗乐舞"跨学科主题教学的最终目的并不是形成语文、音乐和舞蹈三门学科的跨学科知识或者技能,而是形成支持学生终身学习的跨学科思维,让每一门学科的知识不再独立存在,而是以立体网格的形式存在。为此,跨学科主题教学要打破单一的学科本位,将各学科知识综合起来,突破"诗乐舞"对应的语文、音乐、舞蹈三门学科各自的局限,改变单一的线性思考模式,从纵向和横向两个维度去思考问题,用多维的知识量和多元的思维打破传统,产生具有创造性的成果。

		专属目标
知识	积累学科知识	收集和整理与诗、乐、舞相关的文献;收集并分析与诗、乐、舞相关的艺术作品;运用不同角度的文献资料证实自己关于诗、乐、舞的观点
	搭建知识框架	明确先秦诗词、古代音乐和古典舞在各自领域中的文化属性;了解影响艺术创作的主要因素并能够应用;掌握古典诗词、古代音乐和古典舞的表现特点;有对诗、乐、舞创作的构思、想法
视野	制定解决方案	能够解决团队合作中的问题;规划出合理的环节节点;形成一系列真实有效的解决方案
	进行文化解读	进行有价值的文化解读,发现中国传统文化中关于文艺的民族智慧;在对传统文化进行学习时能够关注当下,找到弘扬传统文化的方法
思维	进行多元表达	丰盈内在感知,进而建构多种表达途径;尝试进行多元化表达;优化表达方式和呈现形式
	尝试跨学科整合	具有跨学科整合的视野和思维;不仅能够整合语文、音乐、舞蹈三门学科的关键知识要素,还能融合更多学科和技能;掌握跨学科知识,形成跨学科能力和跨学科思维

续表

通用目标		
合作	团队合作	发现自己擅长和不擅长的领域，知晓自己在团队合作中的角色和行为，并根据实际情况及时做出反应和调整；在团队合作中能够进行有效沟通，胜任团队协作者或团队领导角色
创作	创作能力	对原有艺术作品进行改编；对诗词进行改编填词以适应作品表达；有创新艺术作品的自信和勇气；在颠覆传统的表达结构时能发现新的表现力量
技能	艺术技艺	能够客观评估自己的艺术水平；能将已有的技能在合适的地方用合适的方式展示出来；具有提升艺术技能的意识和积极性，并找到提升的方法和途径
技术	信息技术	借助数字技术呈现艺术创想，畅想数字技术可能实现的作品效果

　　这个案例，以专属目标和通用目标进行跨学科主题学习目标的分类表述。专属目标对应具体的、与跨学科主题学习相关的活动实施，即操作意义上的目标表述，而通用目标则对应新课标中的核心素养导向，将所跨学科的核心素养表现渗透其中，作为价值层面的引导。前者是为了让跨学科主题学习更具真实性与可操作性，让教师在日常教学过程中把握跨学科主题学习的进展阶段。后者则为跨学科主题学习建立基本规则，不让跨学科主题学习变成由教师主导或由学生兴趣决定的随意活动，为"专属目标"提供价值取向上的限定。

　　整体而言，跨学科主题学习目标的设计要紧扣素养导向这一主线。在"双基"层面，学习目标的制定要以具体学科的知识和技能为基础，以学科学习方式和过程为支撑，以此促进学生核心观念的建构和对大概念的理解。在思维层面，要强调学生通过体验、认识及内化等过程逐步形成相对稳定的思考问题和解决问题的思维方法。在"高阶素养"层面，目标设计要强调学生在探究实践和创新创造过程中运用多学科知识创造性地解决劣构问题[1]和完成复杂任务。

---

[1] 劣构问题，也称定义不完整的问题，是指具有多种解决方法、解决途径和少量确定性条件的问题。

总之，跨学科主题学习目标要以课程要培养的核心素养为纲，将"三有"（有理想、有本领、有担当）素质要求转化为不同层次的具体学习目标，从而保证学生在跨学科主题学习中逐步形成适应个人终身发展和社会发展所需要的正确价值观、必备品格和关键能力。[1]

本讲小结

跨学科主题学习目标的确定能引领跨学科主题学习活动，也能为评价提供参照。要确定跨学科主题学习的目标，首先需要以学生核心素养发展、跨学科主题学习中的任务、现实学情作为目标设计的依据；其次要把握跨学科主题学习目标的基本要点，使所设计的目标能够反映真实情境、指导活动开展、承载学科知识、预测学习表现；最后要通过合理有效的表述方式来呈现目标，在基本要素与基本语式的规范下，做好目标间的有效衔接，明确目标背后的价值取向。

思考题

1. 你认为本讲中提到的确定跨学科主题学习目标的依据是否完整？结合自己的实践，你还能补充哪些依据？
2. 请选择一个具体的跨学科主题学习案例，分析其目标是否符合本讲所述的基本要点，若不完善该如何进行调整。
3. 请你根据目标表述的基本要素和基本语式，检验或修正已有的跨学科主题学习案例的目标表述。

---

[1] 吴刚平. 有理想、有本领、有担当：义务教育培养目标解读［J］. 全球教育展望，2022（5）：3-13.

第六讲 跨学科主题学习的任务设计

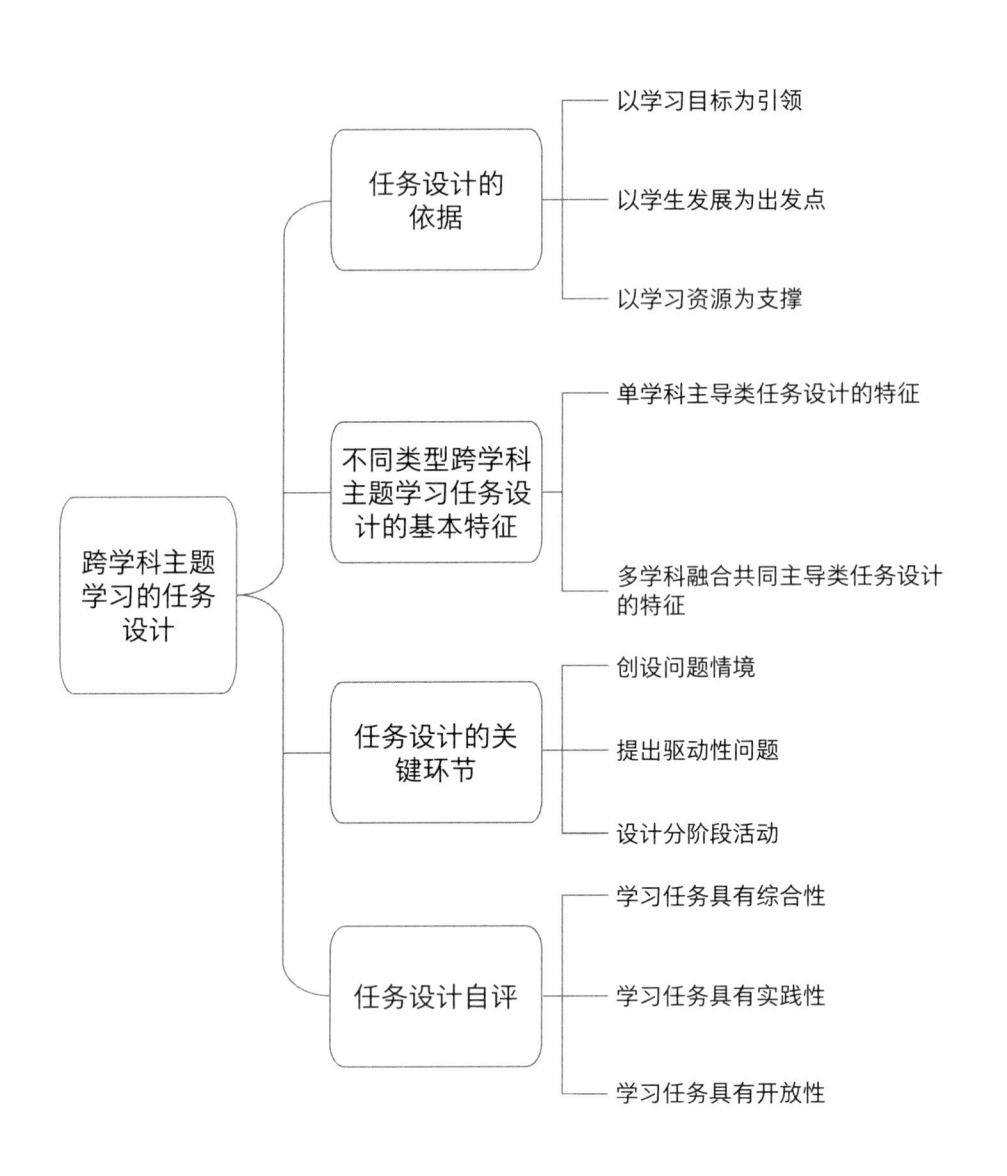

```
跨学科主题学习的任务设计
├── 任务设计的依据
│   ├── 以学习目标为引领
│   ├── 以学生发展为出发点
│   └── 以学习资源为支撑
├── 不同类型跨学科主题学习任务设计的基本特征
│   ├── 单学科主导类任务设计的特征
│   └── 多学科融合共同主导类任务设计的特征
├── 任务设计的关键环节
│   ├── 创设问题情境
│   ├── 提出驱动性问题
│   └── 设计分阶段活动
└── 任务设计自评
    ├── 学习任务具有综合性
    ├── 学习任务具有实践性
    └── 学习任务具有开放性
```

在跨学科主题学习的任务设计部分，教师通常会遇到这样一些问题：在确定了跨学科主题学习的主题和目标之后，如何设计适宜的学习任务以承载主题、实现目标？跨学科主题学习的任务有哪些形式？跨学科主题学习的任务是如何整合学科内容的？如何在任务设计中兼顾学生需要掌握的知识、方法和学生的经验、兴趣？怎么判断所设计的跨学科主题学习任务的优劣？……要解决这些问题，教师需要掌握跨学科主题学习任务设计的思想和方法，根据跨学科主题学习的需要不断调整自己对学习任务的理解和设计。

一、任务设计的依据

当教师开始进行跨学科主题学习的任务设计时，应该已经完成了学习主题的选择和学习目标的确定，此时需要好的学习任务来落实跨学科主题学习的目标，使抽象的目标丰满起来，让学生通过在实际情境和真实问题中学习与运用跨学科的知识和方法，感悟学科知识之间、学科知识和社会生活之间的联系，发展学生分析和解决问题的综合能力与实践能力。

那么，跨学科主题学习的任务应该从哪里来？从已有的研究和实践来看，设计任务主要的依据包括三个方面。（见下页图6-1）

（一）以学习目标为引领

跨学科主题学习的目标，即围绕选定的跨学科主题所设计的预期学习结果，是设计学习任务的重要引领。不同的学习目标，要求设计不同的学习任务（包括学习的内容、学习的形式和方法等），通过具体任务来实现预期学习结果。

当学习目标主要是让学生学习和理解特定的知识时，即对于"利用跨学科主题来学习知识"这一类型的跨学科主题学习，学习任务可以有引导的发现学

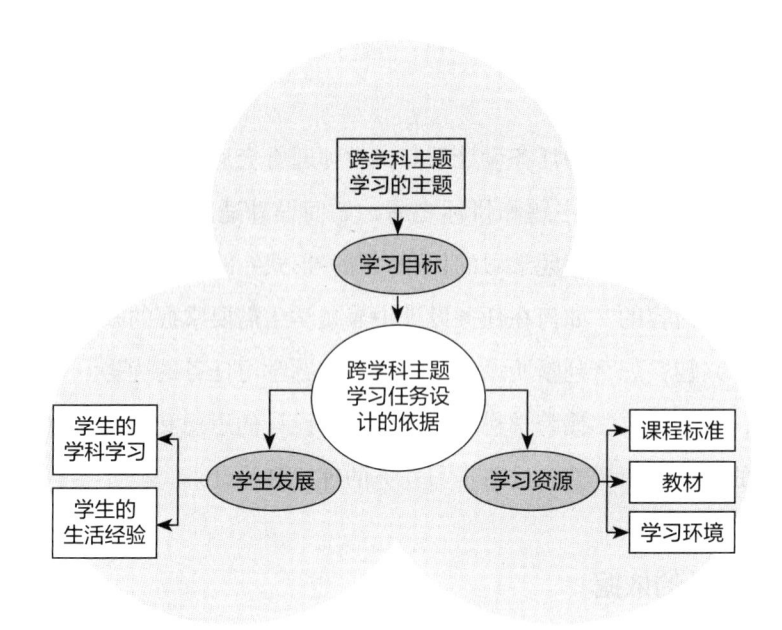

图6-1 设计跨学科主题学习任务的主要依据

习为主。如2022年版义务教育数学课标中的综合与实践主题活动"如何表达具有相反意义的量"就属于这一类，其学习目标是"了解负数"，教师在设计学习任务时就要考虑如何支持学生探索和发现规律，引导学生通过对多个事例（如温度、海拔等）的归纳、比较，体会负数可以表达与正数相反意义的量，进一步发展数感。

当学习目标主要是应用所学知识解决现实问题时，即对于"运用知识以解决复杂问题"这一类型的跨学科主题学习，学习任务可以项目化学习为主。如2022年版义务教育物理课标中的跨学科实践案例"节能环保小屋的设计和模型制作"就属于这一类，其学习目标是"……探讨利用可再生能源的途径和方法，完成节能环保小屋模型的制作。……用物理和跨学科的思维分析与解决问题，了解科学、技术、社会、环境之间的关系，树立促进可持续发展的责任感，践行人与自然的和谐共生"。教师在设计学习任务时要考虑如何支持学生经历分析问题、解决问题的过程，包括引导学生设计并讨论制作方案、完成制作以及展示和交流等。

综上，以跨学科主题学习的目标为引领，教师可以明确任务设计的基本思路，选择适宜的任务，将目标转化落实到具体的任务中。当然，在一些跨学科主题学习中，学习任务并非只有一种类型，当学习目标包括了多个子目标，而不同的子目标又指向不同类型的学习任务时，整个跨学科主题学习的开展就需要将不同类型的学习任务整合在一起。

（二）以学生发展为出发点

跨学科主题学习是基于学生的基础、经验和兴趣开展的综合性、实践性学习，设计学习任务时必须考虑学生在知识和方法方面的已有基础和在跨学科学习中可能会有的进阶发展以及可能会遇到的学习障碍，考虑学生的生活经验和探索兴趣等。在这个意义上，学生发展是学习任务设计的出发点。

学情分析可以帮助确定学生学习的起始状态。不同于通常的学科学习中的学情分析，跨学科主题学习的学情分析有如下特点。

1. 学情分析的学科视角不同

单学科学习的学情分析，主要在于了解学生对本学科课程内容的掌握情况；而跨学科主题学习中的学情分析，不仅要分析学生对本学科课程内容的掌握情况，还要分析学生对于这一跨学科主题所关联的其他学科的知识、技能等方面的已有基础和进一步学习的需要。

如在三帆中学七年级开展的"水与生活"这一跨学科主题学习中，地理教师要从地理学科的角度分析学生已经具备的知识和能力有哪些，同时还要明确学生对水旱灾害的认识存在哪些不足（如对植物在缓解水旱灾害方面的作用认识不足）、需要借助哪些学科来学习相关的内容等。一起开展这一跨学科主题学习的生物学、化学学科的教师同样要做类似的学情分析，最后由三个学科联合来开展跨学科主题学习。

2. 学情分析的关注重点不同

单学科学习的学情分析，更多的是关注学生对学习内容有哪些了解、认识存在哪些误区；而跨学科主题学习的学情分析，则需要更多地了解学生的相关生活经验以及学习兴趣。

如在"水与生活"这一跨学科主题学习中，教师让学生先说一说他们经历过哪些水旱灾害，问学生想了解什么。教师提前预设关于水旱灾害的重要话题，比如：为什么会发生水旱灾害？应该怎么预防？遇到水旱灾害应该怎么做？这些预设既以学习内容为基础，又包含了对学生基础、经验和兴趣的考虑。了解学生的经验和兴趣并将其融入任务设计中，可以更好地契合学生的需要、激发学生的积极性。

需要注意的是，与单学科学习中的学情分析相同，学生已具备的知识和能力是学习成败的关键。因此，必须了解学生在所学内容方面的水平和能力，并据此进行任务设计。跨学科主题学习中的一些任务具有较大的开放性，如果开放性超过了学生的能力水平，学生就会不知所措，甚至产生抗拒心理。因此，要结合学生实际的能力发展情况来对学习任务进行调整，如从完全开放走向半开放等，使学生所面临的任务具有针对性。

综上，学情分析是设计跨学科主题学习任务的重要依据，可以根据需要进行问卷调查、学生访谈等来了解学生各方面的情况，通过任务设计高质量地回应学生的需求，由此提高学生的参与度，更好地促进学生的学习。

（三）以学习资源为支撑

跨学科主题学习的资源是跨学科主题学习可利用的所有物质和人力条件，是决定学习目标能否有效达成、学习活动能否顺利开展的重要因素。与传统的学科学习相比，跨学科主题学习的内容更为灵活，方法更为多样，在学习资源方面需要获得相应的保障和支持。

具体来讲，跨学科主题学习的资源主要包括以下几个方面。

1. 课程标准中的资源

如何从学科中寻找合适的内容、设计相应的任务来开展跨学科主题学习？课程标准是教师在设计跨学科主题学习任务时的重要依据。

不同学科的课程标准都为跨学科主题学习提供了一定的任务设计资源。例如，2022年版义务教育物理课标不仅在课程内容部分专门列出了跨学科实践板块，指出"一级主题'跨学科实践'包含'物理学与日常生活''物理学与工程实践''物理学与社会发展'三个二级主题"，并对相应的内容要求、学业要求和教学提示（包括教学策略建议、情境素材建议）进行了描述，如与工程实践相关的素材包括"举办关于我国古代科技发明的作品展览；举办'简易滑翔机制作比赛'，让学生利用所学知识分析原理、绘制设计图、选用材料、制作样机，进行比赛；了解水火箭的原理、结构、材料等，小组合作设计并制作简单的水火箭"；最后在附录中还给出了具体的跨学科实践案例，如"人体中的杠杆"。再如，2022年版义务教育语文课标也对"跨学科学习任务群"进行了描述，并给出了不同学段的具体学习内容以及相应的教学提示。

在进行任务设计时，教师可以参考课程标准给出的活动和情境建议，从中选择相应的问题情境并设计系列任务；也可以结合课程标准提供的"内容要求"，充分挖掘本地区的资源来进行自主设计；还可以参考课程标准中所列的教学思路和实施建议设计具体的任务。虽然课程标准中提供的一些活动资源可能较为笼统，具体如何开展活动还需要教师进一步设计，但这些资源能够为教师在海量素材中快速聚焦提供重要的支持。

2. 教材中的资源

经教育部审定通过的教材是最基础、最核心的学习资源，跨学科主题学习的任务设计可从现有教材中去挖掘资源。例如，在北京市朝阳区呼家楼中心小学的跨学科主题学习"迷你小菜园"[①]中，教师就参考了人教版数学教材三年级下册的内容"我们的校园"，设计了"让校园空地焕发生机"的学习任务，将数学和多个学科结合进行了拓展性任务设计。例如，在引导学生寻找适宜种植的蔬菜时将数学和科学相结合，在引导学生为菜园设计木栅栏时将数学和美术相结合，等等。虽然目前还没有专门的跨学科主题学习的教材，但有些学科的教材提供了一些主题活动的素材，教师可以据此来进行拓展性的任务设计。

3. 学习环境中的资源

跨学科主题学习活动的开展离不开学习环境的支持，学习环境以及环境中所蕴含的资源是设计跨学科主题学习任务的重要依据。

学习环境中的资源包括有形的资源和无形的资源。前者如校内的实验资源、学习器材、图书资料以及校外的各种博物馆、养殖场、公园等；后者如校内的学习气氛、合作关系以及校外的社会生活经验等。在设计跨学科主题学习任务时，既要充分了解学习环境所能提供的支持条件，还要主动挖掘和利用环境所能提供的资源。

例如，上海市奉贤区五四学校组织开展的跨学科主题学习"植物标牌"[②]，就是缘于该校地处上海海湾国家森林公园东侧，自然生态资源极其丰富，同时学校还是上海市花园单位，校园里种植了各种各样的植物。学校充分利用这一环境资源，立足生物学科，并联合劳动、数学等学科，设计了为植物制作标牌这个跨学科主题学习任务。

再如，新冠疫情是真实社会事件，浙江省杭州市上城区小学数学教师团队在疫情中捕捉到了鲜活的教育素材和丰富的数学信息，积极组建疫情资源库，将抗疫素材转化为跨学科主题学习的资源。基于疫情资源库，上城区教育学院开展了小学五年级项目化学习"疫情中的'数'与'形'"，邵虹、黄建两位老师设计了

[①] 整理自第三届国际课程、教学与教材研究大会，北京，2022年11月21—23日。
[②] 整理自"跨学科主题学习学术交流会暨首届跨学科课程设计大赛"的案例展示活动，华东师范大学主办，2022年12月24—25日。

以数学学科为主体，联合信息科技、艺术等学科的跨学科主题学习任务。[①]

综上，设计跨学科主题学习任务，要考虑运用丰富多样的资源为学生搭建多维度平台，提供多样化学习途径。学习资源的可获取度、丰富度是跨学科主题学习任务设计的重要依据。

二、任务设计的流程

设计跨学科主题学习任务的具体流程是什么？不同类型的跨学科主题学习在任务设计流程上有所不同，因此，首先要了解不同类型跨学科主题学习任务设计的基本特征。

（一）不同类型跨学科主题学习任务设计的基本特征

如第二讲所言，对跨学科主题学习的分类可以从两个维度进行，对于根据知识的功能定位划分形成的两类跨学科主题学习（"运用知识以解决复杂问题"与"利用跨学科主题来学习知识"），在前文"以学习目标为引领"部分已对它们的任务设计特征进行了讨论；对于根据主导学科的多寡划分形成的两类跨学科主题学习（"单学科主导的跨学科主题学习"与"多学科融合共同主导的跨学科主题学习"），因为任务设计的立足点不同，所以在整体设计上也有着显著不同的特征。下文结合案例对这两类跨学科主题学习任务设计的基本特征进行分析和描述。

1. 单学科主导的跨学科主题学习的任务设计

这类跨学科主题学习以本学科课程内容为主，运用并整合其他学科的相关知识和思想方法来开展综合实践学习。在设计这类跨学科主题学习的任务时，要聚焦本学科的学习内容，使学习任务围绕本学科的学习内容层层推进。

---

① 该案例由浙江省教研室教研员斯苗儿提供。

例如，前文所提到的物理课标中的案例"人体中的杠杆"就是单学科主导的跨学科主题学习。它基于杠杆这一物理学科的概念，联合生物学学科，引导学生体会身体运动中蕴含的物理学知识。采用的学习流程是：（1）选择人在活动或劳动中的典型事例并引入杠杆概念；（2）通过对生活中常见的多种杠杆的共同属性的概括，构建杠杆的物理模型；（3）通过实验探究，归纳杠杆的平衡条件；（4）从杠杆的视角研究人或动物的关节、骨、骨骼肌并分析它们的功能。可以看出，该主题学习的任务设计聚焦杠杆这一概念，学习任务围绕杠杆概念层层推进。

再如，学军小学的跨学科主题学习"校园清凉地数据地图"也是单学科主导的跨学科主题学习。它基于"用数据说话"这一数学理念，联合地理学科，引导学生通过数据收集与分析来观察、理解并精确地刻画我们周围的世界。从其采用的流程（见图6-2）可以看出，其任务设计聚焦数据这一概念，学习任务层层推进。

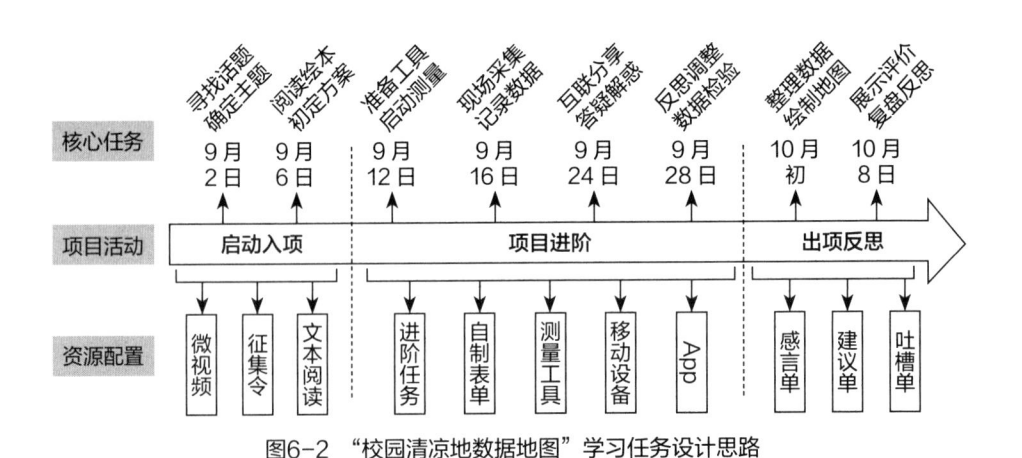

核心任务	寻找话题 确定主题 9月2日	阅读绘本 初定方案 9月6日	准备工具 启动测量 9月12日	现场采集 记录数据 9月16日	互联分享 答疑解惑 9月24日	反思调整 数据检验 9月28日	整理数据 绘制地图 10月初	展示评价 复盘反思 10月8日
项目活动	启动入项		项目进阶				出项反思	
资源配置	微视频	征集令	文本阅读	进阶任务	自制表单	测量工具	移动设备	App	感言单	建议单	吐槽单

图6-2 "校园清凉地数据地图"学习任务设计思路

又如，杭州市保俶塔申花实验学校七年级开展的跨学科主题学习"争做国宝守护人，回溯民族交融情"[1]也是单学科主导的跨学科主题学习。它基于"民

---

[1] 该案例由杭州市学军小学袁晓萍老师提供，后面不再标注。

族交融的历史"这一历史学科的课程内容，联合语文、艺术等学科，引导学生以国宝守护人的身份深入理解文物背后民族交融的历史，并生动而严谨地讲述国宝的历史。从其采用的流程（见图6-3）可以看出，学习任务同样围绕核心的课程内容层层推进。

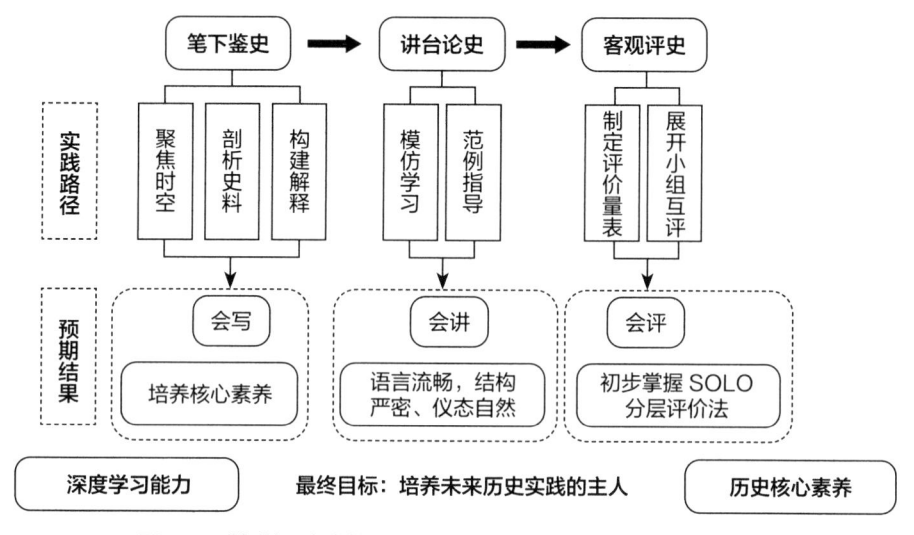

图6-3 "争做国宝守护人，回溯民族交融情"学习任务设计思路

综合上述三个案例可以看出，虽然单学科主导的跨学科主题学习在设计任务时会有不同的形式，但其共同特征是围绕主导学科的核心内容展开，将其他学科的知识和方法融入学习任务是为了支持和促进主导学科核心内容的学习，不会影响主导学科的核心内容在系列学习任务中的中心地位。

2. 多学科融合共同主导的跨学科主题学习的任务设计

这类跨学科主题学习以培养多个学科的共通素养为目标，提炼不同学科共通的课程内容，如跨学科大概念或大观念，并从不同学科的视角聚焦这一共通的大概念或大观念。在设计这类跨学科主题学习的任务时，要使从不同学科视角出发的任务呈网状分布，使学生通过综合学习和运用多个学科、多个领域的相关知识和思想方法，对共通的课程内容形成更具整体性的、更为深入的理解。

例如，2022年版地理课标中给出的跨学科主题学习"探访'地球之肾'——湿地"就是多学科融合共同主导的跨学科主题学习。湿地公园是初中地理、生物学、数学、信息科技、体育与健康、艺术等多门课程的教学资源，在设计这一主题的学习任务时，可遵循图6-4所示的思路。

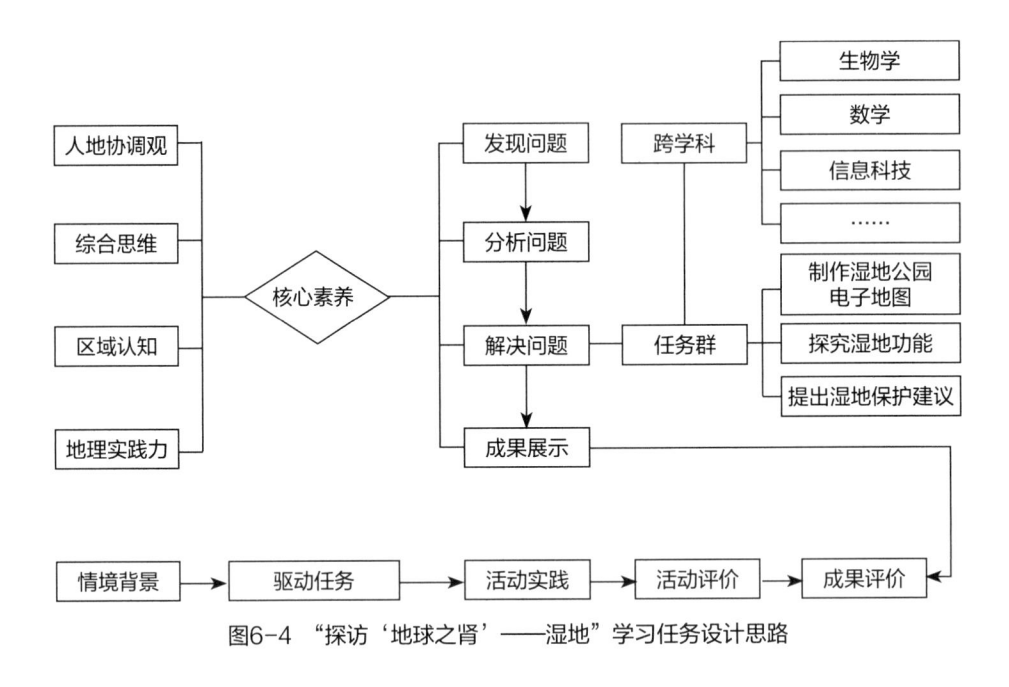

图6-4 "探访'地球之肾'——湿地"学习任务设计思路

在这一跨学科主题学习中，任务设计的特点是从不同的学科视角聚焦共通的课程内容，即湿地与人类活动的关系，并从不同的学科视角出发联合其他学科设计相应的任务，如从地理学科出发联合信息科技学科设计了"制作湿地公园电子地图"的任务，从生物学学科出发联合地理学科设计了"探究湿地功能"的任务，不同任务呈网状相互关联在一起。

再如，北师大二附中高中部、北师大二附中未来科技城学校和北京景山学校联合开展的"诗乐舞"跨学科主题学习也是多学科融合共同主导的跨学科主题学习。这一主题学习基于文学、音乐和舞蹈三个学科的共通素养设计了学习任务，设计思路见表6-1。

表6-1 "诗乐舞"学习任务设计思路

阶段与课时	内容	授课形式
第一阶段 入门 8课时	了解跨学科学习与研究诗、乐、舞的视角	合
	《诗经》的特点和价值	分
	古代音乐的美学特点、创作技巧	分
	古典舞的身体文化、动作来源	分
第二阶段 探究 12课时	选取《诗经》中的一首诗进行深入研究,开展系统的文本分析	分—合
	围绕文本进行音乐构思,通过创作并完成录音样带,深入了解古代音乐特点	分—合
	围绕文本进行舞蹈构思,通过初步模仿和设计舞姿与动作片段,深入了解古典舞的特点	分—合
第三阶段 创编 44课时	写出作品设计文案	分/合
	完成音乐的作词和作曲工作	分
	基于文本和音乐进行编舞,在编舞过程中根据实际需要修改音乐	合
	创编过程中关注传统艺术与当代艺术的价值关联,调整完善作品	分/合
	对舞台、服装、道具、造型等进行设计	分/合
第四阶段 呈现 8课时	舞台表演展示	合
	形成学业报告	合
	专家、教师反馈,与他校学生交流讨论	合

说明:分,指单一学科实施教学;合,指2—3个学科联合实施教学;分—合,指先单一再融合;分/合,指可根据学生实际需求随时调整,或分或合。

这一跨学科主题学习同样是基于跨学科大概念,结合不同的学科设计了相应的学习任务。例如,在探究阶段,对《诗经》文本进行研究,是先立足语文学科开展探究再与其他学科进行融合;对古代音乐进行研究,是先立足音乐学科开展探究再与其他学科进行融合；对古典舞进行研究，是先立足舞蹈学科开展探究再与其他学科进行融合。在呈现阶段，则是将三个学科的知识、思想和方法整合在一起进行舞台表演，不同任务呈网状相互关联在一起。

又如，三帆中学七年级开展的"水与生活"跨学科主题学习也是多学科融合共同主导的跨学科主题学习。这一主题学习的开展以地理、生物学和化学三个学科的共通素养为目标，老师们通过分析三个学科的课程标准，提炼出两个重要概念"水旱灾害"和"水资源"，并基于跨学科大概念"人水和谐"设计了学习任务。任务设计思路见表6-2。

表6-2 "水与生活"学习任务设计思路

授课形式	课时	主要内容
合	第一课时：我能提出问题	创设情境，提出问题
	第二课时：我能设计实验	明确研究课题，设计研究方案
分	第三课时：我会实地调查	开展地理调查活动，绘制平面图
	第四课时：我为植物代言	开展生物实验探究
	第五课时：我能野外生存	补充化学知识，动手操作化学实验
	第六课时：我能关注生活	开展化学实践和调查
合	第七课时：我能汇报和交流	交流汇报
	第八课时：我要追求"人水和谐"	设计并描述"人水和谐"的理想城市
	第九课时：我能评价和反思	纸笔测试和填写评价量表

这一跨学科主题学习同样是基于跨学科大概念，结合不同的学科设计了相应的学习任务。如"我会实地调查"这一任务，让学生从地理学科出发开展地理调查活动，绘制平面图；"我为植物代言"这一任务，让学生进行生物学学科的实验探究；"我能野外生存"这一任务，让学生动手操作化学实验，体验净水过程，学习净水原理；而"我要追求'人水和谐'"这一任务，则是让学

生综合运用地理、化学、生物学三个学科的知识和思想方法来设计和描述"人水和谐"的理想城市，不同的任务仍然是呈网状相互关联在一起。

综合上述案例可以看出，多学科融合共同主导的跨学科主题学习在设计任务上的特征是：围绕多学科共通的课程内容展开，从不同的学科视角出发设计的任务聚焦共通的大概念或大观念。具体去看某一项学习任务，它可能是一项小的"单学科主导的跨学科主题学习"，也可能是这一主题下的单一学科学习任务，不同任务呈网状分布，最终汇聚形成对这一共通大概念或大观念的多角度探讨和整体性认识。基于这种整体性认识，再去看每个学科时，学生就会有更深刻的理解，思考问题时不再局限于某个学科的框架，而能够在各个学科之间建立起丰富的连接。

（二）跨学科主题学习任务设计的关键环节

虽然不同类型的跨学科主题学习的任务设计有不同特征，但在一些关键环节上有共通性。因为跨学科主题学习围绕着主题，即"学生能够主动参与的、有情境的复杂问题"[1]展开，所以学习任务的设计其实就是围绕特定的主题来设计相应的问题情境以及学生能够主动参与的问题探究和问题解决活动。任务设计的关键环节主要包括创设问题情境、提出驱动性问题和设计分阶段活动，其中设计学生的分阶段活动又包括两个阶段，即引导学生设计和实施问题解决方案、引导学生交流和讨论学习成果。（见图6-5）

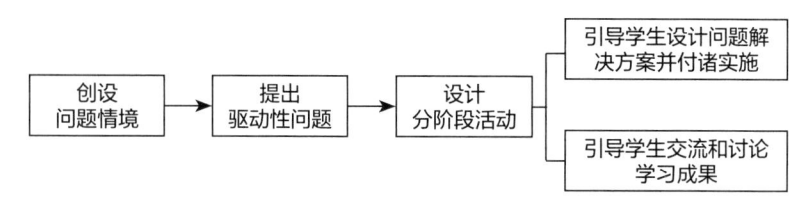

图6-5 设计跨学科主题学习任务的关键环节

---

[1] 郭华. 跨学科主题学习及其意义 [J]. 文教资料，2022（16）：22-26.

1. 创设问题情境

跨学科主题学习任务的设计，要特别关心如何兼顾课程内容和学生的生活经验、探索兴趣等。通过什么来吸引学生真正参与到当前的跨学科主题学习中来？答案是创设包含课程内容的、对学生有意义的问题情境。

问题情境具体应如何创设呢？

（1）对课程内容进行应用情境分析

在寻找与课程内容匹配的问题情境时，可以对课程内容的应用情境进行分析，如：所要学习的知识和思想方法可以同学校或社区需要解决的哪些问题联系起来，或者和哪些社会热点问题关联起来，再或者可以应用到哪些模拟情境或历史情境中。

例如，在三帆中学的跨学科主题学习"水与生活"中，教师在创设问题情境时，选取了热点话题"河南暴雨"以及北京的"水旱灾害"，通过视频和图片将学生带入水旱灾害这一和学生的生活密切相关的问题情境中。

为什么"水与生活"这一跨学科主题学习选择围绕河南暴雨以及北京的水旱灾害来创设问题情境？教师在这里采用的是"对课程内容进行应用情境分析"的路径，即确定了"水与生活"这一主题后，三位教师把三个学科课程标准当中和水相关的内容都列了出来（生物学：植物的蒸腾作用、植物对生物圈水循环的影响。地理：天气和气候的概念、大气降水、水旱灾害、水资源状况。化学：节约和保护水资源、水的净化原理），然后分析它们之间的内在联系并结合生活中的一些情境去思考，自然而然想到了从水旱灾害出发去寻找相关的情境。一旦确定了水旱灾害这一方向，进一步寻找相关情境案例时就会比较有指向性。在此基础上，老师们考虑到问题情境需要贴近学生的生活、能够引起学生的关注，所以最终选取了社会热点话题"河南暴雨"以及学生身边的北京水旱灾害这两个真实的情境。

由此可以看出，对课程内容进行应用情境分析，即先从课程内容要求入手来寻找方向，确定和课程内容相关的较为笼统的应用情境，再结合学生的经验基础和探索兴趣去聚焦所要使用的问题情境，能够使问题情境的创设同时兼顾课程内容和学生学习的基础、兴趣等。

（2）对真实情境进行学科内容分析

真实生活中有许多现象或问题可以为任务设计提供灵感，可以被转化为跨学科主题学习的问题情境。教师可以从学科视角出发对一些真实的现象或问题进行观察和思考，想一想这些真实的现象或问题与本学科中的哪些知识和能力相关，还与哪些学科相关。

例如，"争做国宝守护人，回溯民族交融情"是杭州市保俶塔申花实验学校七年级开展的跨学科主题学习。在进行问题情境创设时，张兑雨老师选取了中央电视台综艺节目《国家宝藏》的情境。首先播放《国家宝藏》的开幕音乐，然后主持人（教师）介绍本次需守护的三国两晋南北朝时期的国宝，引导学生欣赏文物的色彩、技艺并体会国宝背后蕴含着的那个时代人们的所思所想、所行所见，将学生带入国宝守护这个和社会生活密切相关的问题情境中。

为什么"争做国宝守护人，回溯民族交融情"这一跨学科主题学习选择参考央视综艺节目《国家宝藏》来创设问题情境？教师在这里采用的其实是"对真实情境进行学科内容分析"的路径。考虑到央视综艺节目《国家宝藏》大热，国宝守护人携文物穿梭时空并讲述一段段早已逝去却亘古隽永的国宝故事，能引起学生对国宝守护的关注和兴趣，教师便从学科视角去分析这一情境，思考其所关联的学科知识和方法，在这个过程中确定了从三国两晋南北朝时期的文物入手，引导学生成为国宝守护人，通过开展一系列跨学科主题学习活动来剖析文物背后民族交融的历史，同时在讲述历史中体会史学的严谨性和文学的感染力等。

从上述案例可以看出，对真实情境进行学科内容分析，首先要在社会生活中寻找那些贴近学生生活、能引起学生关注的现象或问题，并对社会现象或问题进行深入了解；其次，要从多个角度观察和思考这一情境，对其所包含的跨学科核心素养及蕴含的学科知识和能力进行分析，明确这一真实情境与哪些学科中的知识和能力密切相关、适合哪些学段、需要学生有什么基础等，由此使得问题情境的创设同时兼顾学生的兴趣、基础和课程内容。

采取"对真实情境进行学科内容分析"的路径来创设问题情境也会经历一个不断聚焦的过程。问题情境起初可能只是一个较为模糊的问题域，但通过确认其中所包含的跨学科知识和能力，能够进一步明确和聚焦问题情境，使其有助于学生在与情境互动的过程中进行知识的学习、应用以及意义建构。

综上所述，"对课程内容进行应用情境分析"和"对真实情境进行学科内容分析"，分别从不同的方向出发，去寻找所要学习的内容和学生的生活经验、兴趣之间的结合点，使所创设的问题情境不仅包含所要学习的课程内容，而且能够激活学生的生活经验、激发学生的探索兴趣，让学生能够参与真实问题的解决并体会到其意义。

对于通过上述路径创设的问题情境，教师还需通过自查来确定其是否具有以下特点，以便进行调整和完善。

①关联学生：这一情境可以让学生形成认知上的困惑或冲突，可以激发学生积极探索的动机，可以让学生提出许多有意义的问题。

②关联课程：这一情境可以让学生自己或在教师的引导下联想到相关的学科内容，并且想要学习更多内容，相信这些学习对他们、对更多的人会有非常重要的意义。

2. 提出驱动性问题

教师要根据学生已有的学科学习经验和社会生活经验，提出包含了本学科和相关学科核心内容且学生有兴趣去探索的驱动性问题。

驱动性问题具体应如何提出呢？

（1）基于本质问题来设计驱动性问题

本质问题是包含学科关键概念或跨学科大概念的问题，教师可以先从学科内容中提取出相关的本质问题，然后将其转化为可以激发学生积极性的驱动性问题，最初转化出来的驱动性问题可以是较为概括的，通过进一步调查学生的兴趣等将其进一步聚焦和调整为更合适的驱动性问题。

如在学军小学的跨学科主题学习"校园清凉地数据地图"中，袁晓萍老师基于本质问题提出概括的驱动性问题，然后通过调查学生的研究兴趣将其进一步聚焦为更合适的驱动性问题。

"校园清凉地数据地图"的驱动性问题设计

"校园清凉地数据地图"这一跨学科主题学习的本质问题是：（1）数学家是如何观察、理解并精确地刻画我们周围的世界的？（2）我们怎么做才能像数学家一样用数据而不是凭感觉来描述周围的世界？

将本质问题转化为概括的驱动性问题：

考虑到"校园数据地图"能够基于校园真实的生活环境，让学生提出自己感兴趣的、可实施的项目，学生可以通过"做项目"来引发对于学科核心概念的思考，关联数学、地理等学科的重要概念和能力，形成解决问题的思维与技能，由此确定驱动性问题。

> 生活中，你一定看到过不少地图，那你见过"校园数据地图"吗？"数据地图"，顾名思义就是"用数据说话"，**那么如何制作这张"用数据说话"的地图呢？你能用地图告诉别人什么信息呢？**
> 制作这张地图，你可能需要进行选题、规划、测量和大量地搜集数据，用数学化的方法来表达，更具说服力的数据地图一定可以让我们更好地做出决策！

然后，教师通过微视频和"征集令"向学生征集感兴趣的话题，让他们把眼光投向真实的校园生活，选择最感兴趣的、可以研究的热点，引导和帮助学生去发现问题。

通过话题收集和筛选，最终确定"校园清凉地数据地图——学校哪里最凉快"作为研究选题，即形成更为聚焦的驱动性问题。

校园数据地图"研究热力值"调查

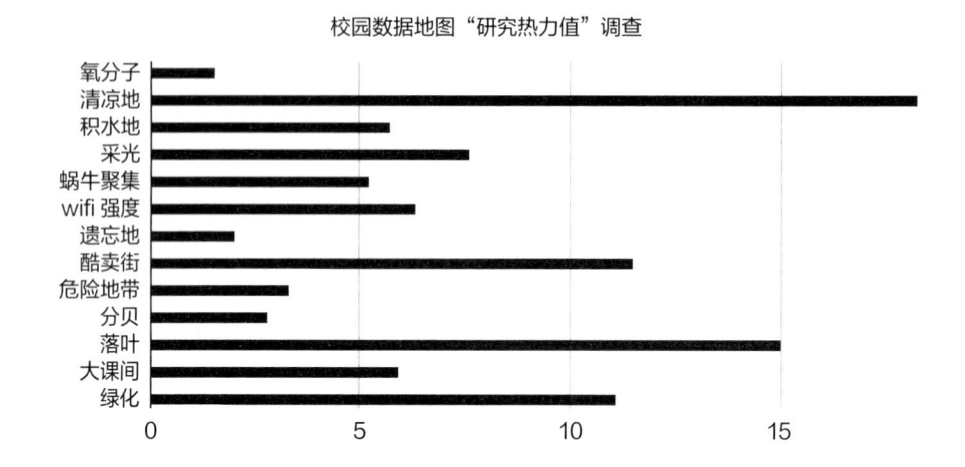

类别	值
氧分子	约1.5
清凉地	约16
积水地	约6
采光	约7.5
蜗牛聚集	约5
wifi强度	约6.5
遗忘地	约2
酷卖街	约11.5
危险地带	约3
分贝	约3
落叶	约15
大课间	约6
绿化	约11

如上可见，将本质问题转化为概括性的驱动性问题虽然是由教师自己完成的，但教师在转化时不仅要考虑如何关联学科的重要概念和方法、如何引发学生基于学科核心概念的思考，还要关注学生的基础和兴趣，如考虑到"校园数据地图"能够基于校园真实的生活环境，能让学生提出自己感兴趣的话题等。以概括性的驱动性问题为基础，教师进一步向学生征集感兴趣的话题，引导学生在真实的校园生活中发现感兴趣的、可以研究的问题，既要尊重学生的意愿，又要在学生诸多不同的研究兴趣之间进行协调，最后，根据调查和统计筛选出关注度最高的问题作为聚焦后的驱动性问题。可以说，"基于本质问题来设计驱动性问题"这一路径先确定的是学科的重要概念和方法在驱动性问题中的体现，然后再将学生的基础和兴趣结合到其中来，并最终确定具体的驱动性问题。

（2）基于学生提出的问题来设计驱动性问题

根据学生提出的问题来设计驱动性问题，能够让学生处于问题发现者的境遇中。无论他们关注的问题是关于校园内部的生活还是关于校园外部更广阔的世界，学生自己提出的都是他们愿意努力去解决的问题，而且提出和界定问题的能力对学生的发展也有着重要意义。教师可以通过头脑风暴的方式来收集学生的相关问题，然后从中选择和设计符合学习目标的驱动性问题。

学生所提出的问题可能非常发散，教师需要根据要学习和应用的学科内容来筛选出契合的问题并重新进行组织，将其设计为可以包含本学科和相关学科核心内容且学生愿意去解决的问题。如在跨学科主题学习"水与生活"中，教师就是先通过问卷调查来了解学生的兴趣，然后从中选出与所要学习的学科核心内容联系紧密的问题，并基于此设计出了驱动性问题。具体过程如下。

"水与生活"的驱动性问题设计

在"水与生活"这一跨学科主题学习中，为了基于问题情境提出有意义的驱动性问题，教师通过问卷调查引导学生思考和讨论：作为一名学生，你关心哪些与暴雨洪涝相关的问题？

> 问题一：作为一名学生，你关心哪些与"暴雨洪涝"相关的问题？
> 1. "暴雨洪涝"从何而来？如何发生？
> 2. 哪些地方是"暴雨洪涝"的频发区？
> 3. 被困在暴雨中如何自救？
> 4. 会不会引发其他自然灾害？
> 5. 可不可以用人为方式将雨云驱散？

通过对来自三个班的大约130名学生的问卷进行分析，发现学生特别关心的问题包括：如何减轻水旱灾害？自己的校园是否安全？如何获得干净的水？

在此基础上，教师根据要学习和应用的学科内容对这些问题进行了筛选和重新组织。驱动性问题被设计为：（1）如何避免水灾对人身安全的危害？（2）如何减轻水旱灾害？（3）如何提高水资源的利用率？（4）如何设计"人水和谐"的理想城市？

在上述案例中，从学生所提的问题中筛选出贴合学习内容的问题并重新组织和设计出驱动性问题其实是很难的。为了克服这些困难，教师会提前做预设，如根据课程内容提前考虑关于水旱灾害的重要话题有哪些，并根据平时的学科学习情况预测学生感兴趣的几大类问题，在心里形成一个驱动性问题的分析框架。通过调查，教师发现大部分学生感兴趣的问题可以被纳入预设的分析框架，即被归入预设的几类问题中。当然，如果学生的想法超出教师的预设，教师要分析这些想法与学习内容的关联程度，从而判断是否要将某个超出教师预设的学生想法变成学习任务的亮点。需要注意的是，形成预设需要结合学习内容和学生兴趣，是驱动性问题形成过程中的难点所在。这种"基于学生提出的问题来设计驱动性问题"的路径首先考虑的是学生的基础和兴趣在驱动性问题中的体现，然后再结合学科的重要概念和方法对这些问题进行分类，最终确定具体的驱动性问题。

通过上述路径提出驱动性问题之后，可以进一步检查所提的驱动性问题是否具有以下关键特征，是否是好的驱动性问题，并根据需要进行调整和完善。

①激发探究动机：驱动性问题是从情境中生发出来的，与学生的生活经验相关，对学生来说具有开放性且有意义，能够激发学生的好奇心和探究动机。

②激发学生的主动活动：驱动性问题具有一定的挑战性和复杂性，需要学生付出努力才能解决；但也不过于复杂，而是让学生觉得这些任务对自己而言是可以完成的，可以通过设计探究方案或问题解决方案并付诸实施来解决，不会因为问题过于复杂而直接放弃。

③促进课程学习：驱动性问题包含所学课程的重要内容，可以让学生理解课程内容和驱动性问题之间的关系，意识到自己已经掌握的知识和需要学习的知识是什么，有助于学生学习或应用不同的知识和思想方法。

3. 设计分阶段活动

设计分阶段活动，要求教师以驱动性问题的解决为线索，引导学生设计问题解决方案并付诸实施，然后交流和讨论学习成果。

分阶段活动具体应该怎么设计呢？

（1）引导学生设计问题解决方案并付诸实施

为引导学生提出合适的问题解决方案，教师需要在提出驱动性问题或预设驱动性问题时，对驱动性问题的解决所对应的学生活动做好预设，并为超出预设的问题做好准备。问题解决方案的设计不是一次完成的，教师需要和学生不断讨论并不断完善问题解决方案。

引导学生设计好问题解决方案之后，教师要为学生提供实施该方案所需的学习资源，包括为学生补充所需的知识，和学生讨论相关的探究方法如科学实验、现场观测、社会调查等，还包括为学生提供相应的任务表单、实验材料等工具，以保证有效的跨学科主题学习的发生。

例如，在"水与生活"这一跨学科主题学习中，老师们是这样引导学生设计问题解决方案并付诸实施的。

"水与生活"的问题解决方案设计及实施

在"水与生活"跨学科主题学习中，确定了驱动性问题后，学生针对问题的解决方案进行自由讨论，教师深入各个小组，通过指导或适当引导，拓宽学生思维的广度和深度。教师引导学生对提出的所有问题解决方案进行交流和整合，提炼出几个任务。接着，学生按组别选择自己最感兴趣的任务设计相应的解决方案。

这一跨学科主题学习的设计者之一邢老师指出，对于能力有限的初中生，教师在任务设计阶段就会预设一些相关的解决方案，通过与学生进行讨论来引导学生向着预设好的方案靠近。与此同时，教师也会将自己提出的一些方案和学生提出的方案放在一起，引导学生去思考哪些方案是可行的，支持学生选出他们感兴趣又能够实施的方案。

接下来，学生用4个课时的时间实施调查、进行实验探究，最终获得调查结果和实验结论。在这一过程中，教师适时给予相应支持，如针对"如何提高水资源的利用率"这个问题，教师补充了化学知识——水的净化原理，帮助学生利用生活中的物品自制简易净水器。

从上述案例可以看出，针对驱动性问题的解决方案的设计和实施，虽然是通过教师和学生的互动来完成的，但教师在任务设计阶段需要提前做好预设，包括方案设计和实施需要的时间、场地以及具体如何展开等，还要为一步步支持和引导学生做好准备，包括如何为学生补充他们需要了解的知识和方法、如何通过追问引导学生选择可行的方案等。

再如，在跨学科主题学习"争做国宝守护人，回溯民族交融情"中，教师是这样引导学生设计问题解决方案并付诸实施的。

"争做国宝守护人，回溯民族交融情"的问题解决方案设计及实施

在"争做国宝守护人，回溯民族交融情"跨学科主题学习活动中，学生根据自己的兴趣来选择想守护的国宝，选择相同国宝的学生组成一队。在分组之后，教师提供项目化学习进度表，学生根据范例自主拟定学习进程。

时间	任务	时间节点	完成情况
第一周	小组分工，讨论各个板块需要注意的事项	2020.8.16	
第二周	观看《国家宝藏》任意一期节目，观摩学习；搜集资料，尽可能多地搜集关于守护国宝的资料，在一周之内至少进行两次讨论	2020.8.23	
第三周	将所搜集的资料归类整理，小组成员每人撰写不少于800字的汇报稿，然后小组成员进行批改修订，形成最终汇报稿	2020.8.30	

在学生学习如何撰写关于国宝的汇报稿时，为了向学生提供应有的支持，教师从历史时空的描述、史料的剖析、历史解释的构建等方面与学生进行了讨论，通过对话来引导学生更深入地思考和理解这些重要内容。如关于史料的剖析，师生的讨论实录如下。

师：你们能把搜集到的史料分分类吗？

生1：史料中有很多文字，文字肯定是一类。

生2：是的，史料中还有很多图片，但这些图片不都是同一类型的。

师：是的，如何将这些图片归类呢？它们真的只是图片吗？

生3：有些图是为了反映历史面貌绘制出来的，有些图则是那个时代真实存在的事物的照片。

师：是的，有些是实物，有些就是文献。那么这些史料的可信程度相同吗？如果不同，怎么排序？

生1：出土文物最可信，文献史料得看是谁写的。比如一些历史书我觉得是不太可信的，因为它是今天的人编的，无法还原当时的历史。

生2：我觉得当时人经历当时事，写出来的东西肯定是比较可信的。

生3：我不同意，我觉得人一定会把自己的想法放到文字里。

师：很好，所以我们按照史料的可信度将其分为第一手史料和第二手史料。

……

撰写好关于国宝的汇报稿后，学生通过模仿进一步学习如何讲述国宝的历史：观看综艺节目《国家宝藏》中主持人和选手的讲演以及各个博物馆馆长对文物的介绍视频，总结其表达、仪态等演讲技巧……

从上述案例可以看出，针对驱动性问题的解决方案的设计和实施，可以通过提供范例和学习表单等来为学生的学习搭建脚手架，还可以让学生自己拟定学习进程。为了能够帮助学生在探究过程中形成对学科概念的深刻理解，教师也要为学生提供相应的支持。例如，追问就是非常重要的支持。教师在引导学生探索问题解决方案的过程中，常常通过追问来推动学生思考。正是在教师的不断追问中，学生不断理清自己的已知、发现自己的未知并找到问题解决的方向。

又如，在跨学科主题学习"校园清凉地数据地图"中，"选择工具、采集数据"阶段的任务设计见表6-3。

146　跨学科主题学习：是什么？怎么做？

表6-3 "选择工具、采集数据"阶段的任务设计

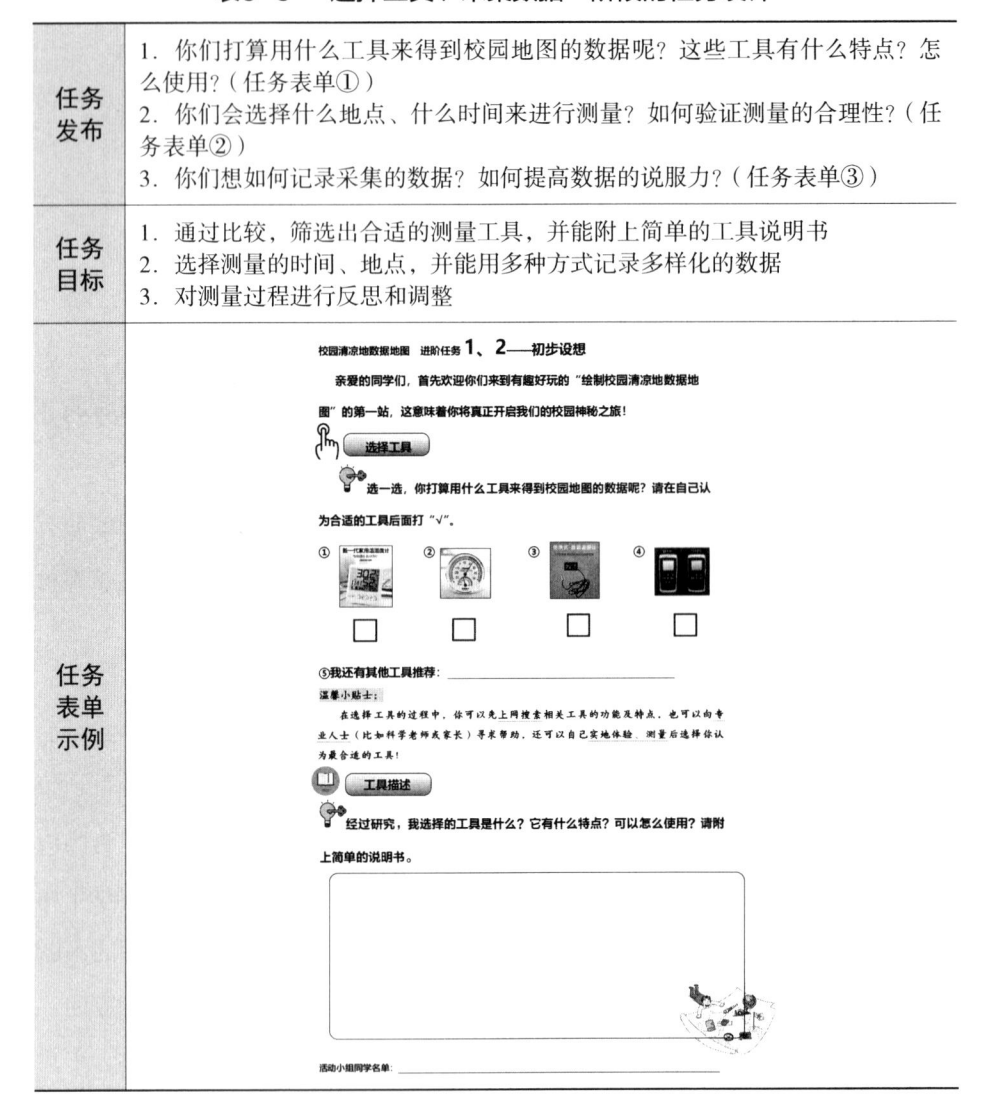

任务发布	1. 你们打算用什么工具来得到校园地图的数据呢？这些工具有什么特点？怎么使用？（任务表单①） 2. 你们会选择什么地点、什么时间来进行测量？如何验证测量的合理性？（任务表单②） 3. 你们想如何记录采集的数据？如何提高数据的说服力？（任务表单③）
任务目标	1. 通过比较，筛选出合适的测量工具，并能附上简单的工具说明书 2. 选择测量的时间、地点，并能用多种方式记录多样化的数据 3. 对测量过程进行反思和调整
任务表单示例	校园清凉地数据地图　进阶任务1、2——初步设想 亲爱的同学们，首先欢迎你们来到有趣好玩的"绘制校园清凉地数据地图"的第一站，这意味着你将真正开启我们的校园神秘之旅！ **选择工具** 选一选，你打算用什么工具来得到校园地图的数据呢？请在自己认为合适的工具后面打"√"。 ① ② ③ ④ □ □ □ □ ⑤我还有其他工具推荐：_____ 温馨小贴士： 在选择工具的过程中，你可以先上网搜查相关工具的功能及特点，也可以向专业人士（比如科学老师或家长）寻求帮助，还可以自己实地体验，测量后选择你认为最合适的工具！ **工具描述** 经过研究，我选择的工具是什么？它有什么特点？可以怎么使用？请附上简单的说明书。 活动小组同学名单：_____

从这一案例可以看出，针对驱动性问题，教师要引导学生将问题进一步细化，并让学生自主设计问题解决方案。为向学生提供所需要的支持，教师需要提前思考的问题包括：需要做哪些知识、方法、工具等的准备？需要收集哪些数据、资料？在过程中会遇到哪些困难？等等。教师要梳理学生可能有哪些学习路径，提供阶段性的半开放进阶任务表单，既为学生的探索提供多种可能

性，也引导学生在真实的任务和学科知识、技能、工具、思维等之间建立联系，保证学习的有效性。因此，教师需要提前设计好提供给学生的学习资源包。

综上所述，教师在引导学生设计问题解决方案并付诸实施时，要为学生的自主学习和探究提供空间，同时要为学生提供所需要的知识、方法、工具等方面的资源，以支持学生进行高质量的跨学科主题学习。

（2）引导学生交流和讨论学习成果

在设计了针对驱动性问题的解决方案并付诸实施后，教师要引导学生就学习过程及学习成果进行交流、讨论和总结，促进深度理解的生成。交流和讨论时，做好以下两方面是关键。

①不同小组之间的分享：因为跨学科主题学习具有综合性、复杂性，有时需要分解成多个子任务由学生分组完成，以便将认知负荷分散到不同小组身上，也有助于减轻学生的学习焦虑并增强学生的责任感。在这种情况下，每个小组只能看到"拼图"的一块，需要全体学生通过交流才能构建出一个完整的"拼图"，所以，需要每个小组对任务的完成过程进行汇报。教师要引导学生分享各自开展的活动、得到的结论，并帮助学生将其他小组的任务和自己小组的任务联系起来，促进学生对相关知识建构更系统的理解。

②提炼所学习的内容：在设计问题解决方案并付诸实施的过程中，学生更多地是在想如何做，而对支撑"如何做"的学科内容思考得不够充分。通过交流和讨论，让学生有机会对自己的活动过程和学习收获进行反思和总结。在学生汇报之后，教师要进一步进行总结和提升，明确地向学生描述这一跨学科主题学习所包含的学科的知识和思想方法是什么，以促进实现预期的学习结果。

"水与生活"的成果交流

在"水与生活"跨学科主题学习活动中，学生分组对他们的调查结果和实验报告进行了汇报。针对"如何避免水灾对人身安全的危害"这一问题，学生绘制了校园安全隐患分布地图，并向学校和同学们提出了防灾建议。针对"如何减轻水旱灾害"这一问题，学生设计了与植物相关的三个探究实验，并分组实施。针对"如何提高水资源的利用率"这一问题，学生现场展示了简易净水器的制作过程和净水效果……

通过汇报和交流，学生了解了其他小组的成果，形成了对人水和谐的整体认识。教师则进一步向学生明确地阐释了本主题活动的跨学科大观念——水是人类的重要资源，但有时也会带来灾害，我们可以借助科学原理，运用工程技术手段，减轻或避免灾害以及提高水资源的利用率。

这一案例的学习任务比较复杂，多个子任务就是由学生分组合作完成的，全体学生通过交流了解了其他小组的任务并在此基础上形成了对水旱灾害这一问题的整体性理解。教师不仅引导学生分享了各自得到的结论，如展示小组绘制的校园安全隐患分布地图以及为学校和同学提出防灾建议等，而且引导学生分享了活动的过程，如现场展示简易净水器的制作过程等。在不同小组进行分享之后，教师还进一步引导学生提炼了本主题的学习内容，通过向学生阐释本主题活动所聚焦的跨学科大观念来对学习进行总结和提升，促进学生的反思和总结，推动预期学习结果的实现。

三、任务设计自评

跨学科主题学习的任务设计完成后，如何判断所设计出来的学习任务好不好呢？教师在对所设计的学习任务进行自评或互评时，可以从哪些要点入手呢？考虑到跨学科主题学习的目的和意义、过程和方法等，当所设计的跨学科主题学习任务具有如下特征时，我们才可以说所设计的跨学科主题学习任务是好的。

（一）学习任务具有综合性

强化学科之间的内容整合以及课程内容与学生经验、社会生活的联系，是设计跨学科主题学习任务的一个重要目的，因此，好的跨学科主题学习任务需要具有综合性。

可以从正反两面来弄清楚这种综合性是什么、不是什么，具有综合性的学习任务是怎样的、不是怎样的。我们来看看下面哪种设计可以很好地体现跨学科主题学习任务的综合性。

〔设计1〕春天来了，语文、生物学两个学科的教师联合设计了以春天植物的变化为主题的跨学科主题学习任务。生物学教师带领学生去观察春天的植物，并结合生物学的内容向学生解释植物在春天的生长情况；语文教师让学生根据自己对春天植物变化的观察写一篇说明文，并和学生讨论刻画细节的方法……

〔设计2〕春天来了，语文、生物学两个学科的教师联合设计了以"感受春天"为主题的跨学科主题学习任务。生物学教师带领学生观察春天的植物，并结合生物学的内容向学生解释植物在春天的生长情况；语文教师带领学生学习与春天有关的诗词，引导学生书写自己眼中的春天……

不难看出，在设计1中，聚焦"春天植物的变化"这一主题，语文和生物学两个学科的教师从各自的学科视角出发设计了相应的学习任务，且将生物学的植物观察和语文的写作任务紧密关联在一起，通过让学生完成说明文写作这一任务使两个学科的知识和方法得以综合运用。在这个意义上，这一案例所设计的学习任务就具有很好的综合性。

在设计2中，几位教师联合设计学习任务，但没有形成真正意义上的整合。它借鉴了一些跨学科主题学习任务的具体开展形式而忽略了跨学科主题学习任务的设计逻辑，学习任务停留于不同学科的相关操练，最终使得学习任务的设计呈现拼盘式样貌，这样的学习任务就不具有综合性。

跨学科主题学习任务的综合性不是简单的学科知识或方法的拼盘，而是要克服单学科学习的不足，所设计的任务需要学生综合学习和运用多个学科、多个领域的相关知识和思想方法才能完成。学生会从中发展"整合性理解"[①]，而整合性理解需要学生在概念之间建立联系，在个人经验和学科与跨学科知识之间建立联系，从而有助于学生理解生活世界中的各种现象和问题。

教师在对自己或同事设计的跨学科主题学习任务进行自评或互评时，除了要看其是否具有综合性，还要考查这种综合性的程度。因为任务设计本身就是一个动态的过程，所以教师应在任务设计和完善的过程中不断调整学习任务的综合性程度，以使其适合学生完成跨学科主题学习。

（二）学习任务具有实践性

跨学科主题学习强调将学科知识与社会生活联系起来、聚焦真实问题的发现和解决，因此，好的跨学科主题学习任务还需要具有实践性。

可以先从正反两方面来弄清楚这种实践性是什么、不是什么，具有实践性的学习任务是怎样的、不是怎样的。我们来看看下面哪个设计可以很好地体现跨学科主题学习任务的实践性。

〔设计1〕在"'完美'的水杯"跨学科主题学习[②]中，教师通过视频展示生活中使用水杯时出现的小尴尬，引导学生发现问题：水杯不能竖直放入抽屉，放在桌面容易滚落或掉落；水杯太粗，单手握不住；水杯容量小，需要反复去接水……。教师将学生置于真实问题情境中，引导学生分析和思考适合本校学生的"完美"水杯需要满足的要素，并以要素分析为依据来设计"完美"的水杯，建构模型并测试修正等。

[①] 科瑞柴科，克泽尼亚克．中小学科学教学：项目式学习的方法与策略：第五版［M］．王磊，等译．北京：北京师范大学出版社，2021：34．
[②] 整理自杭州市保俶塔实验学校徐茜老师提供的案例《"形"致勃勃，完美生活——小学数学六下"'完美'的水杯"教学案例》。

〔设计2〕教师通过现场操作来说明3D打印技术的使用方法，向学生展示了制作一个水杯的完整过程，然后让学生基于对教师的观察学习，同样使用3D打印技术来制作一个水杯。在制作过程中，学生如果遇到什么操作方法上的问题，教师都会提供相应的帮助。

不难看出，在设计1中，教师引导学生把眼光投向真实的校园生活，引导学生去发现问题、分析如何解决问题，并让学生自主设计方案，且通过适时的反馈来为学生提供所需要的支持。在这种情况下，学生能够发挥自己的主动性来思考生活中的问题、解决生活中的问题，体验到改变现状的责任感。这一案例中的学习任务就具有很好的实践性。而在设计2中，学习任务依托3D打印技术，片面强调让学生动手操作特定的材料，忽视了学科知识内容与社会生活的联系，学生在这样的学习任务中并没有积极能动地将所学知识应用于现实世界，很大程度上仍是在机械被动地学习特定的技能，这样的跨学科主题学习任务就不具有实践性。

跨学科主题学习任务的实践性不是简单的"操作性"，要避免将实践性视为单纯的技能训练。教师可以这样来理解跨学科主题学习任务的实践性：强调实践性是要克服被动接受学习的不足，帮助学生体会人的实践力量。"将学习者当成被动的接受者，重在接受已成定论的知识，其结果是造成学生机械地学习，所学知识不能有效应用于现实世界……实践则通过人对世界施加本质力量，使事物随人的行动发生相应的改变，从而使人获得自身本质力量对世界的真实反馈，进而发展真实学力和真实能力。"[1]学生为自己能够发挥的主动力量感到振奋正是跨学科主题学习任务的实践性带来的重要意义，也是我们希望通过跨学科主题学习去带动学科学习发生改变的地方。

同样，教师在对自己或同事设计的跨学科主题学习任务进行自评或互评时，除了要看其是否具有实践性，还要考查这种实践性的程度。教师可以结合

---

[1] 余文森，龙安邦. 跨学科主题学习的时间艺术［J］. 福建教育，2022（40）：22-26.

具体情况来调整学习任务的实践性程度，以更好地促进学生发挥自身的能动性，促进学生对真实问题的发现和解决。

（三）学习任务具有开放性

跨学科主题学习任务具有一定的开放性和延伸性，减少对学生学习的限制使其可以发挥更多的创造性，是设计跨学科主题学习任务的另一个重要原则，因此，好的跨学科主题学习任务需要具有开放性。

可以先从正反两方面来弄清楚这种开放性是什么、不是什么，具有开放性的学习任务是怎样的和不是怎样的。我们来看看下面哪个方案的设计可以很好地体现跨学科主题学习任务的开放性。

〔设计1〕因为学校是历史名校，每年都有人在假期来参观。教师引导三年级学生为有不同需求的参观者设计一些有不同特色的校园参观路线。学生以小小设计师的身份开展了参观路线的需求调查、方案设计和优化等，在其中综合运用多学科知识并体验到了创造的过程。教师为学生的自主探究提供了结构化的支架，以提高学生解决问题的有效性。

〔设计2〕因为学校是历史名校，每年都有人在假期来参观。教师引导三年级学生为参观者设计一条校园参观最佳路线，并要求以大礼堂为起点和终点，必须包含所有的著名景点且路程最短。教师为学生提供了引导，学生在进行设计的过程中发现满足条件的路线只有一条，那也正是教师所说的最佳路线。

不难看出，在设计1中，教师支持学生自主设计问题解决方案，学生可以发挥自己的创造性去探索各种可能；且教师设计了结构化支架，既为学生的探索提供了多种可能性，也引导学生在真实的任务和学科知识与方法之间建立联系，保证学习的有效性，这一案例中的学习任务就具有很好的开放性。在设计2

中，教师也让学生自主设计问题解决方案，但对方案有着明确的要求且结果是确定的，学生没有机会进行主动的创造，且可能会因为害怕无法获得标准的结果而无法投入到探索的过程中，这样的跨学科主题学习任务就不具有开放性。

强调跨学科主题学习任务的开放性，是要克服对学习内容和方法的过多限制甚至是标准化所带来的不足，帮助学生在开放的学习中真正体会探索的过程并激发更多的创造性，"因为不确定，让学生有机会进入无限空间，一个偶然的想法或机遇就会出现一个更好的创意，给个体的主动创造提供更多机会……即便学生的主动创造可能是失败的、错误的，也是可贵的。错误和失败本身是学习过程的应有之义，是其重要内容"[1]。如此，学生不会因为没有得出标准的答案而沮丧，从而有可能真正促进学生的深度学习和素养提升。的确，跨学科主题学习的开放性也有一定的限度，但教师不可因为要保证学习质量就全方位地对学生的学习进行限制。教师要明确哪些地方可以包容多种可能性，并提供机会来激发学生的创造性；同时明确哪些地方要为学生提供引导和规范。

同样，教师在对自己或同事设计的跨学科主题学习任务进行自评或互评时，除了要看其是否具有开放性，还要考查这种开放性的程度。教师可以根据需要调整所设计的学习任务的开放性程度，以减少对学生学习的限制而使其可以发挥更多的创造性，同时在必要的地方为学生提供所需要的引导和规范，以支持学生进行高质量的跨学科主题学习。

本讲小结

要想设计出具有综合性、实践性和开放性的跨学科主题学习任务，教师要以学习目标为引领，以学生的学科学习和生活经验为依据，从课程标准、教材和学习环境中积极挖掘和利用所能找到的学习资源，并根据跨学科主题学习的

---

[1] 郭华. 跨学科主题学习及其意义 [J]. 文教资料, 2022（16）: 22-26.

不同类型来设计相应的学习任务。

通过阅读本讲的内容，你对跨学科主题学习的任务设计已经有所了解，可能跃跃欲试地想要设计自己的跨学科主题学习任务，或者借鉴其中的一些案例来实现自己的计划。这些相关的方法和优秀的案例确实可以帮助你，但与此同时你还要记得，在学习任务的设计中灵活性也是非常重要的。学习任务的设计有其可以借鉴的规律，但它同样是一门艺术，需要你发挥自己的能动性和创造性去更好地完成。

思考题

1. 请结合案例思考：跨学科主题学习任务设计的主要依据是什么？你会从哪些维度来分析这些依据？
2. 对于不同类型跨学科主题学习的任务设计的基本特征，你认为本讲的分析合理吗？你还想补充哪些观点？
3. 在跨学科主题学习的任务设计中，你认为有哪些关键环节？你会采用哪些方法来实现这些环节的设计目的？
4. 你怎么理解跨学科主题学习任务的综合性、实践性和开放性？请结合身边的案例来谈谈你的看法。

第七讲 跨学科主题学习的评价设计

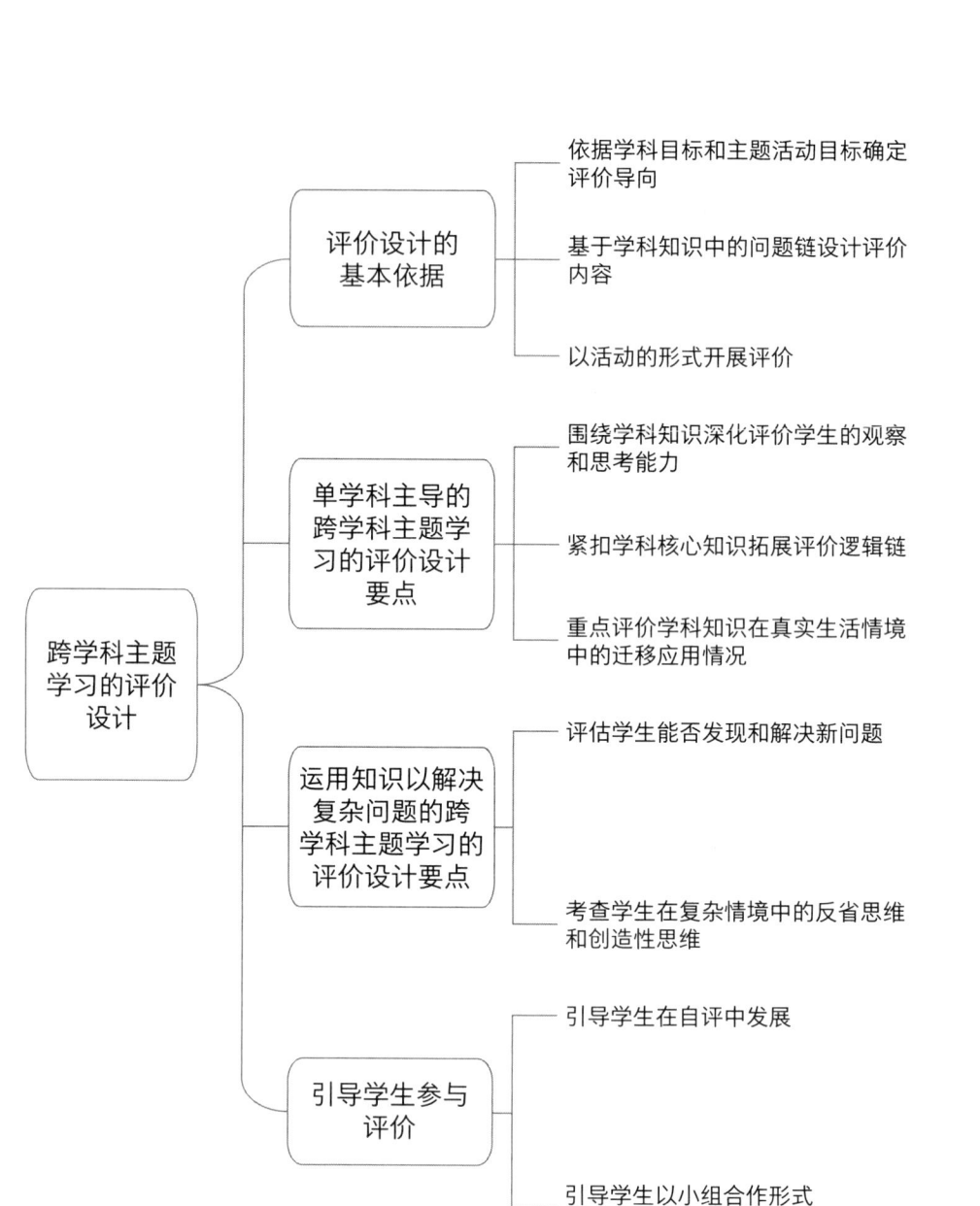

跨学科主题学习的评价设计

- **评价设计的基本依据**
  - 依据学科目标和主题活动目标确定评价导向
  - 基于学科知识中的问题链设计评价内容
  - 以活动的形式开展评价

- **单学科主导的跨学科主题学习的评价设计要点**
  - 围绕学科知识深化评价学生的观察和思考能力
  - 紧扣学科核心知识拓展评价逻辑链
  - 重点评价学科知识在真实生活情境中的迁移应用情况

- **运用知识以解决复杂问题的跨学科主题学习的评价设计要点**
  - 评估学生能否发现和解决新问题
  - 考查学生在复杂情境中的反省思维和创造性思维

- **引导学生参与评价**
  - 引导学生在自评中发展
  - 引导学生以小组合作形式参与评价

确立了主题、明晰了目标、设计好任务之后，跨学科主题学习还需要进行评价设计，以评估学生的发展水平以及教学目标、任务设计和组织实施的有效性。跨学科主题学习评价与一般教学评价的区别到底在哪里，如何将这些区别作为评价设计的依据？不同类型的跨学科主题学习评价设计的侧重点分别在哪里？如何通过设计让学生真正参与到评价中来？弄清楚这些问题是教师做好跨学科主题学习评价的关键。

一、评价设计的基本依据

评价是对事物是否有价值和价值大小进行判断的实践活动。判断是否有价值的依据和衡量价值大小的标准是评价的关键。具体到跨学科主题学习，就是我们要清楚地知道依据什么判断学生在跨学科主题学习中的表现。

跨学科主题学习的评价依据是在一般的学科教学评价基础上形成的。相较之下，跨学科主题学习比学科教学更强调评价内容在价值上的综合性、认识上的实践性和学生发展的进阶性。概言之，跨学科主题学习评价既要立足学科，又要高于学科。

（一）依据学科目标和主题活动目标确定评价导向

确定评价的基本价值导向是评价的第一步，跨学科主题学习的评价设计也不例外，只是相较于一般的教学评价，确立跨学科主题学习的评价导向需要考量的内容更多，关系也更为复杂。一方面，评价要立足所在学科的价值目标，考虑学科知识本身的价值及其核心素养价值内涵的转化；另一方面，要深入主题，挖掘活动的育人价值。最终要将两者协同融合起来，形成跨学科主题学习独特的评价导向。

1. 将学科知识价值与主题活动育人价值相结合

我们在前面谈到跨学科主题学习目标的特点时，强调跨学科主题学习目标一定要承载学科核心知识，以此作为学生探索、解决实际问题的驱动与支撑。这就需要教师将课标当中的知识价值挖掘出来，结合跨学科主题学习的形式转化为学生在活动中可感知、可体验的价值条目。

例如，三帆中学"水与生活"跨学科主题学习活动整合了地理、生物学和化学三个学科的学科目标，形成如下跨学科主题学习目标：通过跨学科主题学习，认识到水既是资源也会带来灾害；通过实践，了解减轻灾害的科学原理，可以运用工程技术手段提高水资源的利用率；建构水的知识体系，形成上位概念，建立人水协调的价值观念；通过开展调查研究、实验探究、动手实践、展示汇报，发展综合科学思维，提升科学探究实践能力；通过对校园和周边社区的调查，发现问题并思考解决办法，以此增强公民意识和社会责任感。

评价设计就可以解读这些目标当中的价值观要素，用以确定评价的价值导向。首先，解读活动目标的价值构成。在第五讲分析该案例时，将目标分解为"观念""思维""实践""责任"四个方面，相应的评价设计也可以以这四个维度为导向。其次，将价值导向细化为可测的评价指标。将学生是否认识到"水既是资源也会带来灾害""建立人水协调的价值观念"作为观念评价指标；将"了解减轻灾害的科学原理，可以运用工程技术手段提高水资源的利用率"作为思维评价指标；将开展调查研究、实验探究、动手实践、展示汇报等活动的实际表现作为实践评价指标；将"增强公民意识和社会责任感"作为责任评价指标。最后，将评价指标分级分层，形成评价指标体系。

2. 重点设计共通素养

所谓共通素养，是指在各学科的核心素养体系中具有价值关联性或一致性的素养。这些素养与各学科实践相结合，在实际生活中的活动表现可能存在差异，但内在的思维逻辑和价值导向是一致的。正是这种一致性将不同学科联系起来。

将各学科的核心素养按自然科学和人文社会科学分类后进行比较发现，不少素养意涵相通、表述相近。自然科学类学科的核心素养在精神价值层面趋同性强，基本围绕科学观念、科学思维、探究能力和态度与责任四个维度来设计。（见表7-1）人文社会科学类学科的核心素养内涵更为丰富，但也表现出价值上的一致性，都强调家国情怀、正确的"三观（世界观、人生观和价值观）"和科学精神。[①]（见表7-2）

表7-1　自然科学类学科核心素养一览表

学科	核心素养			
	科学观念	科学思维	探究能力	态度与责任
物理	**物理观念** 从物理学视角形成的关于物质、运动和相互作用、能量等内容的总体认识	**科学思维** 模型建构 科学推理 科学论证 质疑创新	**科学探究** 问题 证据 解释 交流	**科学态度与责任** 科学本质观 科学态度 社会责任
生物学	**生命观念** 理解或解释生物学相关现象、分析和解决生物学实际问题的意识和思想方法	**科学思维** 运用科学方法 证据推理 质疑创新	**探究问题** 问题解决 设计并执行方案 解决实际问题 协作沟通	**态度与责任** 科学态度 健康意识 社会责任
化学	**化学观念** 人类探索物质的组成与结构、性质与应用、化学反应及其规律所形成的基本观念	**科学思维** 运用科学方法 证据推理 构建模型 质疑创新	**科学探究与实践** 科学探究能力 自主学习能力 设计模型、作品的能力 参与社会调查实践、提出解决实际问题的初步方案的能力 协作沟通能力	**科学态度与责任** 科学探究的兴趣 对化学促进可持续发展的认识 科学态度 运用知识解决实际问题 热爱祖国、责任感

---

① 李俊堂. 跨向"深层治理"：义务教育新课标中"跨学科"意涵解析［J］. 四川师范大学学报（社会科学版），2022（4）：120.

表7-2 人文社会科学类学科核心素养一览表

学科	共通素养		
	家国情怀	正确的"三观"	科学精神
	学科核心素养		
政治	政治认同	道德修养 健全人格	法制观念
历史	家国情怀	唯物史观	时空观念 史料实证 历史解释
地理	区域认知	人地协调观	综合思维 地理实践力

由此提炼出的一些共通素养，如科学观念、科学思维、科学精神、探究能力、态度与责任、家国情怀等，既可以作为选择和确立跨学科主题的指引，也可以作为评价设计的重要维度参照。在这些维度的基础上对照学科内容、主题任务，设置具体的指标。

例如，学军小学"校园清凉地数据地图"跨学科主题学习的评价指向不同的素养，并注重不同素养的相互结合，从创新意识、审美意识、整合能力、技术运用能力、团队合作意识、评价能力以及综合素养衍生发散七个维度对学生的学习成果进行全面评价。（见图7-1）

图7-1 "校园清凉地数据地图"的评价维度

该案例将学生核心素养转化为评价的基本维度，依据维度设置不同的奖项，将评价与学生的颁奖活动结合起来，创生了评价方式。以核心素养确立评价导向，将评价内容与评价方式更有效地结合起来。可见，在评价设计中，我们需要秉持关联思维，对照课标找寻与活动相关的共通素养，再以共通素养为支架，完善评价导向。

3. 评价导向要体现跨学科特点

第五讲中提出了跨学科主题学习目标的特点包括反映真实情境、指导活动开展、承载学科知识和预测学习表现。跨学科主题学习的评价设计要对照目标来确立评价的基本价值导向。

首先，评价设计着重考查学生在真实情境中的真实表现。只有在真实情境中的活动才能让学生遭遇真实问题，引出有意义的学习活动。需要进一步指出的是，情境的真实性不是毫无目的地关注学生真实生活的琐碎，而是强调任务情境里有真实的、可供探究的问题。因此，评价需要关注学生对生活问题尤其是社会热点议题的思考。关注真实情境中学生表现的评价可以细化成两个方面的指标：其一是学生将所学知识进行实践转化的意识，侧重考查在日常生活中是否具有问题意识以及参与社会、服务社会的责任意识；其二是学生将实践经验提炼总结成知识的能力，侧重考查在问题解决中在新旧知识间建立联系的意识与能力。

其次，评价设计要注重思维和价值认识的深度发展。为让评价指导活动开展，评价设计的关键在于检验学生是否通过丰富的活动增加了思维的深度和广度，在认识自我、自然、他人（同伴）、社会方面是否有新的体验，在合作意识、克服困难的精神意志等方面是否有新的发展。而这些变化应该是伴随着学生获得知识、完成任务而实现的。

例如，学军小学的跨学科主题学习"DIY红色旅游地图"，在评价设计中，贯彻"学科素养与人文素养双线并行"的设计理念，让学生从数学学科的角度盘活红色资源、点亮红色地图、宣传红色文化，从党史中汲取前进的智慧和力量。（见图7-2）

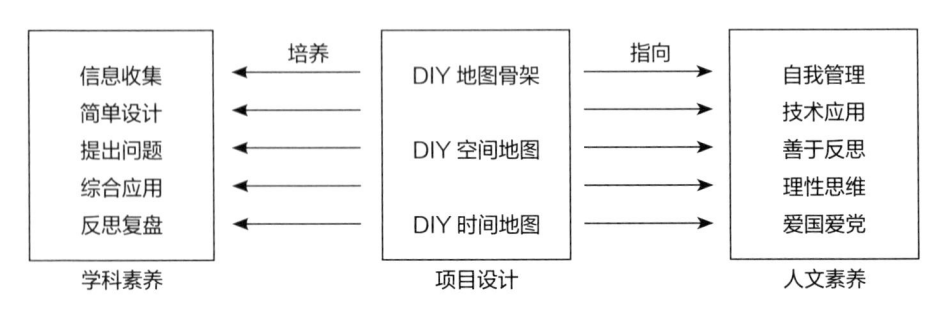

```
学科素养            项目设计           人文素养
信息收集   ←培养→   DIY 地图骨架  ←指向→  自我管理
简单设计   ←────→                        技术应用
提出问题   ←────→   DIY 空间地图   ────→  善于反思
综合应用   ←────→                        理性思维
反思复盘   ←────→   DIY 时间地图   ────→  爱国爱党
```

图7-2 学科素养与人文素养并行的评价目标设计

在设计评价时，可以以各个活动为支点，先挖掘其能帮助学生学习什么知识、发展什么能力，再从这些知识和能力出发，思考其在学习过程中可能关联的思想价值要求，以此形成目标的整体设计。

再次，评价设计要检验学生对学科基础知识的关联和拓展情况。学科基础知识主要指一门学科的基本概念、命题和定理。这些基础性的知识往往更具关联性和开放性。跨学科主题学习评价要关注学生对基础知识的学习和应用情况，在设计时也应考虑其关联性和开放性，以区别于学科教学评价中对知识的识记和理解等认知层面的考查，并进一步影响、推动学科教学评价的改革。具体而言，跨学科主题学习评价应关注：学生是否了解所学知识在生活中的应用场景；是否清楚该知识可以具体转化成何种实践方法；对知识的探究和学习过程能反映学生的哪些能力或素养；基于所学知识可以推导出哪些认识并如何作用于实践；等等。还是以"水与生活"这一跨学科主题学习为例，在其纸笔测试的单项选择题中，"校园常见的排水口类型"一题就是对基础知识进行检测，考查的是学生对排水系统和水循环中的基础知识"地下水"概念的掌握情况。但与学科教学评价不同，跨学科主题学习评价主要针对的是学生对相关概念在实际生活场景中的识别，并能够进一步拓展到对知识使用场景的辨析、优劣比较等综合应用能力的考查。

最后，评价设计要关注学生反思精神的培育。就评价的功能而言，好的评价最终要落在学生的发展上。最长远的发展是内驱力的发展，而反思能力是实现内驱力发展的关键。因此，评价要思考如何检验学生是否具备了反思能力，引导学生对自身表现乃至对跨学科主题学习活动本身进行反思。在设计评价方式时增加自评环节，可以促使学生思考在跨学科主题学习中自己有什么问题和缺憾，还有哪些地方值得改进，并展望未来的学习、制订新的探究计划。

例如，北京市朝阳区呼家楼中心小学在"我是理财'规划师'"数学跨学科主题学习设计中，将"客观评价，反思改进"作为一个活动环节，引导学生思考如何在未来对活动进行改进。评价过程是教师和学生的双边活动。教师引导学生根据统计学知识，用数据分析问题，从不同角度客观评价其他小组的理财方案，取长补短，反思改进本组方案。

评价必须有反思环节，既有对自身表现的反思，也有面向未来的改进计划。教师可通过设计不同角度的评价，引导学生互评，可以帮助他们更全面地认识自己与他人，激发学生的探究欲望，使他们在平等交流中，感悟生活与知识的联系，体会学习的价值。

（二）基于学科知识中的问题链设计评价内容

跨学科主题学习评价的内容设计也与学科教学评价不同。具体差别在于学科教学评价对应学科知识点，故评价内容很有可能是孤立的、跳跃的。如各科测试卷上的题与题之间可以没有内在关联。而一个跨学科主题学习的评价内容必须围绕"这个"主题展开，检验的是学生是否能联系实际，解决与"这个"主题相关的一连串真实问题。因此，跨学科主题学习的评价内容设计主要以问题链的形式展开。

所谓问题链，是教师为了实现一定的教学目标，根据学生的已有知识或经验，针对学生在学习过程中将要产生或可能产生的困惑，将知识转化为层次鲜明、具有系统性的一连串的教学问题，即一组有中心、有序列、相对独立而又相互关联的问题[1]。值得注意的是，构成问题链的问题不是教学中教师一般性的提问，而是围绕主题探究绕不开的阶段问题、节点问题。

---

[1] 王后雄. "问题链"的类型及教学功能：以化学教学为例 [J]. 教育科学研究，2010（5）：50.

1. 本质问题决定评价的核心内容

在第六讲中，我们知道跨学科主题学习任务设计的关键步骤之一是设计驱动性问题，而驱动性问题的线索往往在本质问题，即包含学科关键概念或跨学科大概念的问题中。对评价而言，检验以大概念为代表的本质问题的解答情况就可以是评价的核心内容之一。也就是说，评价内容可以对照大概念的内涵来设计。"大概念是核心素养中最具有迁移性的成分，体现为（跨）学科的观念结构、思想方法、思维模式等。大概念统摄着具体的学科知识与技能。"[1]因此，跨学科主题学习的评价内容主要包括（跨）学科的知识、技能、思想方法、思维模式等。

围绕大概念设计评价标准[2]

在初中生物课"保护生物多样性"的教学中设计"保护濒危物种"主题，先明确将"适应性"作为核心概念，围绕"适应性"链接具体的知识、技能、实践场景和工具等类项，针对不同的类项来确定具体的评价标准。

跨学科大概念	学科核心概念	知识与技能	科学实践	学习实践
原因和结果：因果关系通常被确定并用于解释变化	适应性：对于特定的环境，有些生物可以很好地生存，有些生物生存得不太好，有些则根本无法生存	记录各种栖息地中关键物种的生活习性；分析不同环境中植物的不同外部形态特点对维持其生存的作用；比较不同动物适应季节变化的方式对维持其生存的作用	用证据进行论证：用证据构建一个论点	公开报告：清晰表述观点，让自己的报告吸引听众

---

[1] 威金斯，麦克泰格. 追求理解的教学设计：第二版[M]. 闫寒冰，宋雪莲，赖平，译. 上海：华东师范大学出版社，2017：73.
[2] 夏雪梅. 指向核心素养的项目化学习评价[J]. 中国教育学刊，2022（9）：52.

如案例所示，在评价中，教师应该紧扣本质问题来确定评价内容。首先，概念串联的命题、因果关系和基本定理有哪些？在案例中，设计紧扣"生物具有适应性"这一命题，串联各种栖息地中关键物种的生活习性、生物适应季节变化的方式等。其次，概念所构成的这些关系中，哪些是需要识记理解的，哪些是可以迁移应用的，有哪些应用的场景，关联到哪些其他学科的知识和问题？在上述案例中，需要识记的是具体物种的生物习性，可以迁移运用的是生物适应季节变化的方式对维系其生存的作用，应用场景是不同季节和不同地理环境，可以关联地理、数学等学科。再次，概念应用需要学会哪些方法、掌握哪些工具？在案例中，教师引导学生运用观察和实验的方法，对生物适应性展开探究，从对知识本质问题的追问出发，考查学生跨学科学习的质量。

2. 驱动性问题是评价的特色内容

驱动性问题中有一类是学生提出的问题，这些问题体现了学生合作探究、实践思考的成果，教师对这些生成性问题进行评价体现了主题活动的师生互动特色。就教师而言，评价这些问题所关联的知识正确与否是一方面，更为重要的是考查学生的思维方式、意志品质和情感态度价值观。

例如，跨学科主题学习"校园清凉地数据地图"以数学为核心学科，让学生像学科专家一样用数据而不是凭感觉来描述周围的世界，体验数学家是如何观察、理解并精确地刻画周围世界的。该设计中的驱动性问题为：生活中，你一定看到过不少地图，那你见到过"校园数据地图"吗？数据地图，顾名思义就是"用数据说话"，那么如何制作这张用数据说话的地图呢？你能用地图告诉别人什么信息呢？怎么做到"我不要你觉得，我要数据觉得呢"？

结合案例，对驱动性问题的评价标准有三点。一是评价驱动性问题的真实性。数据地图在大数据时代是常见的，学生对数据地图的意义和用途有着较为明确的认识。制作校园清凉地数据地图需要对学校各区域温度进行记录、追踪、分析和绘制，是真实且有意义的工作。该驱动性问题属于真实问题。二是考查学生问题涉及情境的多样性。活动立足学校的各个区域，围绕数据的不同统计、呈现和使用方式，可以形成多个子问题，生成多类地图。学生在教师的引导下进行头脑风暴，提出了"校园绿化分布"数据地图、"大课间热门打卡"数据地图、"Wifi信号强度"数据地图等多种统计情境。三是评估问题引发学生活动的综合性。学生不仅需要运用数学知识进行统计计算，还需要和地理、美术等学科深度结合。在活动当中，学生要查阅文献、制定方案、比较和选择测量工具、整理数据绘制地图、复盘反思等，可以从创新意识、审美意识、团队合作意识、整合能力、技术运用能力、评价能力以及综合素养衍生发散等多个维度对学习成果进行全面评价。

（三）以活动的形式开展评价

在方式上，跨学科主题学习评价和学科教学评价相比差别之一在于其有着更为开放的参与性，需要学生全程参与其中。教师在设计评价方式时，不应像传统纸笔测试那样将评价内容向学生保密，而更应当将其看作一场激发学生积极准备、全情投入的展示活动。作为活动设计的评价方式主要考虑以下几个方面。

1. 让测验转向考查学生的跨学科思维能力

在跨学科主题学习评价中，测验依然是重要的考查形式。测验可直观呈现学生的知识掌握和能力提升情况，也是学生参与评价的重要方式。好的测验可以有效激发学生的创造性，组织、表达出自己的独到见解和实践方案。在实践中，教师对测验的设计要注意以下几点。

首先，设计与活动主题相关联的试题。教师需要思考如何在测验中将要考查的知识点融入主题情境中并将其转化成实际问题。如三帆中学"水与生活"跨学科主题学习的纸笔测试中"北京市水旱灾害多发的主要自然原因"一题，就将地理课标中"认识家乡"部分关于"描述家乡典型的自然与人文地理事物和现象，归纳家乡地理环境的特点"的目标要求融入其中，让学生通过观察、实践，形成自己对于这个问题的见解。

其次，试题的设计应能让学生从不同学科视角进行理解和表达。试题可以设置成开放式的问答题，尝试让学生经过探究，依据不同学科的知识给出解答。在"水与生活"跨学科主题学习的纸笔测试题中，"请设计并阐述'人水和谐理想城市'的理念"就是一道需要综合运用多学科知识的开放性问题。结合之前在"安全隐患实验""植被蓄水能力探究实验""自制净水器"等探究活动中学到的关于水循环的知识，以及"人水和谐"的理念，学生可以从生物学、化学和地理三个学科的视角尝试回答这个问题。

再次，试题应能激发学生展开论述。好的试题能激发学生进一步思考，梳理实践中获得的零碎经验，形成自己的知识系统。要将测试转变为一种激发学生积极思维活动的评价形式。什么样的试题能激发学生展开论述？一方面，要联系学生已经做过的观察探究活动，让他们有话可说；另一方面，要针对学生尚有疑问、尚未明确的领域或角度设置问题。"水与生活"纸笔测试题中"我们的城市该通过哪些措施提高水的利用率"一题，既关联学生在实验中探究蓄水、节水的相关经验和知识，让学生可以从实验所得总结成有条理的节水措施，又提出"利用率"这一新概念，引导学生围绕水循环中投入与产出、储水与用水的转化比例来思考需要注意哪些问题、协调和处理哪些关系，激发学生不断深化思维，变评价为学习。

2. 设计多样态评价挖掘活动过程的价值

根据项目需要，在设计评价时可将学生自评、小组互评与教师评价结合起来，将各方评价纳入活动过程，落实多样态评价。多样态评价可采用以下两种设计，一种是在活动过程中让参与者即时展开评价。各方可以就正在发生的活动，根据自己的所见、所闻、所感，对学生的表现展开评价。另一种是将评价设计成一种互动交流活动，使评价不只是有定性功能，更多指向增进合作和相互认识，发挥面向未来发展的作用。

例如，跨学科主题学习"校园清凉地数据地图"就采用了多维度多样态评价。在学习进行过程中，启动同伴评价，学生经过自我实践和反思后，再对同伴的行为和成果进行评价，以"感言单""吐槽单""建议单"的方式进行复盘。同时，针对结果组织学生鉴赏、对比、提问、评议和反思，有意识地从"由表及里，感受碰撞点""由多到一，重构方法链""由浅入深，拓宽交流面"几个维度引导学生对自己和他人的作品进行提问与思考。"由表及里，感受碰撞点"指导学生结合自己测量的结论鉴定同伴的结论，在对比中反思结论不一致背后的问题。"由多到一，重构方法链"指在反思的基础上，与同伴一起对研究主题做深入的研究，关联新知识和新方法。"由浅入深，拓宽交流面"指对反思的过程进行总结，巩固学生所学知识及其应用。几个维度的递进，能加深学生对所学的认识和反思，促发深度学习。

由表及里，感受碰撞点：
①我们的结论一致吗？
②我们测量的是同一个校园，为什么结论不一致？问题是什么？
由多到一，重构方法链：
③如果发布一个终极版的校园数据地图，可以怎么做？
由浅入深，拓宽交流面：
④我们运用了哪些数学知识？你还有哪些学习收获？

3. 量化评价结合质性评价

在评价实践中，量化评价主要用于学科教学，质性评价更受主题活动的青睐。跨学科主题学习既基于学科教学，又以主题活动为主要形式，因此，将量化评价与质性评价统一起来是值得研究的问题。一个可行的思路是，发挥量化评价直观、可测的优势，设计成增值评价，锚定活动前后两个时间点；再运用跟踪观察、日志记录等方式形成成长档案袋，覆盖活动全过程，这样将量化评价与质性评价很好地结合起来。

例如，三帆中学"水与生活"跨学科主题学习的整个评价体系（见图7-3）

就将量化评价与质性评价相结合，其设计有以下特点。一是关注增值性评价。利用纸笔测试开展前测与后测，形成增值性评价，把握学生知识学习的增长点，尊重个体差异，肯定每位学生的进步。二是丰富过程性评价，通过设计过程性评价表，要求个人、同伴和教师从提出问题、设计方案、实地调查、实验操作、语言表达等各方面进行评价，做到全过程评价。三是深化终结性评价。将纸笔测试的后测这一量化方法与在终结性评价表上填写评语这一质性评价方法结合起来，使后测连带增值性评价的结果更具说服力，评价表中的质性评语很好地解释了学生能力增值、素养发展的原因。将量化评价与质性评价很好地融入增值性评价、过程性评价和终结性评价中，使整个评价体系的内容充实起来。

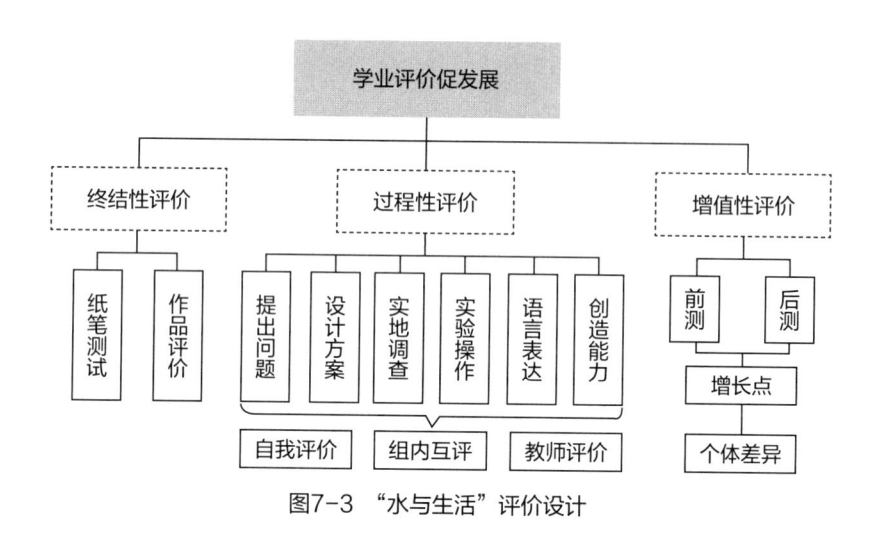

图7-3 "水与生活"评价设计

二、评价设计要点

在第二讲中，我们明确区分了跨学科主题学习的类型。相较而言，"单学科主导"和"运用知识以解决复杂问题"这两种类型比较符合跨学科主题学习在2022年版义务教育课程标准中的定位，更常见，在教学改革实践中的需求也更为迫切。因此，本讲将着重讨论这两类跨学科主题学习的评价要点。

需要说明的是，这两类跨学科主题学习在实践中也不是彼此割裂的。一方面，在单学科主导的跨学科主题学习中内含学习新知识和解决复杂问题两类任务，但由于对学习新知识的评价可纳入学科教学评价范畴，本书不做讨论。另一方面，运用知识以解决复杂问题的跨学科主题学习除了考查知识运用之外还考查学生的思维创造性和情感态度价值观的发展，两者既有交集又各自独立。

因此，本讲将分开讨论"单学科主导"和"运用知识以解决复杂问题"两类跨学科主题学习的评价设计。

（一）单学科主导的跨学科主题学习的评价设计

单学科主导的跨学科主题学习要求评价设计能充分考查特定学科知识的深化、拓展和迁移。

1. 围绕学科知识深化评价学生的观察和思考能力

所谓知识深化，就是对所学知识从具体事实的识记发展到一般场景的综合应用。跨学科主题学习评价可将学业要求作为起始标准，在此基础上对照学生的学习成果，考查其是否有新发现、新认识。仍以"水与生活"这一跨学科主题学习为例，教师引导学生观察实验，探究周围植物在水循环圈中的影响与作用。评价采用测验问答的方式，通过提问"你们怎么理解蒸腾作用对环境的影响？有哪些影响方式？"，评估学生在理解"植物蒸腾作用的生理过程"这一课标要求的基础上，是否更加深入地观察蒸腾作用对环境产生什么影响、如何影响等。由此可见，在单学科主导的跨学科主题学习的评价中，应更多关注立足已学知识可以合理增加哪些条件、变量，有意识地变化情境，推动学生形成对比观察和深入探究知识结构化的能力。

2. 紧扣学科核心知识拓展评价逻辑链

《义务教育课程方案（2022年版）》明确指出，新的课程标准优化了课程内容结构，"基于核心素养发展要求，遴选重要观念、主题内容和基础知识"。跨学科主题学习的评价设计要把握学科的核心知识及其相关的核心素养，再结合具体任务将其转化成评价指标，由此形成"知识—价值—任务—评价指标"的评价逻辑链。

例如，学军小学的跨学科主题学习"校园清凉地数据地图"是单学科主导的，其核心学科是数学，对应的数学学习目标是数据意识，"知道在现实生活中，有许多问题应当先做调查研究，收集数据，感悟数据蕴含的信息"[1]。教学设计将课标要求融入活动任务中，包括如何在海量的数据中选择适合的数据、如何分析由很多数字组成的一组数据、用哪些数学的方式来分析、依据又是什么等。教师对照这些设计评价指标（见表7-3），呈现了"发现数据—测量数据—使用数据—分析数据—解释数据"的逻辑链。

表7-3 "校园清凉地数据地图"评价设计

评价指标	评价星级（很棒★★★ 较好★★ 一般★）			综合评价
	自我评价	组内评价	教师评价	
能发现校园中存在的数据				教师评语：
能用合适的工具得到校园清凉地数据地图的数据				
能准确说出工具的特点和使用方法				
能设计测量方案				
能找到验证测量方法合理性的办法				
知道记录数据的方法				

---

[1] 中华人民共和国教育部. 义务教育数学课程标准：2022年版[M]. 北京：北京师范大学出版社，2022：9.

续表

评价指标	评价星级（很棒★★★ 较好★★ 一般★）			综合评价
	自我评价	组内评价	教师评价	
知道选用哪些数据来绘制地图				
知道用哪些数学方式进行数据处理				
能完成地图绘制				
能向别人说明地图传达的信息				

3. 重点评价学科知识在真实生活情境中的迁移应用情况

跨学科主题学习的重要价值是帮助学生明确知识在现实生活中的用途，并完成知识迁移和问题解决。单学科主导的跨学科主题学习评价线索更为清晰，应用情境也相对明确，评价时更应该关注学生应用知识解决实际问题的能力。知识应用能力包括识别问题情境、关联所学知识、制定解决问题的方案、灵活变通地运用知识解决问题、检验问题解决成效等方面的能力。评价需要以学生在活动中如何构思、组织和实施问题解决为线索，评估学生知识应用能力的表现情况。

例如，针对2022年版义务教育物理课标中的案例"人体中的杠杆"，教师在评价中可围绕案例提供的几个具体应用场景来展开知识应用能力评价，包括能否发现力臂长短造成提重量相同体积不同的物件用力感受的差异，能否识别人们在活动及劳动过程中"省力杠杆"和"省距离杠杆"原理的应用，能否举例说明在具体的劳动中两种杠杆的设置和受力分析，能否列举家畜、鸟类或鱼类动物的身体结构和动作中的杠杆模型，等等。评价指标考查学生在真实情境中分析问题、运用相应知识解决问题并解释原理、在尽可能多的情境中应用知识等方面的能力。

（二）运用知识以解决复杂问题的跨学科主题学习的评价设计

运用知识以解决复杂问题的跨学科主题学习，就是让学生把所学知识放置到真实的情境中去检验、应用、整合和深化。这里所谓的复杂问题，一方面是指用已有的知识和经验解决不了的新问题，另一方面是指能发展学生反思、批判等高阶思维的问题。基于此类跨学科主题学习的特点，其评价设计侧重于把握如下两个方面。

1. 评估学生能否发现和解决新问题

跨学科主题学习是否指向解决复杂问题，要从问题所处情境和解决问题需要的知识两个方面来判断。按照认知心理学的说法，复杂问题也叫结构不良问题，其突出特点就是遭遇陌生的情境，问题不明确，甚至找不出问题所在，没有现成的解决方案，结果也是开放的。那么，对于评价而言，就需要评估学生能否做到以下几点：识别新情境、表征新问题、整合现有知识、提出解决方案并付诸实践、检验成效。

一是识别新情境，考查学生能否意识到面临的情境中有新的影响因素使现象变得更为复杂。以三帆中学"水与生活"跨学科主题学习为例，教师给出"北京的水旱灾害"这一真实情境，问学生"作为在校生，你关注哪些与'雨涝灾害'相关的问题"，看学生能否通过观察生活发现教材里没有描述过的现象和问题。

二是表征新问题，考查学生能否把感知到的经验冲突转化为带有变量关系的研究问题。在学习过程中，学生将与"雨涝灾害"相关的问题转化成"如何避免水灾危害生命安全""如何提高水资源的利用率"等研究问题。

三是整合现有知识，要求学生罗列研究问题关联哪些学科知识点并说明理由，然后将这些知识整合成大概念。例如，"水与生活"这一跨学科主题学习考查学生能否关联生物学科中的生物圈水循环和植物的作用，化学学科中的爱护水资源和水的净化原理，地理学科中的降水、河流、水旱灾害和水资源等，最终整合成"水与生活"这一大概念。

四是提出解决方案并付诸实践，主要评估学生的方案中条件变量是否齐备、步骤是否清晰和具有可操作性、预计结果是否合理等。例如，教师在评价学生自主设计的"探究植被在降低水旱灾害中的作用"这个实验时提出问题：你们怎么设计对照实验？变量是什么？以此检验学生的实验设计是否清晰合理，是否有明确的变量关系。

五是检验成效，追踪了解学生对结果是否有正确预期、有无计划和方法来验证方案、能否正确对待问题解决的结果并进行合理归因等。

2. 考查学生在复杂情境中的反省思维和创造性思维

杜威认为反省思维是高层次的思维[1]，因为解决复杂问题往往不能一蹴而就，需要学生通过不断反省攻坚克难，最终解决问题。因此，解决复杂问题的跨学科主题学习的评价设计应重点关注反省思维和创造性思维。一方面，反省是内隐的意识活动，需要通过过程性评价来间接考查。要重点观察学生探究学习的态度，以及思维转化与创新的具体表现。评价指标包括如下几项：学生是否承担分工任务、提出核心观点、设计探究方案、开展自主学习、对学科知识与生活信息进行加工分析、对整个主题学习进行反思、提出与众不同的想法等。另一方面，创造性思维凝结在学生学习结果之上，可利用终结性评价考查作品的科学性、条理性和艺术性，从而判断学生较之他人是否具有更为卓越的思维表现。

在学军小学的跨学科主题学习"清河坊·访河坊"中，过程性评价中的"探究学习""创新意识"板块就是引导学生全面反省自己的学习过程，包括自己的认知和思维发展、精神投入与意志品质锻炼、对他人意见的接纳以及合作交流等。终结性评价则从产出质量的角度检验学生问题解决能力的发展。在综合评价中除了描述性评价之外，还使用雷达图直观呈现学生的创新思维和实践

---

[1] 杜威. 我们怎样思维·经验与教育[M]. 北京：人民教育出版社，1991：1-3.

能力的发展。（见表7-4）

表7-4 "清河坊·访河坊"跨学科主题学习评价表

评价类型	评价指标		评价星级		
	一级指标	二级指标	个人	小组	总计
过程性评价	主动参与	积极参加每一次讨论活动			
	协作交流	能完成小组中我应承担的任务			
		在活动中认真倾听他人，主动帮助他人			
		讨论时提出了核心观点			
		能加工他人的观点，产生更好的想法			
	探究学习	能分析问题，设计科学可行的探究方案			
		能通过自主学习获得解决问题需要的信息			
		能结合数学与生活对信息进行合理的加工分析			
		能主动地对项目和个人进行反思、调整			
	创新意识	能提出与众不同的想法与创意			
终结性评价	一级指标	二级指标	教师	伙伴	
	科学有据	在作品中体现考察的过程与结果，做到真实、科学、有理有据		每人选5幅最佳作品	
	表述有理	清晰、有条理地介绍学习成果，并提出合理建议			
	艺术美观	作品形式丰富、图文并茂，能体现河坊街特色			
综合评价	教师、参观者的描述性评价		个人综合评价雷达图		

注：☆☆☆表示"很棒"，☆☆表示"较好"，☆表示"一般"。

三、引导学生参与评价

跨学科主题学习的评价应充分体现学生的自主性。如何引导学生参与评价，如何设计有效的评价方式，是教师在设计跨学科主题学习活动评价时必须考虑的问题。

（一）引导学生在自评中发展

自我评价是活动主体对自身在学习过程中参与情况、身心发展情况的自我认识和反思。好的自我评价不仅面向个体的过去，更指向其未来的成长。因此，尽管自我评价在形式上是活动主体自己的事，但教师进行预先规划和设计是十分必要的。

1. 设计兼顾过程和结果的评价维度

自我评价的内容可以分两个方面。一是对自己所得的评价，包括知识目标达成度、对所学知识的体会和反思、对作品质量的自我评估、对整个团队工作和自己职责完成情况的认识。二是对自己在主题活动过程中的表现进行评价，包括活动参与情况、方案执行情况、在活动中发现问题和解决问题的意识与实践反馈、与教师和小组成员的沟通交流、活动中思想转变和意志力锻炼等相关方面。

2. 找到适于学生投入的自评方法

从性质上看，自我评价主要是定性评价，聚焦回忆和梳理过往经历。操作方法可分为两类：一是评分法，即根据目标要求和过往经验，将个体可能经历的行为和产出结果列出来，要求活动主体对照自身表现进行评级或评分；二是日志法，即在活动过程中及活动结束后，对自身在活动中的体会、认识、反思进行记录。两种方法各有所长：评分法更直接突出关键行为、关键成就的达成度，日志法能补充更多个人的真实感受和活动细节，有助于人们更加真实全面地认识个体在活动中的成长。在评价设计中可以将两种评价方法结合起来。

例如，学军小学的跨学科主题学习"挑战300元24小时游玩计划"设计了一种IEO学习评估模式，让学生从意向选择、卷入效果和发展延伸三个维度评价自己在活动中的发展。（见表7-5）

表7-5 IEO学习评估学生自我评价表

评价项目	评价星级
【入项开启时】 1. 我能够积极表达自己的想法 2. 我能制定合理的游玩方案	☆ ☆ ☆ ☆ ☆ ☆ ☆ ☆ ☆ ☆
【实践探究时】 3. 我能根据计划有效地执行 4. 我能在出现问题时及时调整 5. 我没有超出预算太多 6. 我能积极和同伴交流、讨论	☆ ☆ ☆ ☆ ☆ ☆ ☆ ☆ ☆ ☆ ☆ ☆ ☆ ☆ ☆ ☆ ☆ ☆ ☆ ☆
【结项复盘时】 7. 我能清晰有效地记录 8. 我能形成美观的作品 9. 我能自信地展示我的成果	☆ ☆ ☆ ☆ ☆ ☆ ☆ ☆ ☆ ☆ ☆ ☆ ☆ ☆ ☆

注：给星星涂色，一颗星代表认同程度最低，五颗星代表认同程度最高。

学军小学的IEO学习评估是从输入、经历、结果三个阶段来进行完整而系统的评价，要求学生在以下方面进行思考：（1）输入（入项开启）——是否辩证思考设计方案的优缺点，提出问题，有解决方案；（2）经历（实践探究）——能否有计划地执行活动，能否在出现问题时通过和同伴有效沟通做出适当调整；（3）结果（结项复盘）——是否记录了活动过程，高质量完成任务并展示成果，并且在展示过程中很好地锻炼了自己。

（二）引导学生以小组合作形式参与评价

2022年版义务教育课程方案将"学会交往，善于沟通，具有基本的合作能力、团队精神"作为"有本领"的重要组成部分，并且认为它是实现"团结友爱，热心公益，具有集体主义精神，积极为社会作力所能及的贡献"的重要基础。跨学科主题学习评价的设计也必须有针对性地开展小组合作评价。小组合作评价有两层含义：一是在小组中开展评价，考查小组成员的参与情况、分工情况和学习成效；二是将小组作为评价对象，考核小组在活动中的整体表现。这两层意思都涉及小组与个体的关系，评价设计的方向都应该回应如何利用小组促进学生个体发展的问题。

1. 组内分工合理性评价

教师主要从两个方面开展工作：一是为每名学生提供与其能力和兴趣相适应的活动任务。相适应的唯一标准就是能使学生主动接受和积极参与。二是确保分工后任务是彼此关联、相互成就的。因此，在设计组内分工成效评价时，可以着重从学生个体的任务达成情况、与组员沟通交流情况以及团队精神发展情况三个维度进行思考。

2. 小组成员表现评价

教师可以从以下方面进行评价：学生参与小组探究活动的形式、内容、频次、效度，学生在探究活动中的实践表现、思维发展情况以及与其他小组成员的关系和互动情况等。

例如，深圳市新安中学第一实验学校和宝安区教育科学研究院合作开发的初中地理跨学科主题学习活动"探索太空、逐梦航天"，面向学生核心素养提升，针对小组合作进行了评价设计，从合作探究能力、团队精神、沟通与分享三方面确定评价指标，衡量学生学会学习、责任担当等核心素养的提升情况。[①]（见表7-6）

---

① 任乐，邹金伟. 指向核心素养的新课标跨学科主题学习活动设计：以"探索太空、逐梦航天"为例[J]. 地理教学，2022（16）：37-40.

表7-6 小组合作评价表

评价项目		评价星级		
		自评	互评	师评
合作探究能力	主动参与合作探究	☆☆☆☆☆	☆☆☆☆☆	☆☆☆☆☆
	遇到困难时主动寻找解决办法，勇于克服困难	☆☆☆☆☆	☆☆☆☆☆	☆☆☆☆☆
	倾听同学意见，积极辨析观点，不断改进	☆☆☆☆☆	☆☆☆☆☆	☆☆☆☆☆
团队精神	履行个人责任，积极开展探究	☆☆☆☆☆	☆☆☆☆☆	☆☆☆☆☆
	以整体利益最大化为目标，积极配合他人	☆☆☆☆☆	☆☆☆☆☆	☆☆☆☆☆
	善于通过自我调整和团队交流推进团队任务达成	☆☆☆☆☆	☆☆☆☆☆	☆☆☆☆☆
沟通与分享	能清晰完整地表达想法	☆☆☆☆☆	☆☆☆☆☆	☆☆☆☆☆
	尊重他人的意见和成果	☆☆☆☆☆	☆☆☆☆☆	☆☆☆☆☆

注：一颗星代表认同程度最低，五颗星代表认同程度最高。

该案例启示我们，跨学科主题学习评价应关注学生的合作能力。小组合作评价通过观测学生之间交流互动的行为表现来评估学生的合作能力。教师在评价时应主要关注两点：一是全面收集学生行为表现的观察记录和感性材料。如上述案例中，教师可以按照认知意识、精神品质和方法技术等维度来划分行为类型并分类记录，也可以对照小组合作的流程罗列评价事项，如组织协调团队成员、合作制定活动方案、执行团队任务、与成员沟通和处理问题等，全过程考查学生的合作表现。二是关注合作精神。评价也是小组合作的延续。在设计评价方式时也应体现团队意见，故设计成员互评是必要的方式。上述案例采用的是相互评星定级的方式，好处是可以直观地反映出小组成员之间对彼此的认识和态度，但这种方式缺乏有效的沟通和必要的教育价值。在实际操作中，教师可采取集中审议、开主题活动总结会的方式，让小组成员面对面地交流对彼此的看法，并给出改进建议，形成对小组分工成效的统一意见。如此既加强了成员之间的理解和沟通，又有益于培养学生开诚布公、团结一致的精神。

本讲小结

设计跨学科主题学习的评价要重点关注以下几个方面。首先，要明确它与学科教学评价的主要区别，即评价目标要反映学科目标、共通素养和主题活动目标；评价内容聚焦学科知识，形成问题链；评价方式以活动形式覆盖全过程。其次，针对不同类型的跨学科主题学习，教师评价的侧重点也有差异：指向单学科主导的跨学科主题学习评价更关注围绕核心学科、核心知识展示问题解决能力；指向解决复杂问题的跨学科主题学习评价侧重知识的深化、扩展与迁移。最后，学生参与是跨学科主题学习评价实施的关键，教师要引导学生在自评中发展，在小组合作中对照、反思和提高。

需要说明的是，跨学科主题学习是学生主导的探究活动，学习过程有着较大的自由度和生成性。评价应激励和促进学生不断发展，而不能将学生限制在标准当中。因此，跨学科主题学习评价应当保证评价机制的开放性。在实践当中，可以设计更多元的评价方式，让学生可以自主表达对评价标准的意见，为学生多留一道开放性问题。

思考题

1. 与一般教学评价相比，跨学科主题学习评价在评价导向、评价内容和评价方式上有什么不同？
2. "运用知识以解决复杂问题"和"单学科主导"两种跨学科主题学习的评价设计要把握哪些关键点？
3. 如何在评价设计中体现学生的参与和互动精神？

第八讲

跨学科主题学习的
教研活动

跨学科主题学习的教研活动

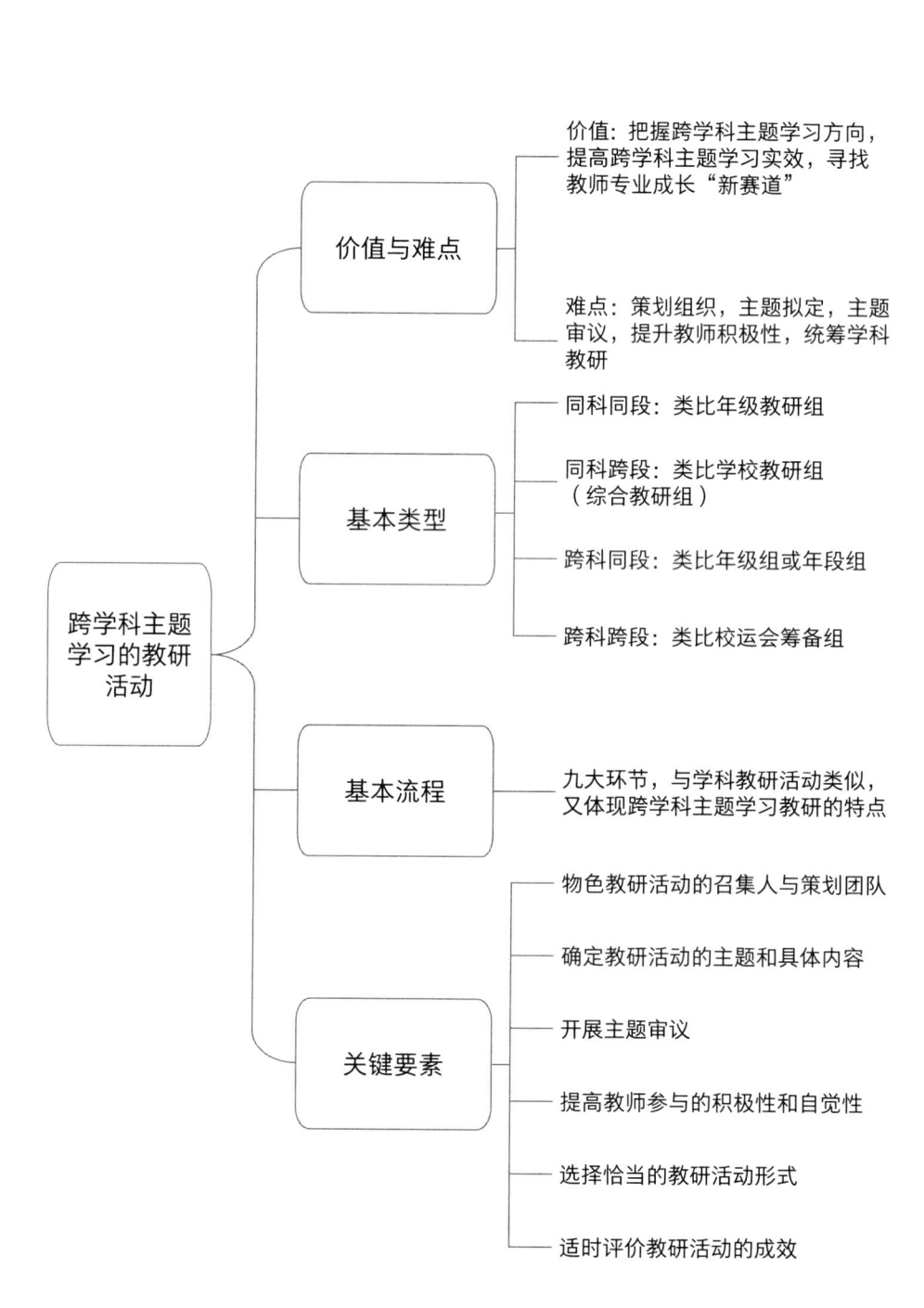

价值与难点
- 价值：把握跨学科主题学习方向，提高跨学科主题学习实效，寻找教师专业成长"新赛道"
- 难点：策划组织，主题拟定，主题审议，提升教师积极性，统筹学科教研

基本类型
- 同科同段：类比年级教研组
- 同科跨段：类比学校教研组（综合教研组）
- 跨科同段：类比年级组或年段组
- 跨科跨段：类比校运会筹备组

基本流程
- 九大环节，与学科教研活动类似，又体现跨学科主题学习教研的特点

关键要素
- 物色教研活动的召集人与策划团队
- 确定教研活动的主题和具体内容
- 开展主题审议
- 提高教师参与的积极性和自觉性
- 选择恰当的教研活动形式
- 适时评价教研活动的成效

2022年版义务教育课程方案在"课程实施"的第四条明确提出，要强化教研的专业支撑，增强教研供给的全面性与均衡性，实现学段全覆盖、学科全覆盖、教育教学环节全覆盖，强化薄弱环节。跨学科主题学习教研也必然会成为接下来一段时间内区域和学校教研活动的重要组成部分。

　　由于专业能力、知识储备以及教学经验的差异，在跨学科主题学习这个新领域，不同教师会出现不同的问题，一部分教师"无心无力"，表现为事不关己，高高挂起；一部分教师"有心无力"，表现为认同跨学科主题学习，但对于什么是跨学科主题学习、如何开展没有头绪；一部分教师"有力无法"，他们愿意开展跨学科主题学习，但对于怎样整合资源进行跨学科主题学习的方案设计心中无数；还有一部分教师"有法低效"，他们有开展跨学科主题学习的零碎经验，但受限于教师个人能力，未能围绕跨学科主题学习形成设计、实施、评价的闭环，常常限于低层次的重复研究……

　　因此，跨学科主题学习更需要教研的支持和引领。如何服务与引领学校教师进行高质量的跨学科主题学习，将是跨学科主题学习教研面临的最主要的任务。本书前面七讲关于跨学科主题学习的概念、意义、设计的策略与步骤、评价等，都需要通过教研活动落实到每一位教师身上，真正将跨学科主题学习从少数教师的零碎探索走向教师的群体实践，进一步保障跨学科主题学习的高质量实施。

一、价值与难点

　　跨学科主题学习需要有特定的跨学科教研保障。那么，跨学科教研有什么价值呢？首先，把握跨学科主题学习的方向，确保占10%课时的跨学科主题学习内容的思想性、科学性和适宜性。与占90%课时的学科课程内容相比，跨学科学习的主题、内容往往由教师自主开发，没有教材，没有经过课程专家的层层把关和审核，难免在思想性、科学性和适宜性上存在一些问题，需要通过主题审议，确保跨学科主题学习内容符合党和国家的教育方针、能体现学校或地区的特色、能满足学生的实际需求。二是通过教研，凝聚多学科教师的智慧，提高跨学科主题学习的实效。跨学科主题学习的组织与实施比学科教学更复杂，更需要"众人拾柴火焰高"。跨学科主题学习的教研通过不同学科视野的介入，让学科教师带着不同的背景，互通"学什么"，互鉴"怎么学"，构建跨学科主题学习的实践样态。三是通过教研，让更多教师寻找专业成长的新赛道。与学科教研相比，跨学科主题学习的研究尚处于起步阶段，需要更多的理论和实践探索。对于很多教师，特别是年轻教师而言，实施跨学科主题学习是其快速成长的重要途径，会产出更多的研究成果。跨学科主题学习教研活动把多学科教师的智慧进行整合，对于教师的专业成长来说会产生"1+1>2"的效果。

由于学校长期以来习惯于开展学科教研活动，跨学科主题学习教研犹如一张白纸，从认识到实践都需要转型。跨学科主题学习教研活动不仅服务于跨学科主题学习的高质量实践，更对学校管理制度的重构与迭代提出了新要求，需要从学校管理层面解决一系列问题，如：跨学科主题学习教研由谁来组织和策划？如何拟定跨学科主题学习教研活动的主题？怎么组织主题审议？怎样定时定点按主题的要求组织不同学科教师参加教研活动？如何与学科教研统筹规划、持续高质量开展跨学科主题学习教研活动？……这些问题的解决不仅能解决教研缺乏针对性的问题，也有利于学校构建综合、系统的管理体系。

二、基本类型

根据不同的实施主体、内容和目标，可以将跨学科主题学习教研活动分为以下四种类型。

第一，同科同段。此类教研活动的参与者往往是同一学科同一学段的教师，与现有的年级教研组相似，如一年级语文教研组、二年级数学教研组等。

同科同段的教研活动容易把握跨学科主题学习中的学科立场，确保跨学科设计中主学科内容的准确性和完整性。这类教研活动需要教师根据不同的主题内容把握该学科其他年段的学习内容，也需要熟悉同学段其他学科的基本知识，适当邀请其他学科教师参与研讨，能够拓宽学科视野，增强开放性。否则，这类跨学科教研活动容易回到学科教研活动的套路。

第二，同科跨段。此类教研活动的参与者往往是同一学科所有学段的教师，与现有的学校教研组相似。部分多学科整合的教研组也应该纳入本类型，如体艺教研组等。同科跨段的教研活动对于整体架构各学科的跨学科主题学习具有明显的促进作用，特别是在小学（六年）或九年一贯制学校，长学制代表了更多的层次、更丰富的内容以及更全面的探索。这类教研活动同样要求该学科教师具备其他学科知识，建议适当邀请其他学科教师参与研讨。

第三，跨科同段。此类教研活动的参与者往往是同一年段所有学科的教师，与现有的年级组在组织结构上有相似性，但主要目标并非管理而是教学。这类教研活动应该成为跨学科主题学习教研的常态。它可以集合各学科的资源，以某一学科为主，搭建本学段适合学生发展的跨学科主题学习内容框架，让内容系统化和系列化。所有学科的协同共育，正是将学生视为一个完整个体的教育，是全员育人的体现。这类教研活动需要构建一种良好的组织文化，让所有学科教师平等深入参与，通过制度保障，让教师在学科教研之外有时间和空间开展跨学科教研活动，并通过这样的教研实现管理的迭代创新。

第四，跨科跨段。与前三种教研活动不同，此类教研活动的参与者不是固定人员，可以根据讨论或研究的主题，邀约不同学科、不同学段的人员参加，对于部分教师数量不多的学校，甚至可以尝试跨校联合教研。跨科跨段的教研活动是跨学科主题学习的最高要求，即：不凸显学科内容，在主题统整下自觉完成跨学科。当然，这类教研活动和前三种相比，要求更多、更高，特别需要一个兼具专业能力、人格魅力和管理能力的召集人，以及一群具有学科能力但不唯学科、拥有丰富社会生活经验的教师。

上述四类教研活动没有优劣之分，只是代表了不同需求、不同背景下学校开展跨学科主题学习教研活动的样态。（见表8-1）其中，跨科同段和跨科跨段则真正体现了跨学科主题学习教研的理想样态。在现实教研活动中，这四类活动常常会交叉使用。例如，通过同科同段教研形成某一学科跨学科主题学习设计的初步方案，通过同科跨段教研优化方案，使其在符合本年级学生学情的基础上，有机融入学校整体课程架构，再通过跨科同段教研完善教学设计，确保思想性、科学性、适宜性，最后通过跨科跨段教研将上述的跨学科主题学习方案升级为学校的特色课程（群）并逐步向外推广，这一系列过程用到了几乎所有的教研类型。

表8-1 四类跨学科主题学习教研活动比较

教研类型	参与人员	组织类比形态	主要优势	基本条件
同科同段	同一学科同一学段的教师	年级教研组	容易把握跨学科主题学习中的学科立场，确保主学科内容的准确性和完整性	需要学科教师具备全学科和贯通学段的视野
同科跨段	同一学科所有学段的教师	学校教研组（综合教研组）	有助于整体架构各学科的跨学科主题学习，体现跨学科主题学习的螺旋上升	需要学科教师具备全学科的视野，需要配备能贯通学段和学科、具有一定整合管理能力的教研组长
跨科同段	同一学段所有学科的教师	年级组	容易集合各学科的资源，搭建适合本学段学生全面发展的跨学科主题学习内容	需要组织文化的革新，需要强有力的校领导的支持与主持
跨科跨段	没有固定人员，根据主题确定人员	如校运会筹备组	蕴含了跨学科主题学习的根本目标，能从时间与内容两个维度系统架构符合学生全面发展和个性发展的课程，更加灵活变通	需要一个兼具专业能力、人格魅力和管理能力的召集人，一群具有学科能力但不唯学科、拥有丰富社会生活经验的教师等

三、基本流程和关键要素

（一）活动开展的基本流程

跨学科主题学习教研活动虽然涉及多学科多学段，但本质上仍属于教研活动，必须遵循一般的活动流程，但因参与人员、研训主题等的特殊性，在开展教研活动时需要考虑的问题与学科教研活动有所不同。如图8-1呈现了跨学科主题学习教研活动的流程，其基本环节与学科教研活动相类似，包括确定主题、确定人员、形成方案、开展活动等，其中①③④⑤环节体现了跨学科主题学习教研的特点，包括对主题审议的重点关注和对涉及学科的系统梳理，这些是学科教研活动所不具备的。如在环节④梳理与主题相关的学科时，召集人可以采用"广—窄—广"的实践路径。第一个"广"是指在开展主题审议时，就可以将与之相关的学科尽可能罗列，并邀请相关学科所有教师参与教研活动。

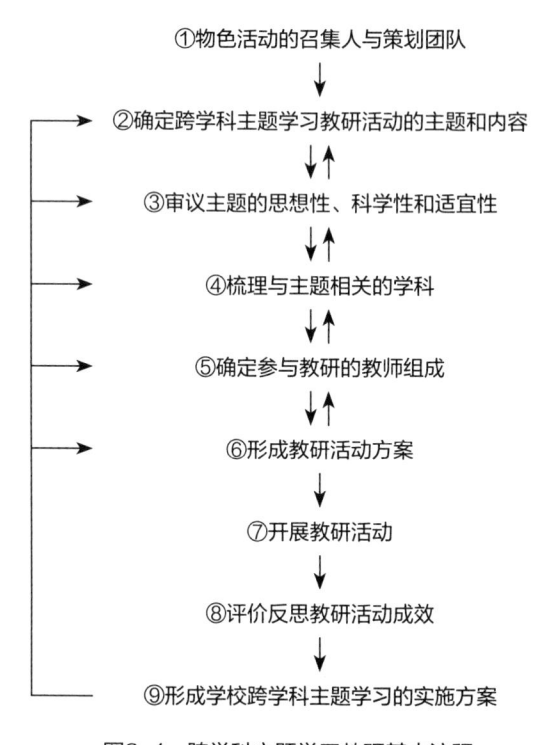

①物色活动的召集人与策划团队
↓
②确定跨学科主题学习教研活动的主题和内容
↓↑
③审议主题的思想性、科学性和适宜性
↓↑
④梳理与主题相关的学科
↓↑
⑤确定参与教研的教师组成
↓↑
⑥形成教研活动方案
↓
⑦开展教研活动
↓
⑧评价反思教研活动成效
↓
⑨形成学校跨学科主题学习的实施方案

图8-1 跨学科主题学习教研基本流程

活动中先集中进行主题说明，再由不同学科组讨论，最后再回到大组辨析本学科是否有必要参与该跨学科主题学习。"窄"是指在深化分解具体内容时，要缩小研讨范围，根据第一步骤确认的学科，邀请骨干教师参与研磨，从而确定该跨学科主题学习涉及的具体学科内容。第二个"广"是指在有了具体的学科内容后，再邀请大范围的学科教师参与研讨，以结构化讨论或头脑风暴的形式对跨学科内容设计的合理性进行二次审议。从上述流程可以看出，环节②③④⑤⑥是可以不断循环往复的。

（二）活动开展的关键要素

跨学科主题学习教研活动对学校和教师来说都是新的挑战，教研过程中碰到的一些问题需要学校在制度层面加以保障，限于篇幅，这里仅探讨学校在实施跨学科主题学习教研活动中的关键要素。

1. 物色跨学科主题学习教研活动的召集人与策划团队

同科同段与同科跨段的教研，本质上还是学科教研活动，召集人可以由教研组长担任，只是教研组长和学科教师要有开阔的视野，具有主动跨学科的意识，邀请相关学科的教师参与教学方案的论证。而跨科同段和跨科跨段的教研活动，随着每次研训主题的不同，研讨的主体学科也在变化，涉及的参与人员也会随之调整。如图8-1就有教研组根据跨学科主题学习教研活动的成效重新明确主题、重新开展主题审议的过程，这种迭代完善必然也产生了对参加教研教师人员的再思考。在这种模式下，原来的学科教研组长难以胜任召集人的角色，"校长"应该成为跨学科主题学习教研活动架构和推动实施的第一人，只有校长作为召集人，才能推动真正的跨学科教研。

这里的"校长"可以是校长本人，也可以是经校长授权的学校学术领袖，但无论是谁，这个"校长"需要同时具备制定、修订管理制度的权力和强有力的学术影响力。开展跨学科主题学习教研活动时，"校长"需要做好以下三件事。

一是在广泛征求意见的基础上，与策划团队一同形成跨学科主题学习教研活动的基本制度和规范。这一规范需要明确跨学科主题学习教研活动开展的基本要素和条件，并对教研活动常态化提供政策支持和保障。如每星期或者每半月固定一天为该校跨学科主题学习教研日，对教师的参与度、认可度和获得感进行及时跟踪和评价，建立一定的奖惩制度，以确保教研活动能持续有效地开展。

二是在教研组长、年级组长和科研室等多方统筹下，形成各学科跨学科主题学习年度教研计划，"校长"作为见证者和审议者将教研列入自己的工作计划并参与活动。设计并实施一个成熟的跨学科主题学习活动相当于开发一门优秀的校本课程，而"校长"作为学校课程管理的第一人，有责任也有能力参与其中，从而赢得更多教师的认同与支持。制订完教研计划后，"校长"需要及时跟进计划执行情况，适时督促执行或修订相关计划。如重庆市巴蜀小学校（以下简称"巴蜀小学"）的"基于学科育人功能的课程综合化实施与评价"教学成果（获2018年基础教育国家级教学成果奖特等奖），其核心就是探索和实施以"学科+"为特点的跨学科主题学习活动。在该项目形成和实施过程中，该学校校长作为第一责任人参与了制度建设和活动开展，并牵头完成和迭代《巴蜀小学跨学科主题学习活动行动指南》，促进"备、教、学、评一体化实施"[1]。尤其是其中"评价与保障"一章，将常态化跨学科主题学习教研活动如何开展用文本的形式进行了规范，确保教研活动有序高效开展。

三是在统筹现有资源的基础上，做好跨学科主题学习教研和学科教研之间的平衡。"校长"作为学校的管理者，确保学校平稳有序发展是其应有之责。一个不可否认的事实是，开展一次跨学科主题学习教研活动所耗费的资源是超过普通学科教研活动的，因此做好两者的平衡是关键。"校长"一方面要借助校外相关专家、各学科教师、学生等的力量推动跨学科教研活动的实施，另一

---

[1] 本章中关于重庆市巴蜀小学跨学科主题学习的案例资料源自魏寿煜等在2022年11月16日召开的第一届全国跨学科主题学习研讨会上的发言材料《创办巴蜀儿童银行》。

方面也要用自己的行政权力适时进行调控，确保跨学科主题学习教研与学科教研之间的平衡。

2. 确定跨学科主题学习教研活动的主题和具体内容

巴蜀小学将学校的跨学科主题学习活动的开展概括为主题确立、主题设计、主题探究、主题发布、主题复盘五个步骤，其中主题确立是最困难也是最需要各学科教师贡献力量和智慧的。对于一般的学校来说，如何在教研中确定跨学科主题学习教研活动的主题？下面是常见的几种主题确立路径。

一是依据课程标准确定教研主题。在2022年版义务教育课程标准中，大多数学科都有跨学科主题学习板块及相应的内容建议，如语文课标在第一学段（1—2年级）就有"在班级、学校或家里养护一种绿植或者小动物。综合运用语文、科学、数学等多学科知识，学习日常观察和记录"的学习内容建议。这为开展跨学科主题学习提供了思路，也为跨学科主题学习教研活动的主题确立提供了指导。学校可以开展"一、二年级绿植养护跨学科主题学习设计教研活动""绿植养护跨学科主题学习中各学科知识的渗透形式""一、二年级学科知识中哪些可以在绿植养护跨学科主题学习中渗透和深化"等一系列教研活动，这些教研活动指向具体的目标和任务，关注真实的任务情境，其可接受度、教师参与度等都会比较强。

二是依据学校跨学科主题学习方案确定教研主题。前面提到，"校长"作为第一责任人需要参与制订本校的跨学科主题学习方案和实施计划，各学科可以围绕学校制订的这一计划选择某些切入口进行教研。例如，巴蜀小学教育集团中的三所学校分别选择了学校跨学科主题学习方案中的不同主题，如"小馆+""我家+""世界+"等，并确定了各年级各学期的具体主题，教师在开展跨学科主题学习教研活动时，就无须纠结跨什么、怎么跨，可以直接研讨如何实现这一主题的"跨"，使教研活动更加聚焦，内容也更加深入。（见表8-2）

表8-2　巴蜀小学教育集团跨学科主题学习活动内容规划表

年级主题 \ 学校主题		"小馆+"（巴蜀小学）	"我家+"（鲁能巴蜀小学）	"世界+"（巴蜀蓝湖郡小学）
快乐适应（一年级）	上学期	新手小"管"家	萌新乐体验	巴蜀初体验
	下学期	萌萌小"当"家	萌娃小当家	萌娃小主人
劳动服务（二年级）	上学期	劳动小达人	劳动小能手	农场小能手
	下学期	丰收小园丁	快乐小园丁	劳动小达人
科学创造（三年级）	上学期	科技小世界	科技小达人	科学小世界
	下学期	科创向未来	创造大未来	小小发明家
文化自信（四年级）	上学期	文化小使者	文化践行者	文化传承者
	下学期	历史传承官	传播家国事	历史小达人
社会参与（五年级）	上学期	校园创意家	校园创造师	校园改造家
	下学期	街区创造师	城市规划师	社区规划师
个性成长（六年级）	上学期	职业体验家	铸造青春梦	感恩毕业礼
	下学期	生涯规划师	梦想搭建家	成长训练营

三是依据教师自创的跨学科主题学习活动确定教研主题。除了上述两种外，应鼓励有能力且对课程开发有一定经验的教师发挥创造性，依据本班或者本年级学生的实际特点，开发有特色的跨学科主题学习活动。这样，跨学科主题学习教研活动的主题由该教师或者教师团队提出，他们根据实践中产生的问题，讨论确定需要哪些学科介入、怎么安排学生的课时、不同学科教师如何协调课程内容等，在学校相关负责人的牵头下，组织相关人员开展研讨，从而明晰该跨学科主题学习活动的实施路径，并进一步规范活动设计中各要素的科学性和完整性。

3. 开展主题审议，确保跨学科主题学习内容的思想性、科学性和适宜性

跨学科主题学习内容的思想性、科学性和适宜性，要通过教研活动进行评判和完善，特别需要建立主题审议制度。2022年版义务教育课程标准中，占90%课时的学科课程内容已经经过众多课程领域和学科领域专家审定，教师可以直接使用；而占10%课时的跨学科主题学习活动，即使在课标中提供了相应建议与案例，具体的内容和开展方式也还是要由学校教师自主确定，更遑论学校自己设计的跨学科主题学习。因此，跨学科主题学习教研活动的一个重要任务，就是要论证这占10%课时的内容的思想性、科学性和适宜性。开展主题审议是跨学科主题学习教研活动的重要内容。

那么主题审议审些什么呢？从前面开展主题审议的必要性分析来看，跨学科主题学习教研中的主题审议需要审议以下几方面：学习内容的中心思想和核心概念是否符合党和国家的要求？涉及的学科知识是否适合学生学习？设置的情境和任务是否符合学生的年龄特点？设计的教学活动和流程是否管用、好用？承担任务的教师能否胜任？现有的资源能否支持这一主题的实施？等等。要回答上述问题就需要所有相关的学科教师共同参与，结合各自的学科知识和学情掌握情况对上述几个方面逐一进行确认、修改或者驳回，让跨学科主题学习的主题更具有思想性、科学性和可操作性。

主题审议有不同的形式，常见的有以下几种。

一是判断性审议。这种审议是最常见的，也是教师最容易表达个人意见的。在教研活动中，教师根据自己的教学经验和学生管理经验，对教研材料进行批判性思考，对其是否合理等进行判断。由于判断性审议需要考虑的问题和因素过多，上到党和国家的教育政策，下到某个特殊学生的具体需求，其操作难度和复杂程度远超教师想象，在日常教研活动中常常是教师各讲各的，不容易聚焦。所以，判断性审议一般需要邀请权威专家介入。

二是选择性审议。这种审议相对比较简单，即在一定主题下，教师对某个跨学科主题学习涉及的资源、学习过程、评价方式等进行审议。这种审议对象是相

对确定的，目的是提高跨学科主题学习的开发效率和实施成效。这种审议往往在教研活动的中后期出现，前提基础是教师对本次教研的主题和内容无异议。

三是建议性审议。一般有三种形式：一是补充性的，前提是已经有了较好的理念和基本内容，只是缺乏具体内容的实施策略，参加教研的教师需要群策群力，在现有理念和内容的基础上进行补充，使其形成完整的教学设计；二是论证性的，前提是所审议的内容已经确定，需要提供实施过程中可能存在的问题让参与的教师进行预判，因此教师需要结合自己的教学经验，想象特定的实践情境，对教学设计提出建议；三是创新性的，是在现有方案和设计的基础上，通过引进新理念、新内容、新方法、新策略、新资源等，进一步完善、优化整体架构。

主题审议的关键就是坦诚与共享。主题审议的过程是理念分享和认同的过程，是策略催生和完善的过程，是团队凝聚和提高的过程，需要每个人都贡献智慧。此外，在常态化教研活动中，可以穿插结构性和非结构性的主题审议环节，前者有具体的步骤和流程，每个人各司其职，后者则类似于头脑风暴。两者交替使用，既可以提高教师的参与度，又能关照教师的"话外之音"。最后，在开展主题审议时，需要掌握动态调整、整体把握、记录后复盘等策略，进一步提高主题审议的成效。

4. 提高不同学科教师参与教研活动的积极性和自觉性

除了同科同段和同科跨段外，一个优秀的、成熟的、可以推广或持续更新的跨学科主题学习活动绝不可能是由一个学科教师独立完成的，因此，教师之间的协调互助是跨学科主题学习教研活动最显著的特征。一门学科的教研组长要协调本学科教师共同完成教研活动尚且有一定的压力，跨学科主题学习教研的组织协调则更为复杂，如何激励教师共同参与跨学科主题学习教研活动，需要在具体操作上下功夫。

一是固定活动的时间、地点和内容，助力教师养成多学科集体教研的习惯。教师的日常工作本来就忙碌，部分教师又缺乏专业发展的自觉，如果没有一个固定的时间和地点开展活动，会给组织者带来困难。因此，每个学校每年都要有明确的跨学科主题学习教研活动规划并认真执行，而且尽可能定时定点定内容。例如，建立定期开展同年级、同学段教师共同备课、互相听课制度，每月或一学期至少策划一次全校教师参加的教研活动；再如，在每学期初的培训或者开学准备期间组织专题活动，让各学科教师集中分享本学期的教研内容与活动设想，从而帮助全体教师了解其他学科教师的教研动向，为开展跨学科主题学习教研活动奠定基础。杭州市萧山区世纪实验小学和江南小学在学期初组织各学科教研组长开展规划阐述和论证活动，让学科教研组长向全校教师宣讲本学期学科教研组的教研理念和活动安排，让不同学科的教师质疑问难，同时邀请教研专家对各组的汇报进行点评和指导。这样的集体教研活动就是一次很好的跨学科教研，学科组之间互通有无，让全体教师了解各学科组的教研，为后续开展跨学科主题学习教研活动提供了很好的基础。

二是调整教研定位，促进教师的个人自省。虽然每次教研活动事先都会安排相应的主题和主讲人（或主要上课人），但要集聚每个人的智慧需要建立全员卷入机制。调整教研定位，让教师从旁观者转变为共同参与者，成为教研成果的共同责任人，在荣辱与共的团队归属感中主动承担责任，学会自省自悟。浙江省小学数学教研员斯苗儿老师创建的"现场改课"教研范式[1]，为全员卷入、人人高质量参与教研活动提供了实践范例。

三是设计专项任务，促进教师协作能力的提升。各学科教师的协同合作不可能一蹴而就，需要借助共同完成专项任务提高教师协同合作的能力。一方面，可以通过正规途径提高各学科教师的协同能力，如申报需要由多学科教师参与的课题，或者开发一门由多学科教师参与的课程等；另一方面，可以通过非正规的途径提高凝聚力，如在运动会、校园文化节等活动中，有意让不同学科背景的教师组建一个团队，通过任务布置、奖惩激励等培养教师分工协作的能力，也可以组织午餐会，利用午餐时间邀请相关教师边吃边聊，在轻松的氛

---

[1] 斯苗儿. 好课多磨：斯苗儿"现场改课"理念与实践 [M]. 北京：人民教育出版社，2021.

围里有效开展工作。

5. 选择恰当的跨学科主题学习教研活动的形式

跨学科主题学习教研活动的形式比常规学科教研活动更为丰富。

一是课例研究。课例研究是一种有效的、教师最喜爱的教研方式。一般来说，课例研究有确定课题、设计方案、上课评课、反思改进等环节，这是一个循环迭代的过程。跨学科主题学习的课例研究也是如此，其中确定主题和设计教学方案这两个环节尤为重要。跨学科主题学习的集体备课研讨需在教学规划完成前介入，不宜在完成后再进行修改，若完成后再修改，容易浪费时间和精力，也会导致设计者失去信心，影响团队的整体积极性。此外，学科教研中的同课异构等方式也可以运用到跨学科主题学习教研活动中。由于跨学科主题学习中不同学科的介入，其同课异构的表现形式可以更加丰富、更加精彩。

二是主题式教研。主题式教研往往围绕跨学科主题学习中的部分特定主题，由相关教师组成研究团队开展教研。一名资深的研究者作为核心人物，负责引领与调控研究的进度。团队成员通过实践性活动、讨论、演讲等多种方式，共同探讨这一主题。一般来说，主题式教研要有明确主题、设计方案、分享讨论、实施改进等步骤，同时也是一个循环迭代的过程。上文提到的主题审议其实就是一个很好的主题式教研活动，其中需要明确和讨论的话题就是某一跨学科主题学习设计是否符合落实立德树人根本任务的要求、是否符合党和国家关于教育的重要论述、是否体现了学科核心素养等，然后团队成员结合自身经验和学识，通过实践研究、头脑风暴等修改明确这一主题。需要强调的是，在主题式教研中，只有通过真实任务或问题的驱动，通过集中研讨交流和实践展示活动，才能激活教师的主动性，让参与的教师带着自己做的设计进行沟通、展示和反思改进，使教师成为真正的实践主体。

三是行动式教研。这也是一种常见的教研活动，教师通过个体反思、系统学习、专家引领等方式获得关于跨学科主题学习的相关知识，经过内化与实践，再将其分享给其他教师并最终成为教师自己的基本素养。对有一定教学经验的骨干教师来说，这种教研是系统建构自己的教学特色，丰富教学理论的重要过程；对新手教师来说，这种教研则是自己理论联系实际，边模仿边实践的有效途径。随着当前关于跨学科主题学习的研究不断深入，相应的研究成果和研究专家也日益增多，教师获得的内容不断丰富。如何选择适合自己的知识，真正理解、消化、掌握这些知识，对教研活动组织者和教师个体提出了很大的挑战。各位老师可以尝试用本书前面章节中的相关内容组织一次行动式教研活动。

6. 适时评价跨学科主题学习教研活动的成效

跨学科主题学习教研活动的评价必不可少，作为本身频次远低于学科教研的活动，如果没有一定的评价引领和激励，教师参与的积极性会逐渐降低，并由此形成恶性循环。同时，正如前文的流程图所示，跨学科主题学习教研活动的评价结果将会影响学校能否真的开发出合适、恰当、好用的实施方案。因此，在设计跨学科主题学习教研活动时就需要将评价要素考虑在内。

首先，应作为常规教研活动进行评价。

跨学科主题学习教研活动应纳入常规教研活动中，因此最基本的评价方案可以借鉴学科教研活动，例如可以将每位教师参与跨学科主题学习教研活动（如听课、备课、评课、沙龙或论坛）的次数进行量化，并且将是否执行年初制订的跨学科主题学习教研工作计划作为评价相关教师的重要维度。此外，可以要求教师及时提交跨学科主题学习教研活动的记录、心得和阶段性成果，鼓励教师将教研活动的过程性资料进行整理，形成跨学科主题学习方面的论文，学校可以参照学科教研设置相应的科研奖励。

在具体实施上，学校跨学科主题学习教研的评价方案应该在学期初就制定完成，每次活动的评价方案由组织者参照学校方案进行细化，并由专门的部门（如教务处、科研处等）负责监督和指导，在期末对上述量化结果和成绩进行统计，作为教师评先评优的重要依据。

其次，应开发具有跨学科特色的评价方案。

由于参与者拥有不同的学科背景，跨学科主题学习教研与学科教研相比有其特殊性，因此在制定评价方案时要时刻关注跨学科的眼光、思维、语言、方法、策略。本节拟以评价主体为例介绍如何开发具有跨学科特色的评价方案。

一是从教师的视角评价。由于每次跨学科主题学习教研活动的参与者可能都会来自不同的学科，因此该教研活动是否有成效，最有发言权的就是不同学科的教师。但不同学科教师的评价方式往往不同。例如，对于理科教师来说，如果通过本次教研活动使某一教学设计的逻辑性更强、关键问题更突出，他们就认为这次教研活动成效显著；但对于文科教师来说，如果本次教研活动提供了丰富的素材和资源，便于他们在教学实践中运用，他们就认为这次教研活动收获颇丰。所以，在制定教研活动的评价方案时，建议以主要学科的学科特点为基础搭建评价的基本框架，再由不同学科的教师加入对主观感受类表达的描述，最终形成既凸显主要学科特点又兼顾不同学科需求的评价方案。

二是从学生的视角评价。学生永远是教育教学的主体，其获得感很大程度上决定了教育教学的成效，教研活动的成效也必然需要通过学生来体现。与学科教学不同，跨学科主题学习难以通过学业成绩等进行评价，因此可以尝试过程性评价与结果性评价相结合。例如，在过程性评价中，可以将学生参与跨学科主题学习的积极性和主动性作为本次教研活动成效的一个评价标准，学生如果对跨学科主题学习充满了兴趣和激情，愿意花更多的时间和精力参与活动，那这个教学设计就是优秀的，相应的，打磨教学设计的教研活动也是成功的。在结果性评价中，跨学科主题学习尝试培养学生解决真实问题的能力，因此学生最终的物化成果（除了课程本身的物化成果外，还应该包括与其相关的学生竞赛类、展示类成果）以及学生解决问题能力的强弱也在一定程度上反映了教研有效与否。

三是从专家的视角评价。学科教研活动中常常邀请教研员、专家学者等作为专家对活动进行点评，跨学科主题学习教研活动也可以参考。一方面，可以邀请相关主题的专家学者参加教研活动，作为点评人或者观察者，在活动结束后给予一定的评判和指导;另一方面,也可以邀请综合性学科,如综合实践活动、道德与法治或者科学、艺术等课程和领域的教师参加教研活动,由他们来判断本次教研活动中各学科的参与、融合情况,并借助综合学科的评价视角和评价方案对教研活动进行评价。

"杭州市胜利实验学校教育集团9月幼小衔接课程"的教研活动策划与实施[①]

活动类型:跨科跨段。

2012年起,学校把9月作为新生入学月,力求实现"控制难度,放慢脚步,等待儿童,激发兴趣,培养习惯,科学衔接",不进行分科教学,开发并实施幼小衔接课程。经过持续十多年的迭代,目前该校形成了不同主题的幼小衔接课程,从原来的适应性活动变成了一门涉及多学科、牵动多部门的跨学科主题学习课程,成为浙江省幼小衔接课程的典范。下面是学校实施该课程教研的主要过程。

一、教研前期准备

1. 校长作为第一责任人,设立幼小衔接课程项目组,主要由一、二年级学科教师组成,并邀请邻近幼儿园部分教师共同参与。

2. 暑假组织一年级教师团队对各学科一年级上册内容进行梳理。

具体内容	科目						
	语文	数学	科学	美术	音乐	体育	……

[①] 该案例选自2016年浙江省幼小衔接项目组资料,引用时有改动。

3. 学习《3—6岁儿童学习与发展指南》，了解入学新生的起点和经验。

4. 确定活动由分管业务的副校长担任召集人。

二、教研活动推进过程

1. 主要议题：针对9月份一年级入学新生，施行不分科教学行不行？如果可以，确定怎样的主题比较合适？

2. 交流分享：教师就《一年级上册学习内容一览表》和《3—6岁儿童学习与发展指南》发表意见。

3. 头脑风暴。

充分交流后达成共识并形成框架。一年级9月份的课程可以不分学科，实施幼小衔接课程，内容定位为美好情感、学习内容、习惯态度、学习方式这四个方面，按四周具体规划主题和内容。

4. 讨论落实周课程主题与内容。

"9月幼小衔接课程"分为"环境适应篇"（第一周）、"学习适应篇"（第二至第四周）和"9月小学生活展能篇"。

环境适应篇（第一周）：基于孩子完整的校园生活而设计，给他们留下幸福校园初印象，目的就是让他们爱上学校。上午是主题式体验活动，下午是文雅习惯养成。

学习适应篇（第二周）：这一周的学习适应以主题整合课为主，每天或每两天有一个主题。比如，主题是儿歌里的数字，那么这一天所有学科共同围绕"数字"这一主题开展，这是接轨了幼儿园的主题活动方式。

学习适应篇（第三至第四周）：这两周为学科协同课程。一个班的所有学科教师共同关注一个习惯，每周重点使学生养成一个习惯。第一周的文雅习惯主要指向校园行为习惯，而这两周主要指向学习习惯。其中，第三周重点关注课堂倾听习惯，第四周是培养大胆发言习惯。

9月小学生活展能篇：指以入学时间为纵轴，系统地设计与新生入学相匹配的评价内容及合适的评价方式，体现新生适应小学生活进程中习惯、个性、能力发展的过程。

[图示：9月幼小衔接课程环形结构图，中心为"9月幼小衔接课程"，内环为"美好情感、学习内容、学习方式、习惯态度"，外环包括"入学适应评价（周五）、主题整合课程（第二周）、主题整合课程（第三至第四周）、学习适应篇（第二至第四周）、幸福童年（四周）、一月适应评价、9月小学生活展能篇、日常奖励卡机制、主题式体验课程、文雅习惯养成课程、环境适应篇（第一周）"]

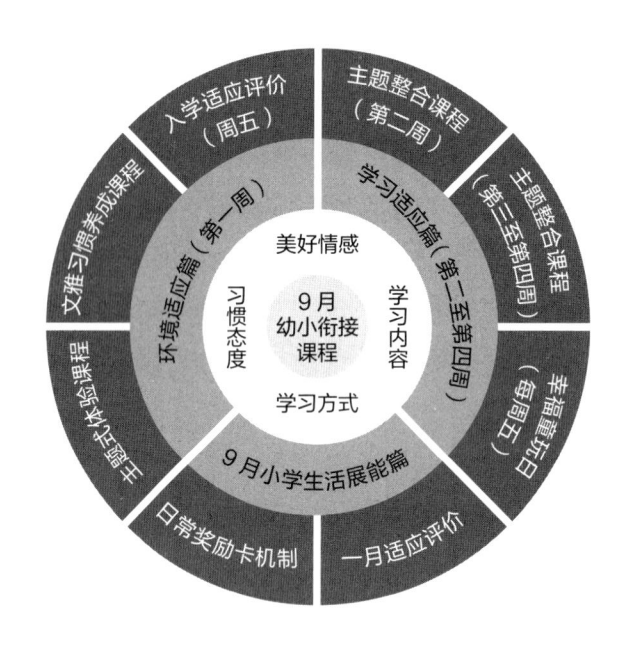

5. 提炼与物化教研成果。

提炼经验并编写《9月幼小衔接课程教学手册》和《9月幼小衔接课程学生手册》，形成幼小衔接的学校课程体系。

[活动点评]

与学科教研相比，这样的跨科跨段教研时间更长、空间更大。杭州市胜利实验学校教育集团持续了十多年的探索，活动的内容和形式不断迭代更新，形成了学校层面的课程开发与推进机制。

学校始终重视团队协作和整体推进。"9月幼小衔接课程"满足了学校整体课程建构的需要，也使低年级教学团队改进了校本研修方式，推进了以学生综合发展为目标的跨学科教研活动的开展，使跨学科教研成为常态。学校形成了定期研修和循环更新的机制。每年暑假，新一年级教师团队提前参与幼小衔接课程研修，内容包括价值认同和实践操作。由学校课程总负责人为新一年级教师团队解读9月幼小衔接课程的发展历程、课程理念，由上一届一年级教师团队负责人做课程实施经验分享，新一年级教师团队协同修改课程手册与学生手册，重点更新《9月幼小衔接课程教学手册》。《9月幼小衔接课程学生手册》有多种功能，既是教材，也是学习单，还是评价单，更是家校沟通的纽带。

跨学科主题学习教研活动是一个崭新的话题，其价值不言而喻。对于跨学科教研的策划与实施，显然还缺乏丰富的实践案例作为支撑，但可以根据跨学科主题学习的特点与要求、常规学科教研的一般机制以及部分学校的实践，做出一般讨论和建议。

热切期待有更多的学校能认识到跨学科主题教研的价值，统筹协调学科教研活动和跨学科主题学习教研活动，从制度、机制、评价等方面进行更深层次、更高站位的整体谋划和布局，形成学科教研与跨学科主题学习教研相互补充和成就的大教研格局，形成越来越多的实践成果，促进跨学科主题学习的高质量实施。

我们诗意畅想：在跨学科主题学习理念被普遍认同的未来，教研的概念会不断拓展和丰富，学科教研和跨学科教研融为一体，不再有区分，"学科教研综合化、跨学科教研常态化"成为教研美好的模样！

本讲小结

学校在策划和实施跨学科主题学习时必将面临的一个难题，即如何聚集不同学科的老师共同开发一个跨学科主题学习课程。在借鉴中小学学科教研活动、学前教育课程审议、年级制管理等经验的基础上，结合跨学科主题学习的新特点和新要求，本讲尝试回答了跨学科主题学习的教研活动是什么和怎么做的问题。

关于"是什么"的问题，本讲从开展跨学科主题学习教研活动的价值和难点出发，尝试归纳中小学常见的四类跨学科主题学习教研活动，并分别从学科和学段两个维度，为不同规模和形式的学校提供了参考模型。

关于"怎么做"的问题，本讲归纳了跨学科主题学习教研活动的九大基本流程，既发扬学科教研活动的优势，又体现跨学科的特点。同时，对具体实施中碰到的"如何确定召集人和策划团队""如何开展主题审议""如何选择恰当的教研活动形式"等关键要素进行分析，提供了若干方法和路径，便于学校和教师借鉴。

思考题

1. 请你结合本讲内容，谈谈跨学科主题学习教研活动相比于学科教研的优势与挑战。
2. 请寻找并记录一个身边的跨学科主题学习教研实践案例。
3. 你对本讲提供的跨学科主题学习教研活动的基本流程有什么优化建议吗？请你结合身边的实践案例提出迭代方案。
4. 对如何提高不同学科教师参加跨学科主题学习教研的积极性，你有什么好点子？试着从学科教研及学校综合活动策划实施中寻找灵感。

第九讲 跨学科主题学习的学校管理

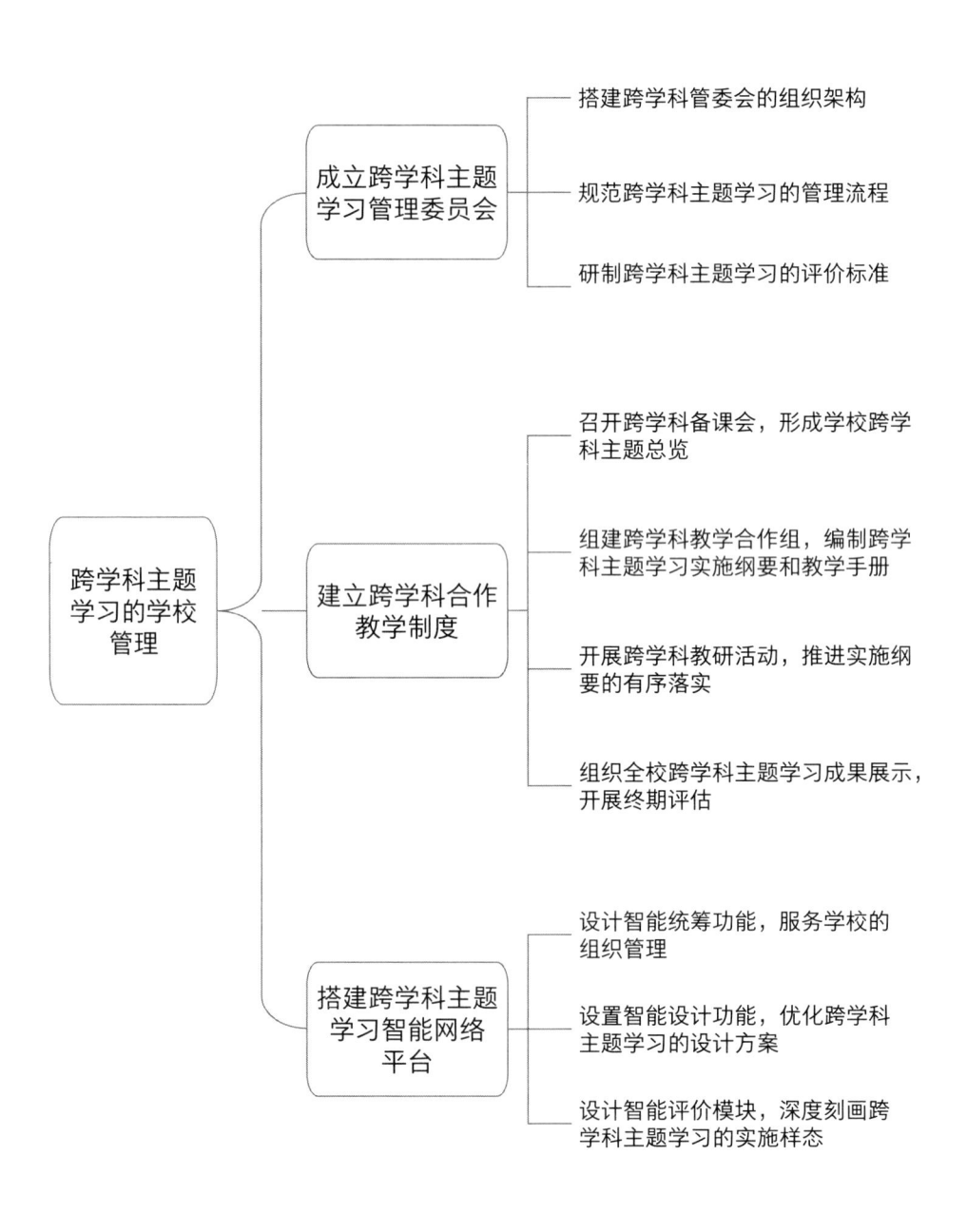

跨学科主题学习的学校管理

- 成立跨学科主题学习管理委员会
  - 搭建跨学科管委会的组织架构
  - 规范跨学科主题学习的管理流程
  - 研制跨学科主题学习的评价标准

- 建立跨学科合作教学制度
  - 召开跨学科备课会，形成学校跨学科主题总览
  - 组建跨学科教学合作组，编制跨学科主题学习实施纲要和教学手册
  - 开展跨学科教研活动，推进实施纲要的有序落实
  - 组织全校跨学科主题学习成果展示，开展终期评估

- 搭建跨学科主题学习智能网络平台
  - 设计智能统筹功能，服务学校的组织管理
  - 设置智能设计功能，优化跨学科主题学习的设计方案
  - 设计智能评价模块，深度刻画跨学科主题学习的实施样态

学校在实施跨学科主题学习的过程中常常会遇到一些管理难题：如何避免跨学科主题学习可能出现的重复？如何避免跨学科主题学习的随意设计与盲目实践？怎样调动学科教师积极主动地跨界合作？怎样合理分配课程资源？如何评价跨学科主题学习的教学质量？……从已有的学校实践探索来看，学校需要树立整体统筹意识，从管理机制、实施流程、平台建设、资源管理等方面进行配套革新，才能在学校层面有序有效地开展跨学科主题学习。

一、成立跨学科主题学习管理委员会

跨学科主题学习的实施需要学校整体统筹和规范管理。由学科教师或学科教研组负责跨学科主题学习，很可能出现"各自为政"的现象，导致跨学科主题学习在学校层面重复，造成活动繁多、"为跨而跨"等问题。为此，学校可以组建跨学科主题学习管理委员会（以下简称跨学科管委会），从学校层面协调资源、规划统筹，推进跨学科主题学习有序实施。

（一）搭建跨学科管委会的组织架构

学校层面的跨学科管委会可由学科教学组长、跨学科教学合作组组长、学校教学管理人员以及外援专家组成，主要职能包括规划全校跨学科主题学习的主题框架、拟定跨学科主题设计方案的评审标准、组织编写跨学科主题学习实施纲要及教学手册、组织开展全校跨学科主题学习的实施与评价、协调各方面的资源等。规模较大的学校，可以根据跨学科主题学习的工作事务，将跨学科管委会进一步细分成小组，如管理组、研发组、指导组和推广组（见图9-1）。合理的组织架构有助于从学校整体层面协调各项工作，加强各方合作，为跨学科主题学习的有序实施提供保障。

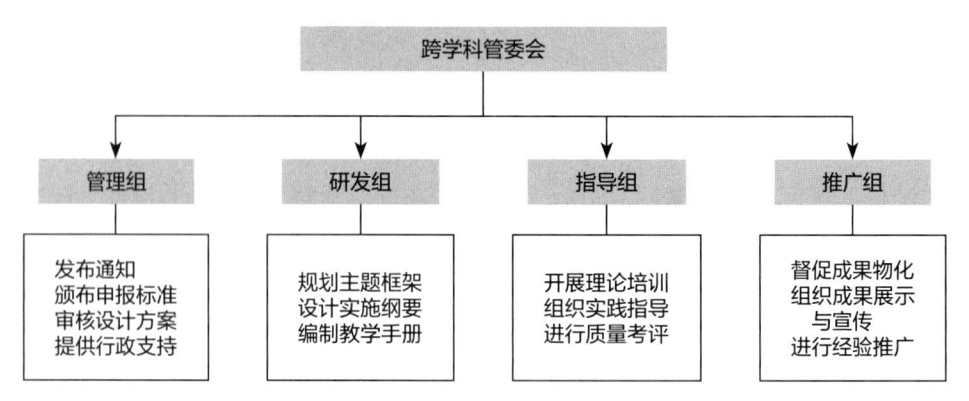

图9-1 跨学科管委会的组织架构

（二）规范跨学科主题学习的管理流程

为了保障跨学科主题学习的科学设计与规范实施，学校可以建立明确的管理流程，激发教师的参与热情。结合北京市朝阳区呼家楼中心小学的实践经验来看，跨学科主题学习的管理主要有六个关键环节。（见图9-2）

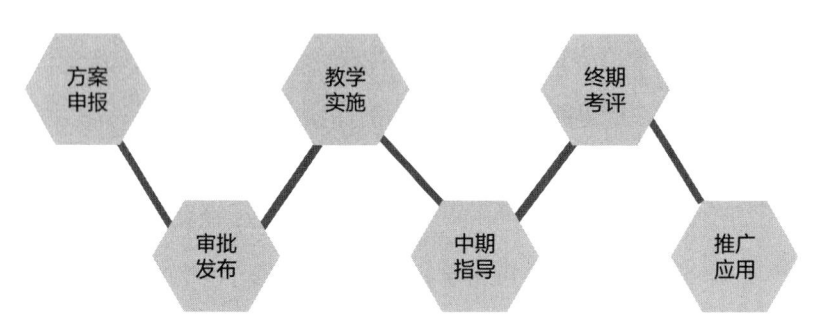

图9-2 跨学科主题学习的管理流程

一是方案申报，通过方案申报制度调动各学科教师的合作意向，引导教师撰写跨学科主题学习的设计方案；二是审批发布，确保跨学科主题学习合理可行；三是教学实施，各学科教师以主题为单位组建教学合作组，进行集体备课、合作上课，落实方案；四是中期指导，由跨学科管委会组织各年级教学组长（或跨学科主题学习负责人）汇报实施进度与教学效果，反馈现实难题和需求，方便学校提供针对性的支持和指导；五是终期考评，由评审委员会组织专家对全校跨学科主题学习的实施情况进行整体评估；六是推广应用，将优秀的跨学科主题学习方案纳入学校典型案例资源库，进行推广。六个环节既相互独立、各有分工，又相互关联、整体统一，统筹学校跨学科主题学习的各项事务，推进跨学科主题学习的有序实施。

三帆中学提出了跨学科主题学习项目申报制度，以一学年为周期，实行"一年一申"，包含项目方案拟定、提交学校审核、项目实施、项目评审、成果展示与激励等五个环节，有效地将跨学科主题学习统一到学校层面来管理、统筹。

（三）研制跨学科主题学习的评价标准

从学校层面研制跨学科主题学习的评价标准有助于为跨学科主题学习的设计提供指引，为实施提供参考，为学校的各项管理决策提供依据。在教学实践中，学校可以通过两种思路设计评价体系，研制评价标准，选择评价工具。

首先，根据跨学科主题学习的管理流程来设计评价体系。

在方案申报阶段，跨学科管委会可制定并发布跨学科主题学习的申报要求与细则，如提供各年级跨学科主题框架、设计方案模板等，为教师撰写跨学科主题学习方案提供参考。在审批发布阶段，跨学科管委会可制定方案评审标准，依据标准审核跨学科主题学习设计方案并公布审批通过的方案。在教学实施、中期指导和终期考评阶段，跨学科管委会可以制定表现性评价指标和终结性评价标准，对跨学科主题学习的实施过程和实施效果进行考评。

例如，学校可以以年级为单位，对各年级提交的跨学科主题学习方案进行评审。具体可以从"主题框架""实施方案""资源管理"三个维度拟定评价指标。（见表9–1）

表9-1　学校跨学科主题学习方案的评价指标

评价内容	评价指标	指标描述
主题框架	结构性	在横向上能够体现学科关联，在每学年的两个学期内有认识水平的进阶
	整合性	各主题不重复、不缺失，结构合理；适用于本年级；能够与其他年级的主题设计组合形成全校跨学科主题学习总览
	创造性	有新意，能够体现地方特色和学校的教学改革追求
实施方案	科学性	在主题设计、目标确定、任务安排、教学评价方面具有学理依据，体现课程育人思维
	可行性	符合课标要求，适合学校现有的条件基础
	操作性	包含本年级跨学科主题学习主题设置表、跨学科主题学习教学指导手册（包括教学材料和评价工具）；方便后续跨学科主题学习的开发和实施人员参照实施方案开展教学活动
资源管理	技术性	能够利用现代信息技术和人工智能，提升资源配置与管理的合理性，加速资源开发与优化迭代
	规范性	符合相关规范并方便学校根据实施需要灵活调整
	开放性	充分调动家庭、学校和社会的资源，为跨学科主题学习实施提供支持

其次，从跨学科主题学习的参与者维度，建立全域、全程、全员评价体系。（见表9-2）

表9-2　跨学科主题学习的全域、全程、全员评价体系

评价要素	评价载体	评价方式	评价主体	评价目的
学校保障	跨学科主题设计方案申报细则 跨学科主题设计方案评审标准	全员监督	学校 教师 家长 社会	建立标准和规范，提供支持与保障

续表

评价要素	评价载体	评价方式	评价主体	评价目的
教师设计	跨学科主题设计方案 跨学科主题学习实施纲要 跨学科主题学习手册 教学表现评价量表	形成性评价 终结性评价	学校 教师（自评、互评） 家长 学生	科学、全面、客观地评判实施纲要，为改进和优化教学指明方向
学生学习	学习成果评价量表 阶段性发展问卷调查结果 学生成长报告单	诊断性评价 过程性评价 终结性评价 数据监测 数据分析	学生（自评、互评） 教师 家长	全面了解学生的学习状况，关注学生的知识与技能、经历和体验，激发学生自主学习的动力，增强学生的成就感
家长参与	家长参与度问卷调查结果	数据分析	教师 学生 家长	调动家长参与学校教育的积极性，使家庭教育与学校教育相互促进
社区支持	资源提供及应用问卷调查结果	数据分析	参与人员	合理利用社区资源，共促学生发展

在学校层面建立较完备的评价体系，不仅能全面监测跨学科主题学习的实施质量，其本身也具有指导作用。例如，表9-2中的教学表现评价量表、学习成果评价量表，其具体的评价指标不仅可以用于质量监测，而且具有教学前引领、教学中分析、教学后诊断的功能，引导教师针对教学的细节开展反思与改进。

二、建立跨学科合作教学制度

为有效实施跨学科主题学习，学校必须建立跨学科合作教学制度，形成学科主题学习的实施流程（见图9-3），有序推进不同学科教师间的自觉合作。

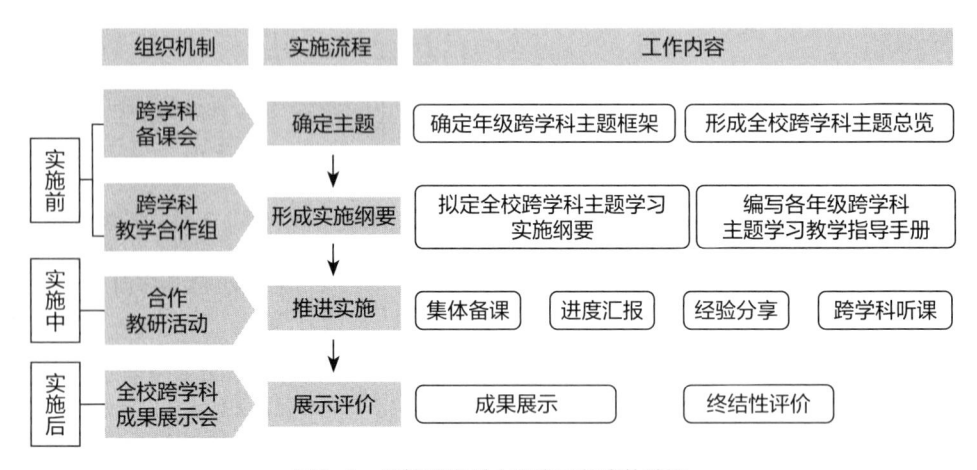

图9-3　学校跨学科主题学习的实施流程

（一）召开跨学科备课会，形成学校跨学科主题总览

每学期开学前，学校可以组织学科组长召开跨学科备课会，交流各学科的知识内容、"跨"的方向以及匹配的实践活动。在讨论中让各学科组长互相发现可以合作的学科，然后结组讨论，调整、聚焦学科融合点，勾勒跨学科主题，拟定跨学科主题学习的目标。例如，三帆中学地理、化学、生物学跨学科教学合作组就是通过学科组长备课会的交流集结而成，三科教师共同合作，在跨学科研讨中确定了跨学科主题。前述跨学科主题学习"水与生活"就是他们的合作成果。

学校也可以鼓励各学科教师先拟写跨学科主题设计简案，以年级为单位开会交流，确定本年级的跨学科主题，各年级汇总继而形成全校跨学科主题学习总览。例如，学军小学紫金港校区的做法是：先让学科教师拟写本学科本学期跨学科主题学习设计简案，再召开跨学科备课会，确定年级主题框架。这种做法有助于引导教师"以案说法"，交流细节，优化本年级跨学科主题设计的内在结构。

无论是先由学科教师拟定跨学科主题学习简案再整合成学校跨学科主题总览，还是先粗略设想全校跨学科主题框架再逐一完善各个跨学科主题学习简案，跨学科主题学习设计方案都最为关键。在2022年版义务教育课程标准中，对于跨学科主题学习的目的、设计要求、教学实施的注意事项等，都有明确说明。例如，2022年版地理课标从学习目标、学习主题和内容、学习形式、学习场所、学习评价五个方面提出了设计建议，并在附录里提供了典型案例供参考。当然，即便课标给出了足够的参考主题，教师也应该根据课程的内容要求和学生特点，挖掘当地资源，进行更个性化的、有时代特点的主题设计。教师设计的跨学科主题学习方案至少要包含以下要素：基本信息、设计思路、教学分析、学习活动设计、成果与评价、总结反思与活动延伸等。

跨学科备课会后，由年级备课组长依据方案中的主题、目标、任务、所跨学科等要素进行筛选统整，列出本学科本年级跨学科主题学习的主题框架，汇总形成全校跨学科主题总览。例如，下页表9-3所示的北京市朝阳区呼家楼中心小学项目式学习汇总表，既可以整体呈现全校项目式学习的总体框架，又方便各学科教师查看各年级、各项目之间的关联。借鉴这一思路，结合本校跨学习备课会的研讨结论，可以整理、制定适合本校的跨学科主题学习总览。

（二）组建跨学科教学合作组，编制跨学科主题学习实施纲要和教学手册

形成学校跨学科主题总览后，学校可按主题组建跨学科教学合作组，从学校层面系统设计规范的跨学科主题学习实施纲要（以下简称实施纲要），进而编制详细的跨学科主题学习教学手册（以下简称教学手册）。

实施纲要是对全校跨学科主题学习活动的总体安排，包含基本原则、主题设置、教学资源、教学建议等内容。教学手册是实施纲要的具体化，可以按年级分册编制，根据主题分别呈现。具体而言，教学手册中每个跨学科主题学习应包含基本信息（主题、实施环境与材料要求、适用学段、所跨学科等）、教学分析（学情分析、核心知识、驱动性问题等）、学习任务、学习材料、成果评价、总结反思。

实施纲要和教学手册既可以为教师实施跨学科主题学习提供脚本和参照，又能为学生独立的学习活动提供脚手架。从资源开发的角度来说，规范详细的教学手册不仅有助于跨学科主题学习的实施，而且方便存储与检索，为教师调阅学习、开展跨学科主题学习研究提供一手资料。

表9-3 学校项目式学习总览（北京市朝阳区呼家楼中心小学）

年级	道德与法治	语文	数学	英语	科学与信息科技	艺术	体育	劳动	综合实践活动
一	我是家里的小主管	探秘汉字王国	探秘有趣的"数"——小小购物员	走进春节（The Spring Festival）	豆豆身边的大自然——声音的奥秘	诵读动漫 让汉字活起来	班级啦啦操	我有一双巧手 给垃圾找个家——我是家里的小主管	"我的班级"特色策划
二	周末活动策划师——周末时光巧安排	画出我的故事	测量小达人 超市购物——硬币与票据	我爱我家（I love my family）我的动物朋友们（My animal friends）美味的食物（Yummy food）	童眼看人工世界 探秘声音——万花筒的秘密	沙画与经典诵读 皮影童趣		我是节能小达人——童手办超市	"我的班级"介绍
三	我是安全小卫士——危险应对技巧	走进童话世界	有趣的数字之谜——我们的小菜园	中外节日小达人（Holidays）我的未来我做主（My future job）	小小气象预报员 揭开雷电的秘密	民族服装T台秀	小冰袋大智慧	趣味种植——有机蔬菜与普通蔬菜对比研究	探索恐龙世界
四	"绿色"让生活更美好——低碳生活每一天	生活中的本草纲目	惊人的大数——小小营养师	食费东西（Different foods）趣读节日（Holidays&Festivals）	用科技灌溉新生命——无动力喷泉	演绎国粹"京剧"		穿在身上的艺术——家居文化	走进世界
五	开心农场我做主——阳台小农庄	童心演绎民间故事	"打车"之数学妙想 停车场停车难问题	玩转万圣节（Trick or Treat）植物连连看（Interesting plants）	揭秘沙尘暴 汽车新能源	镜头中的世界 校园冬奥会宣传视频	"冬奥会"我们来了	维修小家电 我的创意美食	数码照片的秘密
六	法律在我们身边——学一学，有哪些法律保护着你	探索故宫怪兽之谜 坐在影院"读"经典	我是节水小能手 一个税看百姓生活	有趣的生肖（Interesting birth-year animals）环保我先行（Green kids）	我心飞翔——航天探秘	影视作品中的灵魂"音乐"毕业纪念		策划毕业旅行 我来做导游	我的网店我做主

（三）开展跨学科教研活动，推进实施纲要的有序落实

实施纲要和教学手册的编制工作完成后，学校还需要关注其落实与推进。通过开展跨学科教研活动，完善跨学科教学合作的基本细则，为跨学科教学合作常态化提供支持和保障。

其一，设置固定的教研时间。例如，三帆中学施行每周集体备课、每月进度汇报、每学期经验分享的跨学科教研制度，促进跨学科教学合作。每周集体备课有助于不同学科的教师合作完善教案与课件，知晓本学科特质及其与相关学科的关联点，明确教学职责。每月进度汇报帮助教师了解跨学科主题学习的教学进度，调整教学节奏，确保跨学科主题学习有序推进。每学期的经验分享会一般在学期末召开，由年级组长或年级主任组织本年级各学科教师参加，各教学合作组以主题为单位总结跨学科主题学习的实施情况，各组开展互评互助。

其二，组织教师跨学科听课。通常情况下，教师可以根据学科相关性选择听课科目，也可以根据主题学习的需要决定听课的课时与年级。例如，为了提升低年段"漫画"这一跨学科主题学习的教学质量，语文、美术、科学三科教师可以互相听课，综合了解各学科共同的知识与技能。

（四）组织全校跨学科主题学习成果展示，开展终期评估

为增进经验交流，可以在学期末举办全校跨学科主题学习成果展示会，包括教师教学成果展示和学生学习成果展示两部分。参与人员可包括跨学科管委会评议人员、教师代表和学生代表；展示与分享内容包括跨学科主题学习成果集、学生学习后的物化成果、教师的教研成果和科研成果、社会影响等。将各年级跨学科主题学习成果一起展出，有助于增进各年级、各学科师生之间的交流与了解，打破学科界限，激发创造灵感。

综上所述，跨学科主题学习应是规范合理、流程清晰、协调有度的。科学规范的制度、流程化的实施路线不仅能够为学校推进跨学科主题学习提供引领，

而且有助于促进学校跨学科主题结构的完善与优化。

三、搭建跨学科主题学习智能网络平台

实施跨学科主题学习是一项复杂的系统工程，现代信息技术和人工智能可以为跨学科主题学习的管理与实施提供支持。学校可依据跨学科主题学习的设计思想，从智能统筹、智能设计、智能评价三个方面研制跨学科主题学习智能网络平台（见图9-4），为跨学科主题学习的实施提供服务和保障。

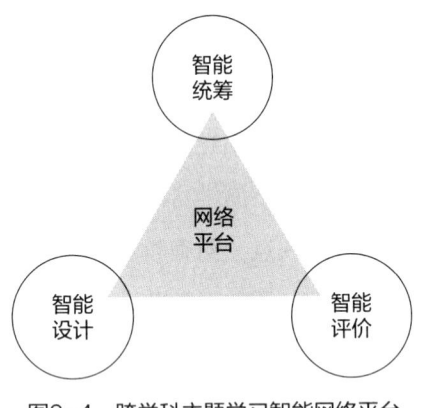

图9-4 跨学科主题学习智能网络平台

（一）设计智能统筹功能，服务学校的组织管理

跨学科主题学习的统筹管理工作较为复杂，学校可以在网络平台中设计智能统筹功能，全面统筹跨学科主题学习的推进工作。为了操作方便，可以设计"方案申报""审批发布""实施推进""展示评价"四个模块。

"方案申报"模块主要用于收集跨学科主题学习设计方案，为网络后台智能整理提供数据。为了让智能平台能够准确地抓取信息进行整合，学校可以为跨学科主题学习设计方案设置统一的格式，列出相关材料清单与细则，如跨学科主题学习设计方案申报细则、撰写模板。其中，学科教师提交的跨学科主题学习设计方案应包含关键信息（主题名称、核心知识、教学目标、任务设计等）和适用范围信息（学科、年级、课时等）。平台通过抓取方案中的关键信息进行对比和匹配，给出结果报告，显示方案的知识交叉点或重合点，为教师结组合作、调整方案提供依据和参考。

"审批发布"模块主要为跨学科主题学习的审批和发布提供服务与支持。可以将评审标准与相关要求上传至平台，方便教师浏览下载。同时，"审批发

布"模块还用于发布跨学科主题学习设计方案申报事务的通知与公示，为教师获取信息提供窗口。

"实施推进"模块主要包括跨学科教学与教研两类活动的推进。跨学科教学推进可以主题为单位，将各主题学习的进度及其所涉及的教师、资源、课时进行可视化显示，方便教师全面了解活动进程，明晓自身的教学职责。学校也可以通过平台检查各主题学习的进度，进而制订教研计划、提供教研材料，支持跨学科合作教学有序有效展开。

"展示评价"模块主要用于展示跨学科主题学习的过程和物化成果。借助评价区构建开放的对话平台，将学生的学习与家长、社会公众建立联系，丰富学生的对话维度，提升教师的育人成就感和学生的学习实践感。

（二）设置智能设计功能，优化跨学科主题学习的设计方案

智能设计主要服务于教师的跨学科主题学习方案设计工作。教师可以根据跨学科教学需要，在平台上输入关键词，检索相关主题的设计方案及其教学手册。因此，智能设计功能依赖于大量跨学科主题学习的案例和资源。为了方便教师查询与检索，学校可以从资源开发和平台设计两个方面着手，完善跨学科主题学习的智能设计功能。

一方面，应注重跨学科主题学习的资源积累与分类。从使用主体上看，跨学科主题学习的资源可以分为教学材料资源和理论成果资源。教学材料资源主要为教师设计跨学科主题学习方案提供参考。在一个跨学科主题学习完成后，学校可以组织教师修改、完善相关教学材料，如设计方案、实施纲要、教学指导手册（包括教学材料、学习材料、评价工具等）以及学生学习成果，上传至跨学科主题学习资源库。丰富多样的教学材料资源可以为教师备课与教研提供依据，结构化的分类有助于教师查阅，为教师选择和更新设计方案提供指引。理论成果资源指教师在实施跨学科主题学习过程中形成的经验总结、教学反思，以及相关的文献资料、学术论文等。理论资源能够为教师全面认识跨学科主题学习提供指导和帮助，促进教师专业发展。

另一方面，要加强检索选项的设计，增强检索功能。可以设计关键词检索功能，为教师提供多种选择。教师可以通过目标、主题、年级、学科等方面的关键词进行粗略检索，搜寻和选择适用的一整套跨学科主题学习方案；也可以通过任务环节或分主题关键词进行精细检索，根据需要选择相关材料组合成新的跨学科主题学习方案。同时，平台还可以设计智能化推荐功能。当教师选择某一跨学科主题学习方案时，网络平台可以依据相关性为其推荐多个同类跨学科主题学习方案以及相关的教学实施大纲，为教师提供全套的教学材料。

（三）设计智能评价模块，深度刻画跨学科主题学习的实施样态

智能评价主要服务学校对跨学科主题学习的整体考核，方便学校全面了解跨学科主题学习的实施动态和质量。具体而言，智能评价指网络平台先对跨学科主题学习的设计、实施、成效进行全程监测，获得全面的原始数据，进而根据考评需要生成评价报告。换言之，考评的智能化和准确度依赖于全面的数据。在平台设计时，可以根据主题，利用前文所述的评价体系和评价工具，构建数据模型，搭建数据库，积累原始数据。

在使用智能评价功能时，学校可以根据需要灵活设置考评选项。例如，学校要研究某位优秀教师的跨学科主题学习的教学质量，可以在平台中输入教师姓名，选择考评内容，如方案设计、教研参与、教学表现、教学效果等，网络平台便能够快速生成结构化的跨学科主题学习教学质量报告，报告结构可如表9-4所示。与零碎的主观评价不同，智能评价能够从多个维度评价跨学科主题学习的实施样态，并能快速反馈评价结果，甚至提出有针对性、结构化的改进建议，从而改变考评的单一评定功能，发挥考评反馈与引导改进的作用。

表9-4　教师跨学科教学质量考评报告

姓名：	岗位：	日期：
考评结果等级：		
跨学科教学质量描述性评价		
方案设计：		
教研参与：		
教学表现：		
教学效果：		
总结性描述：		
跨学科教学质量诊断性分析 （从跨学科主题学习方案设计、教研参与、教学表现、教学效果等方面诊断分析，形式上可以采用饼状图、条形图、趋势图等）		
教学改进建议		

本讲小结

跨学科主题学习的学校管理是一项复杂的系统工程，在人员上涉及教师、学生、家长以及设备管理者，在事务上涉及课程整合、教学合作、活动组织、资源协调等。学校要树立整体统筹意识，从管理机制、实施流程、平台建设、资源管理等方面进行一体化变革。在具体策略上，学校可以组建跨学科主题学习管理委员会，从学校层面整体统筹；建立跨学科合作教学制度，规范学校跨学科主题学习的实施流程；搭建智能网络平台，实现智能统筹、智能设计与智能评价功能，为学校管理跨学科主题学习提供支持。

思考题

1. 你所在的学校是如何统筹管理跨学科主题学习的？你觉得这种方式有效吗？有何进一步改进的建议？
2. 你所在的学校是如何组织学科教师开展跨学科合作教学的？你觉得哪些方面还需要改进？为什么？
3. 利用现代信息技术和人工智能支持跨学科主题学习的管理与实施，目前还处于设想阶段，你觉得在这方面还可以怎样做？请结合教学管理实践具体地谈一谈。

结语 让学生成为能动地改造和创造世界的主人

著名的钱学森之问"为什么我们的学校总是培养不出杰出人才",在比较教育学的视野下,还可以这样表达:为什么我们的基础教育质量高,高等教育却排名落后?为什么我们的学生基础扎实,却少有持续发展的后劲,创新力不足?数学家丘成桐在多个场合谈到中国学生的问题。他认为,没有追求学问的兴趣和热情、没有解决问题的信心是中国学生最大的问题,而中国学生学习得好主要表现在考试考得好,学生变成了"考试机器"。也就是说,学生如果没有实践能力、创新精神,基础扎实就没了意义。

《义务教育课程方案(2022年版)》指出,要"强化课程综合性和实践性,推动育人方式变革,着力发展学生核心素养",在学科类课程标准中"设立跨学科主题学习活动,加强学科间相互关联,带动课程综合化实施,强化实践性要求",注重培养学生在真实情境中综合运用知识解决问题的能力。在这个意义上,可以把跨学科主题学习看作我们自觉探索基础教育人才培养的一种积极而又稳妥的课程策略,也是提升人才培养质量的重要举措。

一、培育学生融会贯通、化知成智的信心与能力

跨学科主题学习进入课程标准之前,一线学校已经有了许多类似的实践探索,如学科内的"问题解决"、项目化学习以及多学科融合的STEAM学习等。这些探索的共同之处,是关注学生综合运用知识解决问题的能力,引导学生运用多学科的视角、思想和方法来观察、思考、分析、解决现实问题。这些探索说明人们已经自发地体悟到了人才培养不能仅靠学科课堂教学,必须让学生在复杂情境中去创造和实践。跨学科主题学习正式进入课程,意味着个别的先锋探索变成了每一门学科、每一位教师普遍必须的行动,成为中国基础教育人才培养方式变革的一个信号灯。

在学科内部设立跨学科主题学习,有两层意涵:第一,学科课程不能废,

分科设置课程有一定的合理性；第二，不能把分科设置课程理解成学科之间的隔绝与各不相干。

跨学科主题学习是立足学科的主动跨界。立足学科，让学生拥有系统而扎实的学科知识与方法；主动跨界，让学生能够破除分科课程带来的视界窄化、思维僵化。2021年联合国教科文组织发布的国际委员会关于"教育的未来"的报告《一起重新构想我们的未来：为教育打造新的社会契约》，明确地指出了这一点。它说："教育可以自然而然地实现知其然和知其所以然。……基础知识和技能可以相互交织、相互补充。近几十年来，关于课程的讨论一直在知识与能力之间不断摇摆。现在时机已经成熟，我们可以配置一套新的动态机制，既可以为承载大量知识的教学方式提供支持，也不放弃基于项目和基于问题的教学方式所带来的成果，例如，通过密切关注当代问题，使课程学习与学生自身息息相关。"[1]跨学科主题学习就是这样一种理智的、积极的动态机制，让学生既具备学科课程的系统知识，又能拥有综合应用多学科知识解决复杂问题的机会。

歌德说过，一个人不懂得外语，就无法知晓自己的母语。作为学校课程，外语和母语必然是分别开设的两门课程。正因为分别开设，才能在深刻理解本学科逻辑的基础上，去理解另外一个相关学科。维果茨基引用歌德的这一说法论证说："掌握外语能使儿童在对母语的语言形式的理解、语言现象的概括方面上升到更高的水平，在更自觉和自如地把词语用作思维和表达概念的工具方面达到更高的水平。"[2]运用其他学科的思想、方法和工具，对理解、参悟和运用本学科的知识大有助益，更重要的是，它还能帮助学生形成多视角观察和思考问题的品质，形成整体把握事物本质的通透能力，避免分科课程造成的刻板化。例如，化学考卷的题目"有利于保护空气的做法有哪些"，若有宽广的思路，便会针对问题本身来思考，就会选择"A. 减少有害气体的排放"和

---

[1] 联合国教科文组织. 一起重新构想我们的未来：为教育打造新的社会契约[M]. 北京：教育科学出版社，2022：66.
[2] 维果茨基. 维果茨基教育论著选[M]. 余震球，选译. 北京：人民教育出版社，1994：208.

"B. 积极植树、造林、种草"两个选项，但常有学生因问题出自化学而只选A——这就是刻板思维了。在这个意义上，跨学科主题学习的设立能够帮助学生超越学科藩篱走向问题本身，养成把握事物本质的思想品质。

在学科内设置跨学科主题学习，有助于启发教师在学科课程教学中正确处理知识学习与学生经验及能力发展的关系、处理系统的学科知识与复杂的社会生活的关系。处理这两对关系，要避免非此即彼的极端化倾向，尤其要避免综合化背景下的庸俗化倾向，例如，降低知识难度来引起学生兴趣、减轻学习负担的做法，为了联系学生经验、社会生活而废弃学科课程，以活动课程、综合课程来替代的想法。一个好的跨学科主题学习就是基于学科的主动跨界。布鲁纳在《教育过程》一书中举过一个例子，可以看作是在学科课程内实现类似于跨学科主题学习的综合化学习的典型示例。"一个已经学习了东南各州的社会和经济地理这个传统单元的六年级实验班，开始学习北方中央地区，学生要在一幅绘着自然特征和天然资源但没有地名的地图上找出这个地区主要城市的位置。最后在课堂讨论中，学生很快地提出许多有关城市建设要求的似乎合理的理论：一个水运理论，把芝加哥放在三个湖的汇合处；一个矿藏资源理论，把芝加哥放在默萨比山脉附近；一个食品供应理论，把一个大城市放在衣阿华的肥沃土地上，等等。实验班在兴趣的浓厚程度和概念的完善程度方面都远远超过控制班。然而，最显著的则是儿童的态度。对他们来说，城市的位置第一次成了一个问题，并且是能够经过思考发现答案的问题。"[1]显然，这是一个地理课程的问题，却又广泛涉及社会、经济、文化、自然矿产等各个方面，是一个跨学科的综合性问题。学生必须调动已有的知识储备来观察、分析，运用自己的头脑去思考，通过讨论去确认……，这样，便将学生、学科与社会生活联系起来了，让学生在解决问题的过程中成为城市设计者和社会经济地理理论的发现者。

在这样的学习中，学生是知识的应用者、知识的发现者而非信号传输的接收终端。

---

[1] 布鲁纳. 教育过程 [M]. 邵瑞珍, 译. 北京: 文化教育出版社, 1982: 39-40.

二、养成学生直面困难的勇气与品格

学生的发展是在克服困难的自觉活动中实现的。不经历困难，就不能激发内在的潜能，自觉的快速发展也难以实现。当然，并不是所有的困难都有意义，有些所谓的困难可能只是教师对学生的"为难"，并不具备教育价值。具有教育意义的困难通常与它的类型和来源有关。若困难只是有点难度的学科题目，答案唯一而封闭，那么，这样的困难就只是一项孤立的任务，它所关联的，只是学生在本学科已经学过的知识与技能；它从何而来又向何处去，解决它有什么意义，学生并不特别关心。在这样的情况下，学生解决问题的思路可能是刻板的套路，所用知识和方法，大多是点状、线性的，就事论事，难以站在高远处整体规划，也很少能够通过"难题"的解决建立起相互联结的结构化思想，更难发生情意态度价值观的提升。

跨学科主题学习要克服的困难则应是真实的、不确定的、开放式的困难。在跨学科主题学习中，会遇到多少困难、什么样的困难，能否解决、如何解决，解决之后的结果如何，都不确定，因而是真实的、无法回避的困难。跨学科主题学习当然有目标，有达成目标的一般路径预设，但目标如何达成、达成度如何，达成目标的具体展开过程如何，都像科学研究和现实的社会生活一样，是不确定的，是在学生达成目标的主动活动中才逐渐显现出来的。同样的主题，不同的学生会有不同的规划、采用不同的方法、运用不同的工具、经历不同的过程，遇到的困难及其强度不同，收获也不同，正如真实的世界本身，幻化多样，极富个性。对学生来说，跨学科主题学习就是一系列困难的解决过程。困难之间相互关联，要求学生必须站在全局视野去观察和思考解决困难的思路与方法，调动多学科的知识和工具，形成整体的结构化的思路。同时，对待困难的态度本身也成为学生学习和收获的重要内容。例如，遇到困难采取什么策略，如何评估困难在问题解决中的地位与价值，用什么样的方式去解决，等等，都影响并塑造着学生品格。可以说，在跨学科主题学习这里，虽然"跨学科"是前提，但"主题学习"才是落点。跨学科主题学习的困难解决，是学生真正发生学习、成为学习主体的关键。

北师大二附中的"诗乐舞（语文、音乐、舞蹈）"跨学科主题学习，导演、编舞、作曲、演员都是高二学生。主题学习结束后，学生导演在他的导演手记中写下了这样一段话：

"成功地用现代生活的形式表达出古诗中的情意并不脱离古诗本身，对于我们来说简直是平地起高楼……不能缺少古诗元素，又不愿意放弃现代的形式，最后的决定是：不要台词。这种不切实际的想法，听起来又像是给自己设的第二个难关。那有什么办法呢，谁让我们是一群天马行空喜欢冒险的年轻人？那就关关难过关关过吧。……梦想成了现实。……曾经给自己设下的困难，回头再看，不是困难，都是礼物。见证着一个突然的念头最终成了自己生命中美好的篇章，是……无可替代的美好体验。"

在这段话里，我们看到，所谓的困难，是学生"自找的"，原本可以不这么难。但是，年轻人有冒险的勇气，有"关关难过关关过"的决心，所以，他们能够迎难而上。化解困难的过程就是成长的过程，是欣赏他人、挖掘自身潜力的过程。更重要的是，他们对自己、对外界有了积极而中肯的态度，有能力去创造、去实现一个心目中想要的结果。克服什么样的困难，决定着能有多大的收获。正如这位学生导演所说，"困难成了礼物"，在克服困难中学会了如何与他人合作，发掘同伴的潜力，与同伴建立相互依赖、信任的关系。正是在真实的对象性活动中，结成了紧密的人与人的主体间关系。

跨学科主题学习中的困难，是学生在不确定性中追求确定的结果的内在组成部分。克服困难，才让学生切身感受到自身的存在，并通过克服困难缩短自身与客观世界、与书本知识的差距，同时拥有克服困难、解决难题的热情和品格。

三、让学生拥有改造和创造世界的能力与热情

学生终将从学校走向社会，从有限的教育空间走向无限广阔的世界。因此，学生学习的目的，绝不仅仅是掌握前人实践和认识的成果。理解前人的实践方式、思考方式，形成相应的情感态度和价值观，也是学生学习的重要目的。

经由教室、学校，学生打下了走向社会的根基。根基扎得越牢、越深，才会越有底气。但不能因此就将学校与社会隔离以保证学校重要作用的发挥，反而要通过让学生走进社会、了解社会、参与社会生活的机会来展现学校教育全面、自觉的特性。让学生以社会一分子的身份，参与到真实的社会生活中去，是学校教育的重要内容，是学校育人的重要途径。跨学科主题学习便是助力学生走向社会的一种自觉途径。

跨学科主题学习开通了一条帮助学生走向真实社会的道路。正是在自觉的跨学科主题学习中，学生拥有了综合应用多学科知识解决复杂问题的机会，领略了知识的价值；同时，正因为现实问题的解决，让学生在复杂情境中有了勇气去质疑、批判、创新知识；形成学生对待知识的一般态度。例如，领悟到知识并不是"本来如此"的一成不变，而是前贤们在解决问题的过程中发现、建构，又在不断应用的过程中被审视、被质疑、被批判，进而得到发展的。学生应能体悟到：知识和人类的未来，与我们每一个人都有关系，我们每一个人都承担着推进知识演化和人类文明发展的责任。"知识总会在其被生成、应用和重新审视的过程中不断发展演变。"[1] "知识永远不会完整，教育者应邀请并允许学生参与到对知识的进一步共同创造中来。"[2] 这样的体会，在跨学科主题学习中比在学科知识学习中更深切。

系统的学科知识的学习是创造、发现新知识的前提，也是与前贤进行代际

---

[1] 联合国教科文组织. 一起重新构想我们的未来：为教育打造新的社会契约[M]. 北京：教育科学出版社，2022：66.
[2] 同[1]：67.

对话的前提。但是，真正的对话绝不是倾诉和倾听。学生要从倾听者变成对话人，从旁观者变成参与者，就必须有新发现、新感悟、新见解，至少要有新疑惑、新问题。问题从哪里来呢？一是从学科自身发展的逻辑中来，一是从现实的社会生活中来。前一种问题不到学科顶峰难以发现。而跨学科主题学习让在读的学生能够在真实的复杂情境中去发现前人已经发现但他自己未曾发现的关系和规律，让他拥有对现有知识进行质疑、批判的底气，拥有类似于科学家那样的预测和直觉能力，像科学家那样去学习和思考，像科学家那样参与知识的发现和发展过程，拥有对改造世界的热情和勇气。

这样的学习，绝不是为了一个好分数、上一个好大学，而是源自对世界本身的好奇，源自对人类社会发展的使命感。如鲁迅先生所说：无穷的远方，无数的人们，都与我有关。

/附 录/

跨学科主题学习设计要素例解
——以"校园清凉地数据地图"为例

设计要素		要素说明	设计样例
基本信息	主题名称	主题名称应既能反映本学科及所跨学科的基本知识，又能体现社会生活及学生的关注点	在"校园清凉地数据地图"这个主题中，"数据"反映了本学科（数学）的核心知识与方法，"地图"体现了所跨学科（地理）的要素，"校园清凉地"体现了学生的关注点
	适应学段或年级	可以是学段，也可以是年级	五、六年级
	时长规划	从活动开启到展示评价一共经历的总时长	"9月2日—9月23日"或"3周"
	学科	列出解决真实问题需要整合的不同学科，包括主导学科和所跨学科	主导学科：数学 所跨学科：地理
概述	目标、任务与评价	陈述主题设计的基本思考，包括要达到的目标、要展开的任务、要注意的问题等	"校园清凉地数据地图"的设计思考： 1. 通过制作一个有数据严谨性要求的地图，让学生经历用数学眼光观察并精确地刻画"校园什么地方最清凉"的过程；（任务与评价的综合表达） 2. 让学生像学科专家一样用数据而不是凭感觉来描述周围的世界，体验数学如何观察、理解并精确地刻画我们周围的世界，让学生学会"用数据说话"；（目标与任务的综合表达） 3. 让学生基于目标进行科学测量，取得准确的数据，记录、整理数据，并对数据进行分析，呈现结论；（基于目标的任务分解） 4. 让学生在整个跨学科主题学习活动中避免主观决策（要注意的问题）

续表

设计要素		要素说明	设计样例
概述	所承载的核心知识、技能、方法等	注明本主题所承载的本学科和所跨学科的核心知识、技能、方法等	本学科（数学）的核心知识：数据收集、数据整理与分析、问题解决 所跨学科（地理）的核心知识：等比例制作地图、地图三要素等
	本质问题	清晰描述本跨学科主题学习涉及的本质问题，并以学生能够理解的、简洁的语言呈现出来	数学是如何观察、理解并精确地刻画我们周围的世界的？ 我们怎么才能像数学家一样用数据而不是凭感觉来描述周围的世界？
	驱动性问题	将本质问题转化为学生可以切入思考、展开活动的驱动性问题，并以学生能够理解的、简洁的语言呈现出来	生活中，你一定看到过不少地图，那你见过"校园数据地图"吗？ 如何制作这张用"数据"说话的地图呢？ 你能用地图告诉别人什么信息呢？ 怎么做到"我不要你觉得，我要数据觉得"？
学习过程	启动阶段	明确学生在这一阶段的基本活动以及需提供的支架、工具	学生的主要活动为： 1. 寻找话题、确定主题 2. 初步确定方案 教师概括说明学生的活动，并提供相应的资源支持，如发布征集令，提供相关微视频、绘本等
	实施阶段	明确整个跨学科主题学习的基本活动以及需要提供的支架、工具	学生的主要活动为： 1. 选择测量的时间、地点 2. 选择工具，采集数据 3. 绘制地图 教师提供相应的资源支持，如进阶任务表单、测量工具、移动设备等

续表

设计要素		要素说明	设计样例
学习过程	总结交流阶段	根据跨学科主题学习的类型，确定评价重点、评价方式；对学生交流的环节提出建议；明确需提供的支架、工具；给出评价学生作品的一般维度；等等	引导学生将评价重点聚焦到对整个跨学科主题学习活动的过程与结果进行反思上，从两个维度展开： 1. 作品维度的系统反思：我们的作品达到项目要求了吗？哪些作品达成度更好一些？依据是什么？ 2. 对学习过程的系统性反思：从元认知层面对学科知识、学习方法进行梳理，促进核心概念的再思考、再建构评价可以通过上复盘课、交流评价课等方式进行 教师需要提供相应的资源支持，如感言卡、吐槽卡、建议卡等评价媒介，"最in地图奖""最fly跨界奖"等评价奖项
主题延展	与本学科其他内容的关系	说明本主题所涉及的知识、技能、方法等与本学科其他内容之间的关系。如"本主题涉及的内容，在课程标准的……；学生在……学过……，已理解、掌握了……，能够做……；与未来学习的关系是……"等	本主题涉及的内容，在数学课程标准的"统计与概率"领域，学生在第一学段、第二学段已经学习了数据收集、整理与表达的基本方法，能够进行简单数据的收集，并能用简单的统计表、统计图等进行数据的整理与表达。本跨学科主题学习对于学生进一步体会第四学段的抽样与数据分析具有极好的实践启蒙意义
	与本学科其他跨学科主题学习的关系	说明本跨学科主题学习与本学科其他跨学科主题学习的关系	本跨学科主题学习对于学生开展数学学科其他跨学科主题学习有着重要的开启作用： 1. 有助于学生学会学术性阅读，从不同信息源获得信息，进行比较和交叉阅读； 2. 有助于学生形成审辩式思维，对数据的真实性进行主动的反思； 3. 有助于学生掌握学科思维，学会知识、技能、工具的协同等 以上这些都是开展本学科其他跨学科主题学习必备的素养

续表

设计要素	要素说明	设计样例
教师反思	结合学生所处学段，思考该跨学科主题学习的适当性、教师为学生所提供的各类支持的适宜性以及学生在活动中获得的发展	在第三学段，学生已经具备了组织交流能力、自主探究能力等，但在整个跨学科主题学习活动的实施过程中，根据学生认知思维的生长点、探究学习的兴奋点，我们依然需要给学生提供一些学习型探究支架。设立整体框架目标，提供适当的资源和环境支架，设计科学的反思支架和辅助活动推进的课型支架，保证跨学科主题学习过程的开放性、科学性与发展性。跨学科主题学习活动的具体情境引发了学生高质量的学科思考，学生的探究欲以及主动学习、合作探究的能力都得到了提升

主题选择自检表
——以"水与生活"为例

自检条目	自检对照
该主题承载本学科的核心内容了吗?	生物学：要求掌握生物圈水循环和植物对水循环的作用 地理：要求掌握降水、河流、水旱灾害、水资源状况 化学：要求掌握水资源状况和水的净化原理
该主题联结多学科的知识了吗?	水资源：化学和地理都要求掌握水资源状况，且水资源状况与水旱灾害息息相关 水旱灾害：水旱灾害的预防与缓解需要借助生物学中植物涵养水源的原理
该主题紧密联系社会生活了吗?	水资源：在日常生活中可感知、常接触 水旱灾害：是相对常见的社会现象
该主题是学生感兴趣、可接受的吗?	感兴趣：引起热烈讨论，学生很感兴趣 可接受：学生具备必要的知识储备和技能
该主题具有可操作性吗?	团队：组建了跨学科团队，得到了各个学科教研组的支持和配合 环境：具备让学生进行校园地理调查和生物实验探究的条件

目标设计自检表
——以"校园清凉地数据地图"为例

自检条目	自检对照
指明学习发生的真实情境了吗?	校园:学生身处其中,是真实的情境
对基本活动的开展有明确的指导吗?	1. 通过阅读文本资源,了解地图要素; 2. 记录多样化的数据,对数据进行反思和调整; 3. 用创意化的作品呈现方式清晰地表达思考
有明确的本学科及所跨学科的核心知识、技能、方法吗?	数学:让学生收集、整理、分析数据;用数据思维理解、刻画周围世界 地理:等比例绘制地图;地图三要素;用地图呈现现实景观
有明确的学习预期或可视化的成果、作品呈现吗?	1. 让学生像学科专家一样用数据而不是凭感觉来描述周围的世界; 2. 体验数学是如何观察、理解并精确地刻画我们周围的世界的; 3. 制作一张校园最IN数据地图
目标表述里含有知识、工具、活动、作品等基本要素吗?	知识要素:数据 工具要素:文本资源、测量工具 活动要素:收集数据、绘制地图 作品要素:校园最IN数据地图
与跨学科主题学习的主题、任务、评价等的设计是一致的吗?	一致

任务设计自检表
——以"水与生活"为例

自检条目	自检对照
运用或学习本学科的内容（知识、技能、方法等）了吗？关联其他学科的内容（知识、技能、方法等）了吗？	生物学：生物圈水循环，植物对水循环的作用 地理：降水，河流，水旱灾害，水资源状况 化学：水的净化原理，节约和保护水资源
关联本学科及所跨学科的核心问题了吗？	1. 减轻水旱灾害的科学原理（地理、生物学） 2. 提高水资源利用率的工程技术手段（化学） 3. "人水和谐"的观念（地理、生物学、化学）
有助于学生进入情境、展开学习吗？	将任务情境从一般的"水旱灾害"聚焦到社会热点话题"河南暴雨"和学生身边的"北京水旱灾害"上，让学生的思考有现实的切入点
有明确的驱动性问题吗？	1. 如何减轻水灾对人身安全的危害？ 2. 如何减轻水旱灾害？ 3. 如何提高水资源的利用率？ 4. 你心目中"人水和谐"的理想城市是什么样的？
有细化的分阶段的任务方案吗？	1. 头脑风暴，提出有关水的研究问题 2. 小组讨论，设计调查和实验方案 3. 开展地理调查活动，绘制校园排水口和安全隐患平面图 4. 通过实验探究植物在减轻水旱灾害中的作用 5. 动手实验，了解水的净化原理 6. 利用身边的材料自制简易净水器 7. 查阅文献，走访社区，了解净水原理的应用 8. 小组汇报综合研究成果 9. 小组合作，设计"人水和谐"的理想城市
提供相应的学习资源了吗？	1. 补充相关知识，如化学知识"水的净化原理" 2. 引导学生掌握相关方法，如设计实验的方法、调查研究的方法 3. 提供相关工具，如任务表单、实验材料、校园平面图、沙盘等
与主题、目标、评价一致吗？	一致

评价设计自检表
——以"水与生活"为例

自检条目	自检对照
考虑学生核心素养了吗?	地理:区域认知,人地协调观,综合思维,地理实践力 生物学:生命观念,科学思维,探究实践,态度责任 化学:化学观念,科学思维,科学探究与实践,科学态度与责任 三个学科的学生核心素养都指向"观念""思维""实践""责任"四个评价维度
指向本学科和所跨学科的知识、技能、方法等的运用或学习了吗?	地理:"水旱灾害"的形成与减轻灾害的科学原理,水资源的利用 生物学:生物圈水循环,植物对水循环的作用 化学:节约水资源,水的净化原理
与跨学科主题学习的目标一致吗?	与"建立人水协调的价值观念""提升综合科学思维、科学探究实践能力""提升公民意识和社会责任感"的目标一致
能提取出大概念吗?能围绕本质问题设计问题链吗?	围绕"水资源"这一大概念"设计'人水和谐'的理想城市"考查: (1)理解"人水和谐"基本理念 (2)掌握生物圈中水循环的过程 (3)列举水旱灾害的表现 (4)说出水资源的具体运用情况 (5)设置"人水和谐"城市设计方案评比活动
评价设计有开放性吗?能让学生从不同学科视角进行理解和表达吗?	"请设计'人水和谐'的理想城市"是一道需要综合运用多学科知识的开放性问题
能激发学生展开讨论吗?	"我们的城市该通过哪些措施提高水的利用率"这个问题引导学生围绕水循环中投入与产出、储水与用水的关系来思考和阐述认识,展开讨论
对学生学习活动过程有评价吗?	追踪观察,记录学生在"讨论问题解决途径""评估任务可行性""分组设计活动方案""调查研究与实验""交流成果"等环节的表现
设计了多主体评价吗?	评价表由自我评价、组内评价、教师评价等部分组成
有多种评价方式吗?	1. 既有星级评价的鉴定环节,也有对未来的寄语 2. 为每一位学生建立了活动档案袋收集学生在活动中形成的各类材料 3. 既有测验这种量化评价,也有让教师、学生写评语这种综合评价

后 记

这是一本聚焦跨学科主题学习的通识性工具书，旨在落实2022年义务教育新课程的相关要求，为一线学校提供明晰的思路、可资借鉴的一般经验，让老师们能够从容自信地实施跨学科主题学习。

"跨学科主题学习"是第一次在学科类课程标准中明确提出来的致力于实现学科课程综合化、实践性的重要举措。虽然之前许多学校和教师已经有了与跨学科主题学习相类似的思考与实践，如项目化学习、研究性学习、学科实践、STEM教育等，但是，对于大多数学校和教师而言，跨学科主题学习是什么、怎么做，依然需要厘清、需要明确，需要有成功的经验作参照。

我们认为：一切改革都有迹可循。一切改革的新举措，都在学校或老师们已有的实践中或多或少地以不同的形式出现过。因此，启动本书写作之初，我们大量搜集并参阅了国内学校的相关实践，如重庆市巴蜀小学的"学科+"综合学习、江苏省如皋师范学校附属小学的"跨界学习"、北京师范大学第二附属中学的"诗乐舞"、北京朝阳区呼家楼中心小学的PDC项目学习以及2015年北京市义务教育课程方案提出的各科用10%的学时进行学科教学实践等。这些学校及地区在新课标颁布之前就有类似的探索，为我们理解、思考跨学科主题学习进而展开本书写作提供了坚实的实践基础，为我们提供了思考的方向和锚点。随着本书写作的展开，我们了解到更多学校和老师早有此类实践，只是没有明确地起名叫"跨学科主题学习"而已。这一事实，既让我们对跨学科主题学习的落地和推广充满信心，也增强了我们对本书写作的信心。

教育理论界对活动课程、综合课程的讨论汗牛充栋，关于学科课程、分科课程的研究更是数不胜数。这本书则是在承认分科设置课程的前提下，探讨跨学科主题学习的意义与价值及其实施方式与要点；在突出现代学校课程与教学基本特点的基础上，寻求为学生主动参与开放的真实生活提供更多机会。换言之，本书虽然是写跨学科主题学习的，但并不因此贬低学科教学，而是坚持学科立场；当然也并不因为坚持学科立场就理所当然地画地为牢，构筑森严的学科壁垒，而是遵循跨学科主题学习的初衷，基于学科，主动跨界。在写作中，本书并未将笔墨用于理论纠缠的梳理上，而是回应一线教师在实践中遇到的问题和心理上的疑惑，从"是什么""怎么做"入手，将已有的实践探索经验做理论上的总结、提炼，将零散的课例加以结构化的系统解释，使之形成有内在逻辑的、可资借鉴的一套完整的跨学科主题设计方案。

本书是理论与实践工作者深度合作、共同研讨的结晶，是集体创作的成果。参与本书讨论、写作的人员，既有大学的教育研究者，也有来自中小学一线的教师、教研员。正因为一线教师和教研员的参与，使得本书的研讨和写作环节有了实践的底气。他们对跨学科主题学习的探索实践、对一线教师困难点和疑惑点的准确把握、对重要案例的提供与解读，成为本书最重要的智慧资源。北京师范大学第二附属中学的王小莲老师，北京市三帆中学的钱玮老师、邢晓明老师，北京明远教育书院实验小学的陶文迪老师，北京潞河中学的吴琳老师，浙江省教育厅教研室的教研员斯苗儿老师、王小平老师，浙江杭州市学军小学的袁晓萍老师，都深度参与了本书的写作讨论。本书多次提及、引用的案例"水与生活"由北京市三帆中学的邢晓明、董素君、朱叶、刘小荣四位老师提供，案例"校园清凉地数据地图"由杭州市学军小学的袁晓萍老师提供。此外，提供案例的还有济南新航实验外国语学校的周倩老师、浙江省杭州市胜利实验学校的张浩强校长、杭州市翠苑第一小学的徐晓东老师等，参与讨论的王小莲老师和陶文迪老师也提供了相应的案例，在此一并表示感谢。写作过程中我们还就相关问题进行了访谈。老师们在繁忙的教学之余，抽出时间接受当面访谈或视频访谈，或通过微信留言、电话沟通等方式来回应我们的问题。接受我们访谈的，除以上参与写作讨论的老师外，还有北京市三帆中学的殷寒君老师、北京师范大学三帆中学朝阳学校的赵萍老师、北京市丰台区第二中学的陈亚男老师。在本书的构思和写作过程中，大量学校的实践经验都给予了我们启发，虽然这些案例和经验未能最终呈现在本书中，但依然要在这里感谢给予我们启发的学校和老师们。

还要特别感谢本书的各位作者。为了尽早出版，我们每半个月开一次讨论会。2023年春节期间，各位作者牺牲宝贵的与家人欢聚的休息时光，不断地讨论、修改、争论，才形成了本书如今这般模样。各章节执笔人分别为：第一讲、第二讲、结语，郭华（北京师范大学）；第三讲，袁媛（北京师范大学）、袁晓萍（杭州市学军小学）；第四讲，张鸿儒（北京师范大学）；第五讲，徐广华（北京师范大学）；第六讲，江笑（北京师范大学）；第七讲，李俊堂（广州大学）；第八讲，王小平（浙江省教育厅教研室）、斯苗儿（浙江省教育厅教研室）；第九讲，郑红娜（北京师范大学）。本书由郭华设计框架并统稿。

感谢教育部跨学科专委会主任、浙江省教育厅教研室原主任任学宝的鼓励与支持，任主任为本书所写的序言，深刻地阐释了跨学科主题学习的意义与精神，具有重要的指导作用。感谢任学宝主任带领下的跨学科专委会，各位委员的思考及相互间的争论与讨论，给予我极大的启发。感谢教育科学出版社教师教育编辑部池春燕主任，她准确地捕捉到了一线教师的心理需要，将"跨学科主题学习"作为重要选题，让我们能够将已有的思考和实践系统梳理并呈现出来。感谢本书的责任编辑何薇，她全程参与了本书的讨论、写作及编辑工作，及时为我们提供各种资料，从相关的会议信息、实践案例到有关的理论文献、行文的基本规范，事无巨细，认真严谨。只要我们需要，她总能及时出现，提供各种帮助。在这个意义上，她不仅是本书的编辑，也是本书的创作者之一。

跨学科主题学习是开放的，本书也是开放的，它的生命力就在于有读者阅读它、实践它，指正它、改造它。我们期待：读者拿到这本书后能够指出其不足，提出更多更好的改进措施。我们更加期待：这本书能够带动老师们自觉地在实践中去思考和挖掘跨学科主题学习的意义、价值、表现形式以及实施难点，愿意去思考跨学科主题学习与学科教学之间的内在联系，探索出多样丰富的优秀课例，真正将跨学科主题学习落到实处，为中国学生健康愉快地成长做出有意义的探索。

郭华

2023年6月15日，成都

出 版 人　郑豪杰
策划编辑　池春燕　何　薇
项目统筹　何　薇　郑　莉　代周阳
责任编辑　何　薇
版式设计　锋尚设计　孙欢欢
责任校对　翁婷婷
责任印制　叶小峰

图书在版编目（CIP）数据

跨学科主题学习：是什么？怎么做？/ 郭华等著. —北京：教育科学出版社，2023.8（2024.11重印）
（跨学科主题学习设计与实施丛书）
ISBN 978-7-5191-3508-9

Ⅰ.①跨… Ⅱ.①郭… Ⅲ.①中学—教学研究 Ⅳ.
① G632.0

中国国家版本馆 CIP 数据核字（2023）第 123644 号

跨学科主题学习设计与实施丛书
跨学科主题学习：是什么？怎么做？
KUA XUEKE ZHUTI XUEXI: SHI SHENME? ZENME ZUO?

出版发行	教育科学出版社		
社　　址	北京·朝阳区安慧北里安园甲 9 号	邮　　编	100101
总编室电话	010-64981290	编辑部电话	010-64981265
出版部电话	010-64989487	市场部电话	010-64989009
传　　真	010-64891796	网　　址	http://www.esph.com.cn

经　　销	各地新华书店		
制　　作	北京锋尚制版有限公司		
印　　刷	保定市中画美凯印刷有限公司		
开　　本	720 毫米 ×1020 毫米　1/16	版　　次	2023 年 8 月第 1 版
印　　张	15.75	印　　次	2024 年 11 月第 7 次印刷
字　　数	252 千	定　　价	58.00 元

图书出现印装质量问题，本社负责调换。